Yale Linguistic Series

Volumes by John DeFrancis in the Yale Linguistic Series

Beginning Chinese, *Second revised edition*
Character Text for Beginning Chinese, *Second edition*
Beginning Chinese Reader (Parts I and II), *Second edition*
Intermediate Chinese
Character Text for Intermediate Chinese
Intermediate Chinese Reader (Parts I and II)
Advanced Chinese
Character Text for Advanced Chinese
Advanced Chinese Reader
Index Volume
Annotated Quotations from Chairman Mao

A series of special memorization exercises with accompanying tapes is available through the Institute of Far Eastern Studies, Seton Hall University, South Orange, New Jersey 07079. A wide variety of supplementary readers and study aids are available from the University Press of Hawaii (2840 Kolowalu Street, Honolulu, Hawaii 96822) and Far Eastern Publications (28 Hillhouse Avenue, New Haven, Connecticut 06520). For complete lists, write directly to these publishers.

BEGINNING CHINESE READER

Part II

by John DeFrancis

WITH THE ASSISTANCE OF
Yung Teng Chia-yee and Yung Chih-sheng

SECOND EDITION

New Haven and London, Yale University Press

1977

Contents of Part II

UNIT VI
(continued)

UNIT VII

UNIT VIII

Lesson 34

1	2	3	4	5
老	忘	希	望	極

6	7	8	9	10
級	而	且	聽	編

1. 老 lǎo   old
2. 忘 wàng   forget
3. 希 xī*   to hope
4. 望 wàng*   to hope
5. 極 jí*   (1) extremely; (2) extremity
6. 級 jí*   step, grade, class
7. 而 ér*   (1) and; (2) and yet, on the other hand
8. 且 qiě*   moreover
9. 聽 tīng   listen to, hear
10. 編 biān   edit, compile
11. 子 zǐ*   (title of ancient philosophers)

Special Combinations

1. 百姓 bǎixìng   the (Chinese) people, the masses [lit. hundred surnames]
2. 白字 báizì   character wrongly written for another of the same sound

3. <u>編書</u>	biān shū	compile a book
4. 編寫	biānxiě	compile and write
5. 編者	biānzhě	editor (of a periodical)
6. 編者的話	biānzhěde huà	editor's remarks (often used for <u>editor's column</u>)
7. 不但	búdàn	not only
8. 初級	chūjí	beginning (level in study)
9. 大姐	dàjiě	eldest daughter in a family
10. 而且	érqiě	moreover
11. 高級	gāojí	advanced (level in study)
12. 古老	gǔlǎo	old, ancient, antiquated
13. 好聽	hǎotīng	nice to listen to
14. 極了	jíle	extremely
15. 課外	kèwài	extracurricular, outside of the regular classes
16. 老百姓	lǎobǎixìng	the (Chinese) people, the masses (familiar and colloquial) (see No. 1 above)
17. 老大	lǎodà	eldest son in a family
18. 老人	lǎorén	old person
19. 老人家	lǎorenjiā	old person (title of respect)
20. 老手	lǎoshǒu	an old hand, an experienced person
21. 老頭(兒)	lǎotóu(r)	old man
22. 老頭子	lǎotóuzi	old man
23. 賣力	màilì	exert great effort (VO)
24. 名望	míngwàng	reputation, fame
25. 難聽	nántīng	displeasing to listen to
26. 年級	niánjí	grade, class, year (in school) (M)
27. 思想家	sīxiǎngjiā	thinker, philosopher
28. 聽話	tīng huà	obey, be obedient
29. 聽見	tīngjian	hear

30. 聽説	tīngshuō	hear (it said that)
31. 希望	xīwang	hope (N/V)
32. 寫作	xiězuò	(1) write; (2) writing, thing written
33. 學社	xuéshè	scholarly organization, institute
34. 研究學問	yánjiu xuéwen	do scholarly research, acquire knowledge by study
35. 有時	yǒushí*	sometimes
36. 有時候	yǒushíhou	sometimes
37. 中級	zhōngjí	intermediate (level in study)
38. 主編	zhǔbiān	(1) be edited chiefly by; (2) editor-in-chief

Who's Who and What's What

1. 老子	Lǎozǐ	Laotzu, a contemporary of Confucius (6th century B.C.) and the reputed founder of the Taoist school of philosophy
2. 百家姓	Bǎi Jiā Xìng	Book of a Hundred Surnames, a book, actually containing over four hundred surnames, used as a basic text in the pre-modern Chinese educational system

Note on Designations for Persons

The character 老 lǎo 'old' prefixed to surnames is comparable in degree of familiarity to the dropping of Mr. in English :

老白, 你好嗎? 'How are you, White?'

The characters 大 dà 'big' and 小 xiǎo 'little' are also used in familiar reference, with the specialized meanings of 'old' or 'older' and 'young' or 'younger' (e.g. to distinguish two persons with the same name):

大馬、小馬都在這兒. 'Both Old Ma and Young Ma are here'

Sons and daughters are frequently referred to by using, instead of an ordinary given name, a term designating their serial order in the family. For sons, 大 is used for the first, 二 for the second, 三 for the third, and so on. For daughters, the same forms are used, except that they are followed by 姐 jiě 'sister.' The designations for sons are sometimes preceded by 老 lǎo 'old.' Compare the following forms for sons and daughters respectively.

馬大, 馬老大 Ma the Eldest   馬大姐 Eldest Sister Ma
馬二, 馬老二 Ma the Second   馬二姐 Second Sister Ma
馬三, 馬老三 Ma the Third   馬三姐 Third Sister Ma

Exercise 1. Illustrative Sentences (Chinese)

1. 張二姐, 聽説前幾天你病了.

2. 老張, 你別忘了給我買萬先生編的那本文學手册.

3. 離現在幾千年以前, 中國有一個很有名的大思想家叫老子.

4. 他當縣長的時候, 他為當地老百姓很賣力.

5. 老先生, 你老人家還在研究所作事嗎?

6. 邊子文雖然人好極了, 可是没本事.

7. 外國人研究這個學問很不容易.

8. 現在不要吃飯. 回來再吃得了.

9. 教員的意思是應該校長拿主意.

10. 他老人家在開會的時候說出不少很有意思的話.

11. 三友書店的圖書目錄不叫「圖書目錄」叫「圖書介紹」.

12. 他寫的那本書不但不好, 而且書價也貴極了.

13. 我大姐現在在高中二年級念書.

14. 我一定忘不了你老人家說的話.

15. 這本書是他主編的.

16. 高先生是一個編寫的老手. 他是不會寫白字的.

17. 應用科學月報上編者的話我很喜歡看.

18. 張老頭子的思想很古老.

19. 初級馬來語跟中級馬來語我都念完了. 我就要念高級的了.

20. 他在中文學社研究文字學.

21. 老人跟海是開明出版社出版的嗎?

22. 前天我們去開會. 車錢、飯錢共用九塊五毛錢. 是高先生借給我們的.

23. 中國人從前開始念書先念百家姓.

24. 馬先生很有學問，他的寫作都好.

25. 他有三個兒子. 二兒子、三兒子都很小，還沒念書. 就是老大現在念書了.

26. 張先生現在編書呢. 他編的是方言研究.

27. 課外聽錄音對學語言很有用.

28. 那個學生有時很聽話，有時候很不聽話.

29. 田先生在社會上很有名望.

30. 他錄的音你聽見過嗎?

31. 我希望在一年以內學會了中國話.

32. 我們應該學一點兒實用的東西.

33. 馬先生會做生意. 他是一個出名的
    買賣人. 我在他這裏做事, 為的是
    跟他學本事.

34. 萬先生雖然是個老頭兒, 但是他的
    思想不老.

35. 你説這個錄音機錄的音好聽不好聽?
    …我説很難聽.

Exercise 2. Dialogues

1. 南：我十天没看見張希文先生了.
   路：聽説他到河北去了.
   南：是不是又考古去了?
   路：這次不是去考古. 有一個大學
       請他編寫一本考古學的書.

南: 他編書去了. 他現在是一個名
望很大的學者了, 是不是?

路: 他現在很有名望了. 他很喜歡
研究學問, 不但是考古家而且
還是語言學家呢.

南: 我也聽見有人説他對語言學有
研究, 可是他没跟我説過他懂
語言學.

2. 連: 要是你出去到開明書店給我買
一本高級國文來好不好?

錢: 好的. 那兒出版的? 第幾冊的?

連: 第二冊. 大華出版社出版的.
別忘了.

錢: 忘不了. 要是買不到呢?

連: 希望你買得到. 我現在把錢給
你.

錢: 不必. 回來再説得了.

3. 高: 聽説遠東大學中文初級課本已

經出版了.

萬: 很早就出版了, 而且連中級的
也出版了. 你要買嗎?

高: 我想先買一本初級的, 課外看

5   看.

萬: 你為甚麼不到遠大念中文去?

高: 我很想去. 希望明年我這個希
望能實現.

4. 田: 你們校長是不是老頭兒?

馬: 以前的校長是老人, 現在的校
長還不到四十呢.

田: 聽說你們這個校長好極了. 他

5   是湖南人, 是不是?

馬: 是. 他雖然人好極了, 可是他
的話有時候連一半兒也聽不懂.

田: 有人說湖南話很難聽.

馬: 我說好聽.

5. 邊: 那個學生不但沒有天才而且也

　　　不用心，常寫白字．先生説話
　　　他都是聽錯了．

　華：聽説他人很好．

　邊：是的．他在家裏也很聽話，他
　5　　家裏人都希望他念大學．我看
　　　他中學都念不了了．

　華：他在幾年級？

　邊：他現在才念高中一年級．

6.馬：老先生，你老人家今年八十幾
　　　了？

　路：我九十五了．我雖然是個老頭
　　　子，可是我的思想不古老．

　5馬：老先生，你念書的時候有學校
　　　嗎？

　路：我小的時候那個時代没有學校．

　馬：没有學校學生都在那兒念書呢？

　路：你聽我告訴你．從前念書有的
　10　　請先生到家裏頭教，有的到先

生家裏去念. 也不念科學，都
是念文學. 老百姓都希望兒子
書念的好，可以當縣長、省長
甚麼的.

5 馬：那個時候學生開始念書念甚麼
課本呢？

路：我們那個時代開始都是念<u>百家</u>
<u>姓</u>、<u>千字文</u>，然後再念<u>四書</u>甚
麼的.

7. 張：你知道<u>老子</u>是甚麼時代的人嗎？

錢：我不知道.

張：<u>老子</u>是兩千七百多年以前的大
思想家. 他寫的一本書也叫<u>老</u>
5 <u>子</u>.

8. 萬：前天我看<u>文學月報</u>上編者的話，
寫的很有意思.

文：編者是誰？

萬：<u>錢思明</u>就是主編. 他是寫作的

老手了. 他人也很好, 他對作
家出版的事都很賣力.

9. 毛: 你知道不知道張老先生在那兒
呢?

文: 可能在中山學社呢.

毛: 他老人家到中山學社作甚麼?

5 文: 聽說他常跟幾個老先生在那兒
一塊兒研究學問.

10. 邊: 那個太太是誰?

馬: 他是張老大的姐姐, 張大姐.
他人好極了. 他對人人都好,
當地百姓都很喜歡他.

Exercise 3. Narratives

1. 我現在念國語. 我念的是初級國語.
念完了以後可以會五百個字, 可以
說常用的話. 然後再念中級國語,
又可以會五百多字, 能說的話比從

前更多了. 最後念<u>高級國語</u>，也有
五百多個字. 前後一共可以會一千
五百多個日常應用的字. 到那個時
候不但能說很好的國語，而且可以
5 看簡單的中文書了.

2. 人人有個希望，天天有個希望. 希
望在那裏？希望在甚麼時候實現？
希望如果沒有時候實現，那就只是
一個希望.

3. 中國古時候有一個有名的學者說：
"老百姓如果有錢，就是國家有了
錢. 要是百姓沒有錢，國家也不會
有錢的."

4. 我大姐喜歡看小說. 他們學校圖書
館裏的小說差不多他都看過. 他最
喜歡看外國出名的小說. 比方英國、
美國、法國、日本的名小說他都看了.

5. 離現在差不多三千年以前，中國有
   一個大思想家,是老子. 他寫的書名
   也是老子. 這本書是一個名作. 現在
   還有不少研究學問的人研究老子.

6. 我聽説高先生有個錄音機. 我希望
   把錄音機借來錄音. 有人説我聽錯
   了，不是高先生有錄音機，是馬先
   生有一個錄音機，但是他的錄音機
   5 太古老了，常出毛病，錄的音很難
   聽，而且聽不懂. 我聽見這個話，
   只好不去借了.

7. 有學問的人在社會上一定有名望，
   在社會上有名望的人不一定有學問.

8. 一九一二年中國有中國文學研究會.
   會裏的人都是有名的文學家.這個研
   究會不但研究中國文學，而且也介
   紹西方文學. 當時有個小説月報常
   5 常有他們的寫作.

9. 馬老大是我的朋友. 他没學問, 就
念過一本百家姓,可是會做生意.他
想跟我一塊兒做進出口生意, 他出
錢, 叫我出力. 他看出來出口的生
5 意在日本最有出路了, 所以他馬上
做出口生意. 他又想出進口生意的
做法. 他出主意把出版社用的東西
進口, 然後賣給出版社. 他知道我
跟很多出版社的社長都是好朋友.
10 他希望我出外去賣出版社用的東西.

10. 我回家看報, 在報上看見一個名人
說出一個口號:"有飯大家吃."這個
口號很好聽. 要是能實現了 "有飯
大家吃," 這是最好的事了. 這個口
5 號我一定忘不了.

11. 有一個初中三年級學生, 作文有時

候常寫白字. 先生告訴他, 如果用
心看書, 作文的時候就不會有白字
了. 這個學生很聽話, 不但在上課
的時候用心看書, 而且在課外也用
5 心看書. 後來作文就沒有白字了.

12. 我在中國內地的時候, 有一個老人
常常有病. 大夫都不知道他老人家
是甚麼病. 有一天他問我, 是不是
應該到外國去看大夫. 我的意思是
5 他老人家應該拿主意. 我又想, 這
個老頭子要是到外國去, 出國的時
候這裏有朋友可以給他買船票甚麼
的. 可是到了外國連一個朋友也沒
有, 而且他又不會英文, 有時買東
10 西或出門一點法子也沒有, 他去了
以後一定想回國了. 比如在這裏請
有名的大夫給他看病, 這裏的大夫
也不在外國大夫以下, 所以我回頭
還是跟他說, 最好他不要出國.

13. 我是日文學社的社員. 我們學社的
社員很多. 都是學日文的. 我也在
學社裏學日文. 有一天社員名冊不
見了, 不知道誰拿走了. 社裏的人
5 説社員名冊是學日文的時候點名用
的, 也就是點名冊, 現在不見了,
只好再拿一本冊子把社員姓名寫上
就當作點名冊.

14. 我在日本的時候有一個國語學校.
一個教國語的<u>馬</u>先生,教書很賣力.
他上課的時候, 進門以後先跟學生
説話, 然後再教課本. 他告訴學生,
5 學國語要在口音上用心, 不要有土
音.

15. 遠大校車在出城以後出事了. 有人
説開車的人是開車老手, 為甚麼出
事了呢?有人説這個校車年代太老
了,還是一九三四年買的呢, 當然要

常出毛病了.

16. 田有為到五十年代書社去買書. 他
買了一本社會學, 又買了兩本小説.
一本是原始社會的女人, 一本是原
始時代, 都是社會小説. 他説他喜
5 歡看社會科學的書, 他也喜歡作社
會工作.

17. 馬先生買了兩塊水田. 這兩塊水田
原始是一條河, 後來河水没有了,
才是水田. 他買這兩塊水田, 共用
一千塊錢. 有人説價錢很貴, 有人
5 説不貴. 馬先生説如果是水田, 價
錢就不貴.

18. 我有一本中外大事手冊. 張先生每
次來借這本手冊, 都是我內人拿給
他. 今天張先生又來借用, 我內人
説:"我先生今天也從這本手冊上寫

下來不少東西. 如果借給你, 又不
知道甚麼時候再拿回來了."張先生
説:"這次我只看一看, 半小時以內
一定給你."

19. 我跟田先生過去共事. 我知道他是
個有能力的人. 前天田先生説他要
到別的地方去工作,叫我作介紹人.
我説:"我很喜歡作你的介紹人, 因
5 為我知道你是個最好的人, 最有能
力的人."

20. 馬先生是一個學報的編者. 編寫工
作, 他作了有三十年了. 現在他雖
然是個老頭兒了,可是他還是編書,
寫作. 馬先生現在主編文學月報、
5 遠大學報. 他也是語文研究社的社
長. 他現在在社會上是很有名望的
人. 他在文學月報上編者的話, 説
出很有意思的話. 他雖然是主編,

有時候他的大作也常在<u>遠大學報</u>上
出現．　有一次他在<u>遠大學報</u>上寫他
從小念書的經過．　他說小時候家裏
沒有錢，生活很不容易．　有時候家
5　裏連飯錢都沒有，所以更不能念書
了．他說他到十二了才開始念小學．
沒錢買書，跟人家借錢買書跟本子
甚麼的．　地圖、字典都是跟別人借
用．有時人家不借給他，而且還說：
10　"你為甚麼不買，天天借來借去的？"
他心裏很難過，當時他就想："如果
我書念的好，學了本事，在社會上
作事，我要是有了錢就買字典、地
圖甚麼的，別人沒錢買；我都借給
15　人家用．"以上是<u>馬</u>先生在<u>遠大學報</u>
上寫的．

Exercise 4. Illustrative Sentences (English)

1. Second Sister Zhang, I hear you've been sick the past few days.

2. Zhang, don't forget to buy me that <u>Handbook of Literature</u> compiled by
   Mr. Wan.

3. Several thousand years ago there was a very famous thinker in China named Laotzu.

4. When he was district magistrate, he worked very hard for the people in the area.

5. [Venerable] sir, are you still working at the research institute?

6. Although Bian Ziwen is an awfully nice person, he doesn't have any ability.

7. It is very difficult for foreigners to do research in this field.

8. Let's not eat now. We'll eat when we come back.

9. The teachers' opinion is that it is up to the principal to make the decision.

10. At the time of the meeting he [the venerable old man] said a lot of interesting things.

11. The catalogue of the Three Friends Bookstore is not called "Catalogue of Books" but "Introduction to Books."

12. That book he wrote is not only bad but [also] terribly expensive.

13. My eldest sister is now [studying] in the second year of upper middle school.

14. I certainly can't forget what you [old gentleman] said.

15. This book was chiefly edited by him.

16. Mr. Gao is an old hand at writing. He's not likely to write incorrect characters.

17. I very much enjoy reading the Editor's Remarks in Applied Science Monthly.

18. Old Man Zhang's thinking is out of date.

19. I've finished studying both Beginning Malay and Intermediate Malay. I'm about to take up the advanced (book).

20. He's studying etymology at the Chinese Language Institute.

21. Was The Old Man and the Sea published by Kaiming Publishing House?

22. The day before yesterday we went to a meeting. We spent $9.50 in all for transportation and food. It was loaned to us by Mr. Gao.

23. The Chinese used to begin their studies by [first] studying Book of a Hundred Surnames.

24. Mr. Ma is very learned. His works are all excellent.

25. He has three sons. The second and third sons are both quite young and haven't started school yet. Only the oldest is studying now.

26. Mr. Zhang is now compiling a book. He's compiling <u>Dialect Research.</u>

27. Listening to recordings outside of class is very useful in language study.

28. That student is sometimes obedient, sometimes not.

29. Mr. Tian is socially quite prominent.

30. Have you heard his recording?

31. I hope to have learned Chinese within a year.

32. We should study a few practical things.

33. Mr. Ma knows how to do business. He's a famous merchant. I work at his place here [so as] to learn [an ability] from him.

34. Although Mr. Wan is an old man, his thinking isn't old.

35. Do you think the sound recorded on this tape recorder is pleasing to listen to?···I think it's very displeasing.

Lesson 35

1	2	3	4	5
父	母	親	男	孩

6	7	8	9	10
弟	妹	歲	功	著

1. 父　fù*　　　father

2. 母　mǔ*　　　mother

3. 親　qīn*　　　(1) be closely related; (2) self, in person

4. 男　nán*　　　male (person)

5. 孩　hái*　　　child

6. 弟　dì*　　　younger brother

7. 妹　mèi*　　　younger sister

8. 歲　suì*　　　years old

9. 功　gōng*　　accomplishment, merit

10. 著　zhù*　　　(1) prominent; (2) write (books)

11. 少　shào*　　young (note tone)

Special Combinations

1. 編著　　biānzhù　　　compile

2. 弟弟　　dìdi　　　younger brother

3.	父母	fùmǔ	•father and mother
4.	父親	fùqin	•father
5.	功課	gōngke	(1) lesson, school work; (2) course
6.	國音	guóyîn	standard national pronunciation
7.	國音字母	Guóyîn Zìmǔ	National Phonetic Alphabet
8.	孩子	háizi	child
9.	好多	hǎoduō	good many
10.	好幾	hǎojǐ	good many (fewer than hǎoduō)
11.	畫冊	huàcè	book of illustrations (e.g. drawings, paintings, photographs)
12.	簡説	jiǎnshuō*	short discussion, sketch (used in book titles)
13.	老年	lǎonián	(1) old age; (2) old (of persons)
14.	老實	lǎoshi	frank, honest, trustworthy
15.	妹妹	mèimei	younger sister
16.	名著	míngzhù*	famous work
17.	母親	mǔqin	mother
18.	母音	mǔyîn	vowel
19.	男女	nánnǚ	men and women
20.	男人	nánren	man
21.	男生	nánshēng	male student
22.	男校	nánxiào	boys' school
23.	女生	nǚshēng	girl student
24.	女校	nǚxiào	girls' school
25.	親口	qînkǒu	with one's own mouth, personally
26.	親手	qînshǒu	with one's own hands, personally
27.	親人	qînrén	close relatives
28.	少年	shàonián	(1) youth; (2) young (Note that 少 is pronounced shào here, and also in personal names such as 少文 Shàowén.)
29.	書號	shūhào	book number (e.g. in catalogues), call number

30.	萬歲	wànsuì	Long live···![lit, 10,000 years]
31.	小孩兒	xiǎohár	child
32.	小孩子	xiǎoháizi	child
33.	用功	yònggōng	study hard, be studious
34.	中年	zhōngnián	(1) middle age; (2) middle-aged
35.	著名	zhùmíng*	famous
36.	著者	zhùzhě	author
37.	著作	zhùzuò	(1) literary work; (2) write
38.	著作者	zhùzuòzhě*	author
39.	字母	zìmǔ	(letters of the) alphabet
40.	子音	zǐyīn	consonant

Note on Chinese Correspondence

The form of Chinese correspondence has many variations, including several degrees of formality. A few variations which are possible with the characters studied so far are noted here and illustrated in this and subsequent lessons.

In a letter addressed to Bái Wénshān, polite salutations include Bái Xiānsheng and Wénshān Xiānsheng. A familiar form is Wénshān. In a letter from Bái Wénshān, a familiar form of the signature uses only Wénshān. The polite forms of the signature include: (1) the whole name by itself, (2) the whole name or only the given name preceded by the small raised characters for dì 'younger brother' or xiǎo dì 'little younger brother,' (3) either form of the name followed by the character shàng '[offer] up,' and (4) a combination of (2) and (3). The following are some examples of signatures:

文山   白文山上

白文山   弟白文山上

弟白文山   小弟白文山上 三月二日

As indicated in the last example above, the date is written in smaller characters to the right of the signature. A quite frequent form for ending a letter is the greeting wèn hǎo, the character wèn being written on the same line after the last character in the body of the letter, and the character hǎo at the beginning of the next line. Item 22 in exercise 4 illustrates one possible form of a Chinese letter.

Exercise 1. Practice in Reading Spines and Covers of Books

The illustrations below show books as if standing between bookends and lying scattered on a desk. Examine each book and extract all the information you can on the title, author, etc. Note that in some cases the characters are written vertically from top to bottom, and in other cases horizontally either from left to right or from right to left. In the PRC most writing is now from left to right.

美女圖　　路更作　　大海出版社	中國文字學　　文研因主編　　遠東書店出版	往前！　　萬長望作　　人民書社	英語會話(下)　　南子意編　　華美書店出版	中國古今地名　　錢天民編　　大東書店	社會學　　張西元著　　每日出版社	國語上冊　　張文喜編　　四海書店	國語下冊　　張文喜編　　四海書店

現代語言研究　　張長有著　　華北書社出版

語國中初　　一定馬　　社版出方東

實用科學手冊下　　文作人主編　　科學書店出版

Exercise 2. Illustrative Sentences (Chinese)

1. 毛老頭兒他雖然病了還是一直的工作.

2. 我們在圖書館作事沒有好多錢.

3. 他編著的中文文法簡說初版才出版不到一年都賣完了.

4. 美國現在不但大學有中文, 就是中學也有中文了.

5. 我們學校男女生都有.

6. 我弟弟開車出事了. 出事的原因是他開車不知道小心.

7. 他把寫書當作事業.
   occupation

8. 聽說他寫的那本語法書很好. 語法寫的很明白.
   clearly

9. 你別走. 我有話問你.

10. 開會的時候有意見的人太多了. 我没機會開口.

11. 你告訴母親說我現在不回家. 你說
我在學校有事作.

12. 有一回我對張校長說錯了話. 他很
生氣.

13. 我那個用人雖然事做的不好, 可是
他人很老實.
    honest

14. 外國人學中文很少用國音字母的.
    Chines phonetic

15. 請你到圖書館給我借家. 書號是
    2986.

16. 你不要常對我們說你少年得意的事.

17. 我弟弟不是好學生. 那兒能念大學
呢?

18. 他說我們應當把寫作當作課外的日
常功課.

19. 我妹妹在學校每一個月就用一百塊
錢, 連飯錢也在內.

20. 坐飛機, 是不是十二歲以下的小孩
子買半票?

21. 這張字畫是<u>高</u>省長親手給我寫的.
他親口告訴我字畫上的字是甚麼意
思.

22. 那個女校有好幾個女生沒有父母,
也沒有別的親人.

23. 那個孩子念書太用功. 從早到晚都
念書.

24. 這本畫冊是那個著名的畫家在他中
年的時候畫的.

25. 他不懂甚麼是母音, 甚麼是子音.

26. 我們學校是男校, 就有男生, 先生
也是男人. 你們學校男女生都有,
先生也是男先生、女先生都有.

27. 前天我對<u>張</u>先生說話很不客氣. 現
在我知道錯了, 可是已經晚了.

28. 那本小說是一本名著. 是著者在老
年時候的著作.

29. 我們的小孩兒都不喜歡吃魚.

30. 這本書的著作者是英國人.

31. 你試試這把刀好用不好用.

32. 是不是中國有好多地方年年有大水呢？

33. 我第一次跟他父親談話，就談了一個多鐘頭.

34. 前天是田校長的生日. 有一個學生對田校長說："田校長萬歲！"

Longlife

35. 我想借湖南土話這本書. 雖然圖書館裏有，可是還沒編書號呢，所以現在不能借.

Exercise 3. Dialogues

1. 張：你家裏都有甚麼人？

   錢：我有父親、母親、兩個姐姐、一個弟弟、一個妹妹.

   張：你們人口很多.

錢：是．我們一共七口兒人．

張：父母都做事嗎？

錢：不．父親做事．母親因為孩子
多在家裏．

5 張：姐姐也念書嗎？

錢：兩個姐姐都在第一小學教書．

張：弟弟、妹妹都在那兒念書？

錢：他們都在大華小學念書．

張：你呢？

10 錢：我在南華中學．

張：南華男生、女生都有嗎？

錢：我們有男校、女校．女生在女
校那邊兒．我們這邊兒就有男
生．

2. 南：文果編著的那本近代文學你看
過沒有？

邊：沒有．

南：你應該看．他書寫的好．

邊：我看過他好幾本書了．可是<u>近代文學</u>我前天到圖書館去借，因為還沒編書號呢，他們不借．

南：<u>文</u>先生的著作很多．他寫的書出版以後很快就賣完了．他寫的東西男人、女人、少年人、老年人都喜歡看．

3. 馬：那個老頭兒我看他活不了了．

高：他病了有好多時候了是不是？

馬：有三個多月了．

高：他這兒沒有家嗎？

馬：他沒有家．有一回他跟我說就是他一個人，連一個親人都沒有．他人好極了，也很老實，所以人家都喜歡他．

高：他有七十歲嗎？

馬：他已經八十五歲了．

4. 田：你近來有甚麼著作嗎？

白：我寫了一本<u>文學簡說</u>.

田：甚麼時候出版？

白：我想三月可以出版.

5. 錢：我有一本畫冊. 上頭都是名人
寫的字、畫的畫兒. 明天我拿
來你看看.

毛：有<u>文研因</u>老先生寫的字嗎？

5 錢：有.

毛：有人說人家請他寫字他都是叫
別人寫，不是他親手寫的.

錢：我的是他親手寫的.

毛：你看見他寫了嗎？

10 錢：他親口告訴我是他寫的.

毛：或者他跟你是好朋友.

6. 錢：我想學一點兒英文，可是我連
字母都不會.

華：你真的不會字母嗎？

錢：真的. 英文一個字母不是一個

字，是不是？

華：英文很少一個字母就是一個字．
差不多都是幾個字母在一塊兒
是一個字．字母裏頭有的是子
5　音有的是母音．

錢：小孩子學英文先學説話還是先
學字母呢？

華：多半兒先學説話．

錢：我們學中文也有字母是不是？

10 華：是的．學國語就用字母學，一
共四十個．這個字母叫國音字
母．現在中國的書、報上有的
就有國音字母．

7. 常：文家有幾個小孩兒？

萬：三個．兩個男孩子、一個女孩
子．

常：幾個孩子都叫甚麼名子？

5 萬：男孩子一個叫「小牛」，一個叫
「弟弟」．女孩子叫「小妹」．

8. 方：第一中學從張校長當校長以來，
　　　請的教員都是好教員，所以男
　　　女學生對功課都知道用功了．

　　文：張校長是中年人是不是？

　5 方：是．他今年才三十八歲．他是
　　　個學者．他常說我們應該拿研
　　　究學問當作日常生活．

9. 外國人：毛先生，我看報上有「萬
　　　　歲」兩個字．我不明白現
　　　　在用這兩個字是甚麼意思？

　　中國人：「萬歲」這兩個字現在是口
　5　　號．中國、日本都用這個
　　　　口號．

10. 白：你上那兒去？

　　毛：我買書去．我父親、母親聽朋
　　　友說有一本學報很好，是科學
　　　的學報，每半月出版一次，所
　5　以叫我去買．

Exercise 4. Narratives

1. 從前中國小孩子念書, 先念<u>百家姓</u>,
<u>千字文</u>. 現在中國小學生上學, 先
念國語. 念國語的時候, 一邊學念
字, 一邊學念國音字母. 國音字母
5 一共有四十個. 要是學英文一定先
學英文字母. 英文字母有子音, 有
母音, 一共有二十六個.

2. 我弟弟今年八歲, 妹妹七歲. 我父
母很喜歡他們. 每天上學以前, 母
親親手給他們做吃的, 看他們吃完
才叫他們走. 他們要走的時候, 父
5 親親口告訴他們, 走路不要跑, 下
學以後就要回家.

3. 我的父親今年七十歲了, 母親也六
十多歲了. 他們雖然老了, 可是還
一直的工作. 好幾次我對父母說:
"你們老人家不必作事了. 我跟大

姐都作工，而且工錢都不少．你們
日用的錢我跟大姐可以給你們．為
甚麼一定要工作呢?" 父親、母親聽
見這個話心裏很喜歡．他們對我說：
5 "我們工作沒有好多錢．我們是為
了工作才工作."

4. 邊介是個科學家．他的著作很多，
也是有名的著作者．最近編著原子
能簡說．初版才出版不到十天都賣
完了．現在再版又快出版了．聽說
5 再版比原版更有用．

5. 有一個老頭兒，他說他有一本畫冊，
不但畫的畫兒都是名作，而且還有
有名望的人寫的字．很多人希望看
看這本畫冊，可是這個老頭兒簡直
5 的不喜歡叫別人看．有一回有一個
人對老頭兒說:"你這本畫冊是不是
真的著名的寫作？聽說畫上的字有

的寫錯了，還有白字."老頭兒聽見
這個話很生氣,馬上把畫冊拿出來,
說:"我是老實人，從來說真話. 請
你看看畫裏的字有白字嗎 ?"那個人
就看看這本畫冊，對老頭兒說:"你
老人家說的真不錯.果然沒有白字.
我希望你老人家把這本畫冊給人看"

6. 中國從前的學校有男校，學生都是
男生. 有女校,學生都是女生. 後
來很多學校在小學六年級以下可以
有男女生. 現在所有的小學、中學、
大學，男女生都可以在一個學校念
書了.

7. 有一個人，少年的時候，念書不知
道用功，念了好多年書，連很簡單
的東西都寫不上來. 中年的時候作
甚麼事都作不了，而且還不賣力.
到了老年，他才知道當初是錯了,

可是知道錯了已經晚了.

8. <u>高直夫</u>是一個作家. 他是寫社會小
   說的老手. 最近他寫一本小説, 是
   寫一個地方的老百姓. 他説在這個
   地方的馬路上常常看見男孩子、女
5 孩子、有病的老頭子. 他們不但没
   有飯吃, 而且也没有親人, 簡直是
   没法子生活. 雖然當地有錢的人説
   出很好聽的口號「百姓應該人人有
   飯吃」,可是馬路上的小孩子跟老人,
10 還是馬路上的小孩子跟老人.

9. 我喜歡看小説, 把看小説當作日常
   功課. 看小説對作文很有用. 我看
   小説多半兒要看名著. 没看内容以
   前我先看著者是誰. 如果是没有名
5 望的作家寫的我不看.

10. 一個小學生問先生,「萬歲」是不是
    一萬年的意思,有人能活一萬年嗎?

先生説,萬歲是一個口號. 比方説每
年十月十日是中華民國生日. 在作
生日這一天, 中國人常説的口號是
「中華民國萬歲」. 意思是希望中華
5 民國有一萬年.

11. 西方的男人常説「女人第一」. 東方
的人從前不常説, 現在也常説「女
人第一」了.

12.   ◁ 三友書店圖書介紹 ▷

書號	書　　名	著作者	出版者*	出版年月	定價
1	火 (社 會 小 説)	田友文	人民書社	一九六四年八月　九版	二元五角
2	中 國 的 海 口	常更生	遠東出版社	一九五〇年七月　初版	五元七角
3	從 九 一 八 到 七 七	簡田夫	文人書店	一九三七年七月　初版	三元五角
4	湖南省方言地圖 (大)	路明河	語文研究所	一九六〇年四月　出版	一元五角
	〃　　〃　 (小)	〃	〃	一九六〇年五月　出版	五角
5	初 中 三 角 學	連 原	學生書店	一九六五年一月　八版	九角
6	日 本 人 的 姓 名	南必業	大東出版社	一九三五年八月　出版	四元
7	在 北 美 十 年	錢英才	四海書社	一九六三年二月　再版	八角
8	中國古典文學 [中文版]	萬三連	中美出版社	一九五八年七月　初版	三元五角
	〃　　〃　 [英文版]	〃	〃	一九六二年七月　出版	五元

*Chūbǎnzhě 'publisher,' used chiefly in catalogues and title-pages.

13. 有的書店，他們的圖書目錄不叫圖
書目錄，叫圖書介紹. 圖書目錄跟
圖書介紹裏邊都有書名，編者或作
者，還有出版者，出版年月，初版
5 再版或是古版書原版書，都寫的很
明白. 最後是定價.

14. 張文貴主編的中學生是半月報，每
半月出版一次. 編者的話多半是張
文貴寫的. 有人說他是編書老手.
他編寫的書、報太多了. 不但寫的
5 好，而且編的也好.

15. 國語學社學國語的學生有初級、中
級、高級. 初學國語的是初級，學
了一年以上的是中級，學過二年以
上的就是高級.

16. 田直言是前進出版社的主人. 他是
個著名的出版家. 為了作生意，他

請寫作工作者吃飯. 來了很多作家.
在吃飯的時候, 田直言說:"我作出
版事業有很多年了, 出版了不少的
名著者寫的書. 我的作法有一個口
號是「不要錯」. 我們出版的中文書、
外文書裏, 都没有錯字. 大家的大
作, 如果叫我出版, 一定不會出錯."

17. 老子是中國古時候的人. 他是個思
想家, 他把他的思想寫了一本書,
書名也是老子. 這本書在中國古典
文學裏頭是名著.

18. 高先生有兩個兒子, 都會開車. 老
大時常開快車. 高先生對老大說：
"快車我最不喜歡坐. 我親口告訴你
好幾次了. 你再不聽話, 以後叫你
弟弟開車, 不叫你開車了."

19. 錢研田在飯館作用人. 每天做飯甚

麼的，雖然都很賣力，可是飯館主
人對他不很好．有一天來一個要飯
的小孩子．錢研田就給他一點兒飯
吃．飯館主人說："我們飯館是作買
5 賣，是誰作主給要飯的飯吃?"錢研
田說："我．本來我想先問問你，可
是你没在飯館，我就作主給他了．"

20. 我有兩個弟弟，兩個妹妹，我是老
大．我們都學國語，都很用功．有
一天，我跟一個弟弟、一個妹妹在
國語學社聽見一個老頭子說國語．
5 妹妹說這個老頭子說的國語好聽極
了．弟弟問："這個老頭子是誰?"
我告訴他這個老頭子是國語學報的
編者，他姓高，他的名字我忘了，
人家都叫他高老先生．

21. 我們大學的圖書館很大，書多極了，
我每天下課以後就到圖書館去看書．

那是課外研究學問的好地方．我現
在雖然離開大學，還是忘不了那個
圖書館．

22. 張先生：

我現在學國語必得在課外的時候
常聽錄音．我本來有一個錄音機，
因為太古老了，錄的音太難聽．有
5　時音很大，有時就聽不見．有時快
極了，有時慢極了．實在不能用了．
我想再買一個．以前你說過你有一
個朋友連先生是賣錄音機的．請你
給我問問，要多少錢？問

10　好！

　　　　　　　　　　　　小弟 馬文華 上 一月十九日

Exercise 5. Illustrative Sentences (English)

1. Although old man Mao fell sick, he continued to work.

2. We don't get much money for our work in the library.

3. The first edition of the Sketch of Chinese Grammar that he wrote was
   sold out in less than a year after it was published.

4. Chinese is available in America now not only in colleges, but also in
   high schools.

5. Our school has both boy and girl students.

6. My younger brother had a driving accident. The reason for the accident
    was that he wasn't [lit. didn't know] careful.

7. He makes a career out of writing books.

8. I hear that the grammar he's written is excellent. The grammar is writ-
    ten so that it's very easy to understand.

9. Don't leave. I have something to ask you.

10. There were too many people with views (to express) during the meeting.
    I didn't have a chance to open my mouth.

11. Tell Mother I'm not coming home now. Tell her I have something to do
    at school.

12. Once I made a slip in talking to Principal Zhang. He got very angry.

13. Although that servant of mine doesn't do his work well, he's very
    straightforward as a person.

14. Very few foreigners who study Chinese use the National Phonetic Al-
    phabet.

15. Please go to the library and borrow The Family for me. The call num-
    ber is 2986.

16. Don't keep telling us about the happy events of your youth.

17. My younger brother isn't a good student. How [lit. where] can he attend
    college ?

18. He said we should consider writing as a daily extracurricular task.

19. My younger sister spends only a hundred dollars a month at school, even
    including food.

20. Do children twelve or under go half fare on planes ?

21. This character-scroll was personally written by Provincial Governor
    Gao. He personally told me what the characters on the scroll mean.

22. There are a good many[girl-]students in that girls' school who have no
    parents or relatives.

23. That child studies too hard. He studies from morning to night.

24. This book of paintings was done by that famous artist when he was in
    the middle years of his life.

25. He doesn't understand what vowels and consonants are.

26. Our school is a boy's school. There are only boy students, and the teachers are also men. Your school has both girl students and boy students, and your teachers include both men and women.

27. Day before yesterday I was very impolite toward Mr. Zhang. I know now that I was wrong, but it's already too late.

28. That novel is a famous work. It is a work of the author in his old age.

29. None of our children like to eat fish.

30. The author of that book is an Englishman.

31. Try to see if this knife is usable.

32. Is it true that there are a good many places in China that have floods year after year?

33. The first time I talked with his father we spoke for over an hour.

34. Day before yesterday was Principal Tian's birthday. A student said to Principal Tian: "Long live Principal Tian."

35. I hoped to borrow The Dialects of Hunan. Although the library has it, they haven't given it [lit. compiled] a call number, so one can't borrow it now.

Lesson 36

Exercise 1. Review of Single Characters

1. 老	9. 錯	17. 弟	25. 而	33. 母	41. 介	49. 進
2. 冊	10. 功	18. 連	26. 真	34. 把	42. 音	50. 望
3. 父	11. 快	19. 紹	27. 社	35. 男	43. 直	
4. 版	12. 完	20. 聽	28. 回	36. 慢	44. 著	
5. 作	13. 孩	21. 跑	29. 錄	37. 始	45. 但	
6. 歲	14. 內	22. 親	30. 希	38. 級	46. 妹	
7. 出	15. 忘	23. 做	31. 只	39. 拿	47. 友	
8. 極	16. 朋	24. 共	32. 借	40. 編	48. 且	

Exercise 2. Distinguishing Partially Similar Combinations

A. Same Character in Initial Position

1	2	3	4	5	6	7
作工	開車	老人	簡直	出門	以後	主人
作法	開門	老實	簡說	出名	以上	主編
作主 _assume responsib._	開始	老大	簡單	出錢	以下	主因
作文	開飯	老手	簡寫	出版	以內	主客
作者	開刀	老子	簡易	出路	以外	

8	9	10	11	12	13	14
男人	編書	用心	作買賣	大姐	借用	內人 _wife_
男生	編寫	用功	作甚麼	大作	借給	內容 _content_
男校	編者	用人	作生日	大事	借書	內地
男女	編著	用意	作生意			

15	16	17	18	19	20	21
聽見	好多	社會 *society*	過路	著者 *author*	古老	日用
聽說	好聽	社長	過去	著名 *famous*	古版	日常 *daily*
聽話	好幾	社員	過年	著作 *lit. works write*	古代	日本

22	23	24	25	26	27	28
一邊	有錢	國語	拿書	英文	老頭兒	出版社 *publishing house.*
一共	有時	國音	拿給	外文	老百姓	出版家 *publisher*
一直	有名	國外	拿走	作文	老頭子	出版者

29	30	31	32	33	34
研究生	有工夫	目的	馬上	母親	真的
研究社	有名望	目錄	馬來	母音	真話
研究所	有時候				

B. Same Character in Final Position

1	2	3	4	5	6	7
應用	寫作	共事	古版	國音	想家	年級
實用	著作	出事	原版	母音	作家	初級
共用	名作	作事	再版	口音	回家	中級
借用	當作	喜事	出版	錄音	客家	高級
日用	大作	大事	初版	子音	大家	

8	9	10	11	12	13	14
名冊	老人	課外	海外	作者	孩子	文字
畫冊	親人	中外	出外	編者	老子	白字
三冊	男人	以外	在外	著者	冊子	錯字
手冊	本人	意外 *unexpected.*				

15	16	17	18	19	20	21
不錯	開車	是的	走路	人名	少年	外號
出錯	快車	真的	馬路	出名	中年	四號
寫錯	校車	目的	出路	點名	老年	口號

22	23	24	25	26	27	28
進口	長城	出國	老手	男生	聽說	最好
出口	出城	回國	親手	女生	簡說	只好
親口	省城	本國	水手	先生	小說	更好

29	30	31	32	33	34	35
要飯	近代	想出(來)	出版家	著作者	文字學	出版社
做飯	年代	說出(來)	思想家	工作者	社會學	研究社
晚飯	現代	看出(來)	老人家	出版者		

36	37	38	39	40	41	42
外來語	出主意	出力	希望	好聽	學社	一直
馬來語	拿主意	賣力	名望	難聽	書社	簡直

43	44	45	46	47	48	49	50
教給	父母	百姓	實現	功課	當時	好了	書號
借給	字母	貴姓	出現	下課	有時	極了	外號

C. Same Character in Different Positions

1	2	3	4	5	6	7
一回	不但	高原	前進	父親	女校	父母
回頭	但是	原始	進門	親口	校長	母親

8	9	10	11	12	13	14
孩子	百萬	最少	書社	編著	作主	社長
子音	萬歲	少年	社會	著名	主編	長城

15	16	16	18	19
開明	作事	內容	説出	作法
明代	事實	容易	出名	法國

20	21	22	23	24
回頭	點名	出錯	拿走	百姓
頭次	名作	錯字	走路	姓白

D. Reversibles

1	2	3
名著	過去	工作
著名	去過	作工

Exercise 3. Review of Special Combinations

All combinations appearing in this unit other than those already reviewed in the preceding exercise are listed below.

1. 圖書目錄
2. 社會科學
3. 編者的話
4. 國音字母
5. 社會小説
6. 應用科學 *applied science*
7. 社會工作
8. 五十年代
9. 研究學問
10. 寫不上來
11. 出毛病
12. 學本事
13. 介紹人
14. 作用人
15. 百家姓
16. 有時候
17. 小孩兒
18. 作文兒
19. 點名冊
20. 連…都
21. 開快車
22. 錄音機
23. 小孩子
24. 連…也
25. 進出口 *import – export* *entrance – exist*
26. 介紹
27. 朋友
28. 而且
29. 弟弟
30. 妹妹

Exercise 4. Practice on Place-names

Western place-names are often not readily identifiable when translated into Chinese. The same is sometimes true of Chinese place-names translated into English, as is frequently done, for example, in literary translations, which seek to convey some flavor of the original. The following exercise provides practice in matching place-names in Chinese and English. Fill in between the parentheses the letter of the English name which most closely approximates the Chinese. (Numbers 1-6 are Western place-names. The rest are names of actual places in China.)

1. ( ) 北極   a. Cape of Good Hope

2. ( ) 好望角   b. Caspian Sea

3. ( ) 裏海   c. Crater Lake in America

4. ( ) 美國火山湖   d. Elbe River

5. ( ) 南極   e. North Pole

6. ( ) 易北河   f. South Pole

7. ( ) 長門   g. Far River

8. ( ) 路田   h. Forty Mile River

9. ( ) 馬頭山   i. Highgate

10. ( ) 三角城   j. Horsehead Hill

11. ( ) 古田   k. Lakeside

12. ( ) 高門   l. Longate

13. ( ) 海城   m. Ocean City

14. ( ) 南湖   n. Oldfields

15. ( ) 牛山   o. Oxhill

16. ( ) 三里城   p. Seagate

17. ( ) 海門   q. South Lake

18. ( ) 遠河   r. Three Mile City

19. ( ) 湖邊   s. Triangle City

20. ( ) 四十里河   t. Wayfield

Exercise 5. Practice in Reading Catalogues
and Compiling Bibliographies

Here is a simulated fragment of a catalogue in which the titles are those
of actual publications and the publishing houses are also real (all are located
in Taipei, Taiwan), but everything else is fictitious. Write down the infor-
mation contained in the catalogue in the form of a bibliography. For example:
Zhāng Dàozhēn, Chronological Table of Outstanding Events in China. (Taipei:
Sun Yatsen Press, 1964). Vol. I. Second Edition. $ 6.00. Give the name of
the press in transcription if there is no good English equivalent.

大友書店圖書目錄

1966年6月1日

書號	書　　名	著作者	出版社	出　版　年　月	定　價
1	中國大事年表(上)	張道真	中　　　山	民國五十三年五月 再版	六元
2	上　海　畫　冊	南必業	文　　　華	〃 五十二年五月 出版	十元五角
3	十萬個為甚麼	方　果	中學生書店	〃 五十四年四月 出版	二元二角
4	學校圖畫教學	連經方	大　　　華	〃 五十四年三月 出版	八角
5	古　代　的　東　方	錢　介	大　時　代	〃 三十九年十月 初版	六元三角
6	中　國　畫 (上下)	萬友文	文　友　書　店	〃 四十八年八月 出版	五元(每冊)
7	方　言　簡　說	華如山	民　　　主	〃 四十八年六月 再版	三元二角
8	牛　　　　　圖	邊長望	東　　　方	〃 四十七年五月 出版	一元七角
9	中學英文法教科書	文　飛	南　　　華	〃 四十九年一月 再版	九角
10	學　生　小　字　典	常小弟	時　代　生　活	〃 五十三年九月 五版	一元五角
11	五萬年以前的客人	路可喜	中　國　文　學	〃 五十一年十月 出版	二元三角
12	明代四大畫家	簡　機	大　　　東	〃 四十八年三月 初版	八元五角

Exercise 6. Excerpts from Actual Publications

The following excerpts are taken from 家 Jiā (The Family), one of the most widely read Chinese novels of this century. It was written by Bā Jĩn (Pa Chin) in 1931 and was later made into a play by Cáo Yú (Ts'ao Yü).

1. 裏頭還有客人. …甚麼客？

2. 不，我們走路回來的.

3. 你説得不錯，我現在老了.

4. 真的？…當然真的.

5. 你為甚麼不進來？

6. 好，我不再開口了.

7. 你可以告訴太太説，在我這裏有事做.

8. 這是甚麼意思？

9. 我該走了.

10. 我在這兒過了七年了.

11. 這幾個月簡直一次也不回來了.

12. 没有一個人知道.

13. 這時候他還只有二十歲.

14. 他每天到學校就上課,下課就回家.

15. 我⋯生了幾天病, 所以好多天沒有來看你們. 現在已經好了.

16. 説得不錯, 説得真好.

17. 我想還是不告訴他好.

18. 我甚麼都不會説.

19. 好, 不説了, 我要走了, 我還有別的事.

20. 時候不早了.

21. 你回來, 我有話問你.

22. 我一定要跑出去!馬上就要跑出去!

23. 你真是個好弟弟.

24. 他有甚麼心事?

25. 是的, 我們明白你.

26. 我不來.⋯ 没有人要你來!

27. 你們為甚麼都不坐?

28. 他比從前老了一點兒.

29. 我不說, 他的名字只有我一個人知道.

30. 真是想不到的喜事.

Exercise 7. Narratives

1. 高文如在少年的時候, 事業很得意.
   後來到了中年, 他的事業不如從前
   了. 他常對別人說他少年得意的事.
   有人對他說:"人應當對現在的事業
   5 多用心, 不必常說過去的事, 過去
   的已經過去了. 常說有甚麼用呢?"

2. 從我家到山上有一條大路、一條小
   路. 小路比大路近, 大路比小路容
   易走. 有一天我跟我弟弟從大路上
   山, 我在前頭走, 弟弟在後頭走.
   5 我們走了一會兒, 我回頭看弟弟不
   見了. 我心裏想弟弟上那兒去了呢?

又過了一會兒我往山上看，弟弟在
山上出現了．原來他去走小路，比
我先到山上了．

3. 念完中學有兩條出路．一條出路是
念大學，一條出路是作事．可是一
個中學生在社會上能作甚麼呢？所
以有很多人，一邊工作一邊用功研
5 究學問．後來他們不但有了很好的
學問，而且在工作上也是好的工作
more over
者．

4. 張思明今年十七歲，他弟弟十六歲．
他們兩個人想去考大學．他弟弟對
他說：＂聽說考大學的學生一定要在
十六歲以上．你今年十七歲了，已
5 經是在十六歲以上，當然可以考大
學了．我今年才十六歲，不是在十
六歲以上，那兒能考大學呢？＂張思
明說：＂十六歲以上連十六歲也在內．

你是可以考大學的." 他弟弟說:"我
明白了. 比方說坐火車十二歲以下
的孩子可以買半票, 意思是十二歲
的孩子也可以買半票的."

5. 有一個工人說他很喜歡賣力作工,
希望把工作作的最好, 更喜歡把工
錢給兒女去念書, 希望他們能得到
更好的學問. 有人說這個工人不但
是一個很好的工人, 而且是一個最
開明的父親.

6. 我有一個朋友是法國人. 他會四國
文字——法文、英文、日文、還有中
文. 他中國話說的很好, 就是有點
兒山東口音. 他說教他中國話的先
生是中國山東省人, 三十多年以前
就在法國, 一邊念書一邊作工, 學
問很好, 現在差不多是一個老頭兒
了, 還在法國研究學問呢.

7. 我一直的忘不了父親說的話．在我
第一次離開家，要開始念大學的時
候，父親對我說："從前我就希望你
能念大學．現在這個希望實現了．

5 你到大學以後，你念的功課雖然是
應用科學，可是還要把寫作當作課
外的日常功課．好多學問有時是在
課外學到的."現在我念完了大學，
不但學的應用科學在社會上可以實

10 用，而且我的寫作也有用了．我很
喜歡編書.有好幾個學報我是編者，
或者是主編．最近我編著一本<u>原子
能簡說</u>，從原子的原始說到應用.
人家都說這本書內容很好．聽說原

15 子學社拿這本書當作高級課本．我
在寫作的時候，時常想到父親親口
告訴我的話："好多學問是在課外學
到的."我的寫作能力真的是在課外
學到的，所以我一直的忘不了父親

20 他老人家說的話．

8. 我妹妹跟弟弟都在一個中學念書.
妹妹是高中二年級,弟弟才念初中.
這個中學男女學生一共有三百多人.
校長是一個有名望的學者. 他是個
5 老頭兒, 没有兒女. 他把學生當作
親人. 他喜歡給學生寫字, 也喜歡
教學生寫字. 有一天我弟弟在家寫
了好幾個大字, 拿到學校給校長.
校長看了很喜歡, 因為這天是校長
10 的生日, 我弟弟寫的是 "老校長萬
歲."

9. 張木要學馬來話. 他想買一本馬來
話的書. 他不知道書名, 也不知道
甚麽地方賣. 有人告訴他, 可以到
六十年代書社去看看. 他到了六十
5 年代書社, 先看圖書目錄, 果然有
好幾本馬來話的書. 他就請書社的
店員拿給他看看. 店員説:"已經賣

完了. 你如果要買可以把書名、書
號寫下來. 我們可以在五天以內給
你買來."張先生只好寫了書名、書
號請書店給他買了.

10. 我跟馬先生都是東方語文學社的社
員. 我到這個學社, 是馬先生介紹.
從前我聽見這個學社是研究中國語
文的好地方. 這裏學國語是先學國
5 音字母, 再學對話, 然後再學念字.
後來我就在這裏研究國語, 果然學
的很快. 這裏真是研究國語的好地
方.

11. 有人說中文學會馬會長的作法不對.
會裏的事他一個人作主, 別人沒法
子跟他共事. 必得想出一個法子,
請馬會長時常聽聽大家的意見. 如
5 果馬會長還是不聽話, 大家就要離
開這個會了.

12. 從前中國老百姓有很多人没念過書,
不會寫字. 現在没念過書的、不會
寫字的, 比以前少了.

13. 我要學馬來話, 我問白先生有馬來
話課本嗎? 白先生説:"我有一本日
常實用馬來語課本借給張先生了.
張先生借用的時候親口對我説他借
5 一個月, 可是現在三個月了, 也没
給我. 這本書很出名. 是五十年代
出版社出版的. 編著的人是馬來著
名的學者, 你可以去買一本."

14. 高先生到中外書店去買一本社會學.
書店的人説:"你要買那本社會學?著
作者是誰?"高先生説:"我買馬文明
先生編著的."

15. 先生問小學生:"甚麼人説的話有土
音?"學生説:"當地人説的話是有土

音." 先生説:"對了." 先生又問:"甚
麼是母音, 甚麼是子音?"學生説:
"母親説的話是母音, 兒子説的話是
子音, 對不對?"先生説:"不對! 母
5 音、子音都是國音字母裏的字母.
也就是説, 國音字母裏的字母, 有
的是母音, 有的是子音."

16. 大文先生:

我到中國現在已經三個多月了.
我現在開始研究中國原始的文字.
每天白天在學校裏念學校的功課,
5 晚上到中文研究社研究. 社長是一
個老年人, 著作很多. 他最近寫了
一本文字學簡説. 他説他寫這本書
共用了兩年時間. 這本書我很喜歡
看. 我一共有兩本. 現在給你一本,
10 我想你或者也喜歡看. 問
好.
　　　　　　　　　弟 毛東白 上 十月八日

17. 有一個女孩子很老實, 念書很用功.
他家離一個男校很近. 那個學校雖
然是男校, 可是也有女生. 他的父
母就叫他在那個男校念小學. 有一
5 天, 這個女孩子對他父母說:"我不
喜歡在男校念書, 天天跟男生在一
塊兒. 學校裏雖然也有好幾個女生,
可是好多學生都是男生. 還有, 學
校裏的先生也是男人. 我喜歡到女
10 校去念書."

18. 我在圖書館裏看見一本小孩子的畫
冊, 一本小說. 我想借來在家裏看,
圖書館的人說:"這本畫冊可以借,
這本小說因為是名著, 有很多人要
5 看, 只能在這裏看, 不能借."

UNIT VII

Lesson 37

1	2	3	4	5
等	像	些	怎	樣

6	7	8	9	10
句	房	公	園	紀

1. 等 děng (1) wait, wait for; (2) after; (3) grade, rank*; (4) such things as, et cetera, et al*

2. 像 xiàng (1) resemble, be like; (2) as, such as

3. 些 xiē* a few, an amount, a quantity

4. 怎 zěn* (1) how? in what manner?; (2) why? how is it that?

5. 樣 yàng* (1) kind, variety, sort; (2) manner

6. 句 jù (measure for sentences)

7. 房 fáng* (1) house; (2) room

8. 公 gōng* (1) public; (2) just, equitable

9. 園 yuán* garden

10. 紀 jì* (1) notation, record; (2) era

11. 代 dài* to substitute

12. 所 suǒ (measure for buildings)

13. 頭 tóu (measure for oxen, betrothals, etc.)

571

Special Combinations

1.	八字	bázì	(1) the character eight; (2) horoscope
2.	表明	biǎomíng	manifest, make clear, show
3.	出生	chūshēng	be born
4.	代表	dàibiǎo	(1) represent, be a representative for; (2) a representative
5.	等到	děngdào	(1) wait until; (2) after
6.	等等(的)	děngděng(de)	and so forth, etc.
7.	等級	děngjí	rank, grade, class
8.	定親	dìng qīn	betroth
9.	定親事	dìng qīnshi	betroth
10.	房東	fángdōng	landlord
11.	房錢	fángqian	rent (N)
12.	房子	fángzi	house
13.	公用	gōngyòng	public, used by the public
14.	公用事業	gōngyòng shìyè	public utility
15.	公園	gōngyuán	(public) park
16.	好像	hǎoxiàng	seem, appear, as if
17.	好些	hǎoxiē	a good many, a great deal
18.	紀念	jìnian	(1) commemorate; (2) commemoration
19.	紀念會	jìnianhuì	commemorative gathering, memorial service
20.	紀念日	jìnianrì	memorial day, commemorative day, anniversary
21.	紀元	jìyuán	(1) beginning of an era; (2) A. D.
22.	紀元後	jìyuánhòu	A. D.
23.	紀元前	jìyuánqián	B. C.
24.	就是説	jiùshi shuō	(that) is to say, i. e.
25.	句子	jùzi	sentence
26.	開八字	kāi bázì	prepare a horoscope

27.	老樣子	lǎo yàngzi	(1) former appearance; (2) old-fashioned style
28.	那麽	nènmo	so, thus, then, in that case
29.	親(事)	qīn(shi)	marriage
30.	天上	tiānshang	(in) the heavens, (in) the sky
31.	頭等	tóuděng	first class
32.	樣子	yàngzi	pattern, model, plan, style
33.	(一)回事	(yì)huí shì	a matter, a happening
34.	一些	yìxiē	some, a little, a few
35.	一樣	yíyàng	same, similar
36.	有(一)些	yǒu(yì)xiē	(there are) some
37.	園子	yuánzi	garden
38.	這麽	zènmo, zhènmo	so, thus
39.	怎麽?	zěnmo?	how? in what manner?
40.	怎麽(一)回事?	zěnmo(yì)huí shì? what sort of matter? what's up?
41.	鐘點	zhōngdiǎn	(1) (exact) hour, time; (2) timing

Exercise ❶ Illustrative Sentences (Chinese)

1. 到日本去的船，頭等船票比二等的貴一百塊錢.

2. 這所房子房錢一個月是八十塊錢.

3. 這裏的天氣好像上海一樣.

4. 我們等一會兒再説. 我們先上學去.

5. 我城外頭買的那所房子四邊兒沒有別的人家.

6. 他說的中國話跟中國人說的一樣那麼好，因為他在中國日子多了．

7. 五年不見了．你還是以前的老樣子．

8. 我每個月房錢、飯錢、車錢、等等的就要用四百塊錢．

9. 我就會寫幾個簡單的字像一二三等字．

10. 這幾天，天上飛來飛去的飛機怎麼這麼多呢？

11. 那兒有很多人．怎麼回事？

12. 他生氣的原因我現在明白了．原來是那麼一回事．

13. 怎麼能從八字上看出一個人的事業呢？

14. 你的女兒不小了，應該定一頭親事了．請你開個八字給我．

15. 那句話很難說．怎麼說我也說不上來．

16. 你定親事了我真為你歡喜.

17. 一條牛就是一頭牛.

18. 明朝是從紀元一三六八年到一六四四年.

19. 他的中文很好. 四書、百家姓、千字文、等書他都念過.

20. 看張天定的樣子好像近來很難過.

21. 我們學校有一些學生是在中國出生的.

22. 我們房東的女兒已經定親了.

23. 昨天紀念會裏有好些工人還有一些買賣人.

24. 他是學生的代表. 他要代表學生說幾句話.

25. 我從早上就在公園等他, 等到晚上他也沒來.

26. 明天的紀念日是紀念中山先生的生日.

27. 坐船、坐火車都有等級. 坐飛機也有等級嗎？

28. 圖書館的書是公用的，人人都可以看.

29. 那個地方的火車很不好. 火車是公用事業，這就表明那個地方的公用事業很不好.

30. 你們作文不要把句子寫的太長了.

31. 中國元朝是在紀元前呢還是紀元後呢？

32. 我叫你八點鐘來，你為甚麼十點鐘才來？是不是你把鐘點聽錯了？

33. 念書是一回事，寫字又是一回事. 這就是說，書念得好，字不一定寫得好.

34. 我老家有一個水果園子.

35. 等到初級課本念完了才能念中級課本.

Exercise 2. Dialogues

1. 張：紀真，你的房子每月多少錢？

   紀：一月一百二．

   張：怎麼那麼貴呢？

   紀：地方好，離公園很近，而且房
   5　子也好．你的房子好不好？我
   　　還沒到你那兒去過呢．

   張：我的房子也不錯，跟你的差不
   　　多．房錢沒有你的那麼貴．

   紀：或者你的房子比我的小．

   10 張：不．我的房子跟你的一樣大．
   　　不但房錢不貴，而且房東很好，
   　　客氣極了．

2. 錢：今天早上我看見紀道元了．我
   　　叫了他半天，他連一句話都没
   　　跟我説．看他的樣子好像生氣
   　　了．

   5 田：説不定跟他太太生氣了．

   錢：不會的．

田： 那麼是怎麼回事呢？或者是因
　　為他兒子不聽話他生氣.

錢： 他兒子不聽話是真的. 前幾天
　　把他父親從學校借的一本字典,
5　　拿到學校不見了. 紀先生很生
　　氣, 因為那本字典是學校公用
　　的, 不是紀先生的.

3. 紀： 我到這兒這麼多日子, 還沒坐
　　過地下車呢. 這兒的地下車有
　　頭等、二等嗎？

錢： 都一樣, 沒有等級.

5 紀： 坐一次多少錢？

錢： 我好些日子沒坐了. 可能是兩
　　毛錢.

紀： 地下車是公用事業. 我想不會
　　很貴.

4. 文： 我離開這兒十幾年了. 這兒現
　　在還是以前的老樣子.

邊： 雖然這個地方還是老樣子，可
　　是離這兒五里以外就不是以前
　　的樣子了.

文： 那個大公園你們常去嗎？

5 邊： 常去. 沒有從前那麽大了. 四
　　邊兒都是房子了. 有一些有錢
　　的人，家都在那兒.

5. 錢： 你在這兒等誰呢？

張： 我等<u>路直</u>呢. 今天學校的紀念
　　會我們兩個人說一塊兒去. 他
　　叫我四點鐘在這兒等他，現在
5　快四點半了，他還沒來呢. 可
　　能他把鐘點兒說錯了.

錢： 那麽你得等到甚麼時候呢？

張： 我等到五點鐘. 他再不來我就
　　走了.

6. 白： 你上那兒去？

紀： 我買書去. 國文、英文、三角

　　　學、等等的我都没買呢.

白：我們一塊兒去買.

紀：好. 明天早上學校開會你去嗎?

白：我得去，因為學生會會長叫我

5　　　代表外國學生用中文説幾句話.

　　　我想我一定説的不好.

紀：你別客氣了. 你中國話説的簡

　　　直的像中國人一樣.

白：你客氣. 有的時候説出話來句

10　　子甚麽的常常出錯.

7. 南：三國時代是紀元前還是紀元後?

　　華：是紀元後.

　　南：是紀元後從那年到那年?

　　華：三國是從紀元後二百二十年到

5　　　二百八十年，一共六十年.

8. 張：馬老太太，你兒子定親没有?

　　馬：還没有呢. 他已經快三十了.

　　　可是他一點本事也没有. 誰家

的女兒能給他呢？

張：離我家不遠毛老太太的女兒毛
小姐今年也快三十了，也没定
親事呢．我去跟毛老太太說說
5　看．

馬：好極了．要是毛家有意思能定
了這一頭親事，我就没有心事
了．

張：要是毛家有意思，我馬上請他
10　們開毛小姐的八字來．

9. 外國人：聽說中國人有八字，甚麼
叫八字？八字有甚麼用呢？

中國人：「八字」是八個字．這八個
字可以代表出生的年月日
5　跟時候，也就是說用這八
個字表明出生的年，月，
日跟時候．

10. 先生：你們知道明天的紀念日是紀

念甚麼嗎？

學生：知道. 是紀念九一八.

先生：九一八是甚麼意思？

學生：就是九月十八號.

Exercise 3. Narratives

1. 東方國家的火車, 有時候有頭等車、二等車、還有三等車. 西方國家的火車, 有的有等級, 有的沒有等級.

2. 張先生的家在城外公園的東邊, 離城差不多有五里路. 那所房子從前是紀先生的, 每個月房錢一百塊錢. 去年過年的時候, 紀先生把那所房
5 子賣給張先生了. 現在張先生就是房東. 張先生説他最喜歡這所房子. 四邊沒有別的人家. 在家裏可以看見公園的山水, 簡直好像一張圖畫一樣.

3. 我家房子的後邊有一個很大的園子.
從前在天氣好的時候，父親母親跟
我時常在園子裏吃飯. 後來我到法
國去了，在法國三年多. 前天我回
5 家了,我們又在園子裏吃飯.母親問
我:"你離家三年，在外邊想家嗎?"
我說:"最初很想家.在吃飯的時候,
有時就想到在家裏園子裏吃飯. 後
來在外邊日子多了，就不想家了."
10 父親說:"你看這園子的樣子跟從前
一樣嗎?"我說:"我看還是老樣子."
我又說:"我看不但園子是老樣子,
而且父親母親跟三年前還是一樣!"

4. 學校要開學了. 所有課本、字典、
地圖、等等我都買了. 只有簡易國
語會話、三角學我没買到. 有人告
訴我這兩本書本地書店没有，必得
5 等到學校開學在學校裏才可以買到.
那麽我只好等到開學再買了.

5. 有一天我在公園看見好些人都在一
個地方往天上看. 我不知道他們看
甚麼. 我也往天上看. 没看見甚麼.
我就問一個人，怎麼大家都往天上
看呢？那個人說，他也說不上是怎
麼一回事，他最初看見有一個人在
這裏往天上看，後來又有些人也到
這裏往天上看，現在有好些人都到
這裏往天上看，看了半天誰也不知
道是看甚麼. 我說："原來是這麼一
回事. 我們不必再看了." 我們就走
了. 再回頭看看，好些人也都走了.

6. 中國人每個人都有一個「八字」.「八
字」是表明一個人的出生的年月日
跟出生的鐘點. 用兩個字代表年，
兩個字代表月，兩個字代表日子，
還用兩個字代表鐘點. 那就是說，
從八字上可以知道是甚麼年月日、

甚麼鐘點出生．從前中國人說從八
字上還可以看出一個人的事業是好
或者是不好．在定親以前，男的家
裏一定要請女的家裏開八字．甚麼
5 叫開八字呢？就是女的家裏把女孩
子的八字寫給男的家裏，看看八字
好不好．如果八字好才能定親．可
是現在中國人要是定一頭親事就很
少看八字了．

7. 明天是我們學校五十年紀念日．學
校要開紀念會．校長叫我在紀念會
上代表學生說幾句話．我想我應該
怎麼說，說些甚麼？最好是把要說
5 的話大意先寫出來，看看意思好不
好，句子好不好．所以我就開始寫．
最初，怎麼寫也寫不出來．後來先
把意思想一想，不到兩小時我就寫
完了．

8. 張先生：

有好多日子沒看見你了. 你近來
好嗎? 聽說最近你要在城裏作事,
而且你作的事是公用事業. 那真是
太好了. 公用事業對每一個人都有
用的. 你作公用事業的事, 就是給
大家作事, 比做別的事好的多. 從
前我們在學校的時候, 校長時常說,
我們要給大家作事, 不要叫大家都
給我們作事. 現在校長說的話, 你
果然做到了. 我真為你歡喜, 我應
當給你道喜. 希望你用心工作, 為
大家出力. 問

好!   小弟 馬冊先 上 八月十二日

9. 中國古時候有一個大思想家是老子.
他寫了一本書, 書名也叫老子. 這
本書有五千句話. 現在有很多人看
不懂. 原因在那兒呢? 是因為老子

的時代離現在太遠了. 老子出生的
年代是在紀元前七百五十年, 離現
在有二千七百多年了. 當時的生活、
語言、文字跟現代有不一樣的地方,
5 所以那時候的文字, 現在的人不容
易看得懂. 近來有人寫了一本白話
老子就容易看得懂了.

10. 白南如是一個美國學生. 他的中國
書很多. 比如百家姓、千字文、四
書、老子、等書他都有. 差不多有
兩千多本. 有人問他:"你的中國書
5 怎麼這麼多呢?"他說:"有一些是我
買的, 有一些是中國朋友給我的."

11. 中國元朝的土地最大. 在紀元一千
二百四十多年的時候, 不但中國的
土地是元朝的, 連從中國到地中海
的土地也是元朝的. 元朝是古今土
5 地最大的國家.

12. 紀國華近來心裏很難過. 原因是:
張進、紀國華兩個人都在省城裏第
一中學念書. 兩個人都是高中二的
高才生. 張進的父親是學者, 當然
5 學問很好了. 張進每天下課回家父
親晚上一定問他當天的功課, 如果
他有不懂的, 父親就教給他. 紀國
華的父親是個工人, 一點兒學問也
沒有. 有一次要考試了, 紀國華有
10 很多功課不懂, 没人告訴他. 他看
見張進他問張進功課都會了沒有.
張進説有的會了, 有的不會, 一會
兒回家問父親. 紀國華聽了張進這
兩句話心裏很難過.他就對張進説:
15 "你比我好. 你可以問你父親. 我的
父親是個工人, 連名字都不會寫,
怎麼能教我功課呢?"張進聽了紀國
華的話就對他説:"我們兩個人是好
朋友. 我的父親跟你的父親有甚麼

不一樣呢？你可以常到我家去請我
父親教給你．今天晚上就到我家去
好不好？你不要客氣，也別不好意
思．"紀國華聽了張進的話，心裏頭

⁵ 很歡喜．

13. 高子意是一個考古學家，又有學問
又有天才．他從來不請客，人家請
客他也不喜歡去．朋友都知道他的
毛病，後來誰也不請他．他常對我

⁵ 們說，要是請一次客一定要用很多
時間，不如把請客的時間用在看書
上，可以得到一些學問．

14. 我今天在圖書館看見一本現代國文，
編的實在不好，没意思．簡直不像中
學課本，好像小學課本一樣．内容簡
單極了，而且價錢很貴．書上的定價

⁵ 是三塊五毛錢．我看那本書最多就
能賣一塊五，可是他們賣三塊五．

我的看法，這樣書最好不要出版．

15. 紀太太的小兒子生病了．今天早上
紀太太請了一個小兒科大夫來給他
兒子看病．大夫看了以後説："這個
孩子的病一定得開刀，要不然活不
5 了．最多能活六個月." 紀太太心裏
想："怎麼？孩子有病，要是不開刀
好不了，要是開刀，我想活的機會更
不多." 他就跟大夫説："我兒子的病
我不想開刀." 大夫又説："這個孩子
10 的病已經不能好了．要是開刀還有
一些希望，不然不可能好了．我都對
你實説了，開刀不開刀主意是你拿."

16. 我們不是本地人．我到這兒不過五
年．我原來到這兒來的目的是想念
書，可是這幾年以來父親的生意不
如意，家裏過日子很難，不能再上
5 學了．没法子．只好白天在一個大

地主家作工，晚上念書．前天路過
華簡家門口兒，他從家裏出來，他
看見我，問我近來念書呢，還是做事
呢？我告訴他白天做事晚上念書．
5 他說他現在做生意．他叫我到他那
兒做事去，他還說我可以上半天做
事下半天念書．我想要是到他那兒
去，白天又可以念書又可以做事，
不用晚上去上課了．華簡對我這麼
10 好真難得．

Exercise 4. Illustrative Sentences (English)

1. First-class boat fare to Japan is $100 more than second class.

2. The rent for this house is $80 a month.

3. The weather here is like (that of) Shanghai.

4. We'll speak of it after a while. We first have to go to school.

5. There are no other houses around that house I bought outside the city.

6. He speaks Chinese as well as the Chinese do because he was in China for a long time.

7. (We) haven't seen (each other) for five years. You're still the same as ever [lit. still former old appearance].

8. I have to spend $400 a month on rent, food, transportation, etc.

9. I can write only a few simple characters such as one, two, three, etc.

10. How come there have been so many planes flying back and forth in the sky these past few days?

11. There are a lot of people there. What's up?

12. Now I understand the reason for his anger. So that's what's the matter.

13. How can one tell a person's fortune [lit. enterprise] from a horoscope?

14. Your daughter isn't young any more and should be betrothed. Please cast a horoscope and give it to me.

15. This sentence is hard to say. (No matter) how I try [lit. say], I can't say it.

16. I'm really pleased [for you] that you have become engaged.

17. One [strip of] oxen is simply one [head of] oxen.

18. The Ming Dynasty was from 1368 to 1644 A. D.

19. His Chinese is excellent. He's read all of such books as The Four Books, Book of a Hundred Surnames, and Thousand Characters Classic.

20. Zhang Tianding seems to be very distressed recently.

21. Some students in our school were born in China.

22. Our landlord's daughter has already become engaged.

23. At the commemorative meeting yesterday there were a good many workers and also a few merchants.

24. He's a student representative. He wants to represent the students in saying a few words.

25. I waited for him in the park since morning. I waited until evening, and still he didn't come.

26. The memorial day tomorrow is to commemorate the birthday of Sun Yatsen.

27. There are classes in [taking] boats and trains. Are there also classes in [taking] planes?

28. Library books are for public use. Everyone can read them.

29. The trains in that place are very bad. The trains are a public utility. This shows that public utilities in that place are very bad.

30. In writing essays, don't make [lit. write] the sentences too long.

31. Was the Yuan Dynasty of China B.C. or A.D.?

32. I told you to come at 8:00. Why didn't you come until 10:00? Did you get [lit. hear] the time wrong?

33. Reading is one thing, writing another. That is to say, (if) one reads well, one doesn't necessarily write well.

34. There's a fruit orchard at my old home.

35. After the elementary text is finished, we can then study the intermediate text.

Lesson 38

1	2	3	4	5
分	黑	紅	紙	位

6	7	8	9	10
左	右	迎	府	政

1. 分 fēn (1) divide (up), share; (2) be divided into; (3) a tenth; (4) (measure for cents)

   fèn* part, portion

2. 黑 hēi (1) black; (2) dark

3. 紅 hóng red

4. 紙 zhǐ paper

5. 位 wèi* (1) position, seat; (2) (honorific measure for persons)

6. 左 zuǒ* (1) left, left-hand side; (2) (a surname)

7. 右 yòu* right, right-hand side

8. 迎 yíng* receive, welcome (a guest)

9. 府 fǔ* mansion

10. 政 zhèng* political affairs

11. 跟 gēn follow

12. 號 hào* store (used especially in names of stores)

13. 門 mén (measure for courses of study)

14. 長 zhǎng grow

593

Special Combinations

1. 白人　　　báirén　　　a white person, a Caucasian

2. 報紙　　　bàozhǐ　　　newspaper

3. 不分　　　bú fēn　　　(1) not divide, not share; (2) not distinguish, not discriminate; (3) regardless of

4. 初年　　　chūnián　　　first year(s)

5. 單位　　　dānwèi　　　(1) a unit, a standard; (2) a group (of people)

6. 地點　　　dìdiǎn　　　location, position

7. 地位　　　dìwei　　　position, standing, status

8. 定報紙　　　dìng bàozhǐ　　subscribe to a newspaper

9. 定(一)個日子　dìng(yí)ge rìzi　　fix a day (to do something)

10. 定(一)個時候　dìng(yí)ge shíhou　fix a time (to do something)

11. 多大?　　　duō dà, duó dà?　how big?

12. 分別　　　fēnbié　　　(1) distinguish between; (2) difference, distinction; (3) separately

13. 分出(來)　　fēnchu(lai)　　(1) set aside, allot (time, etc.); (2) distinguish, discriminate (RV)

14. 分號　　　fēnhào　　　branch 號 hào 'store'

15. 分會　　　fēnhuì　　　branch 會 huì 'society, association'

16. 分開　　　fēnkai　　　(1) divide, separate (RV); (2) separately

17. 分明　　　fēnmíng　　　(1) distinguish clearly; (2) clear, obvious (3) obviously

18. 分社　　　fēnshè　　　branch 社 shè 'society, association'

19. 分校　　　fēnxiào　　　(1) have separate schools; (2) separate schools

20. 府上　　　fǔshang　　　(1) (your) residence; (2) (your) family (replaced by jiā in PRC, but still used in Taiwan)

21. 跟上　　　gēnshang　　　keep up with, catch up with (RV)

22. 黑人　　　hēirén　　　a Negro

23. (紅)十字會　(Hóng) Shí Zì Huì　Red Cross

24. 歡迎　　　huānyíng　　　give a happy welcome to

25. 歡迎會　　huānyíng huì　a welcoming reception

26. 會員   huìyuán   member of a 會 <u>huì</u> 'society'

27. 老家   lǎojiā   old (ancestral) home

28. 年紀   niánji   age (of a person)

29. 前後左右   qiánhòu zuǒyòu   all around

30. 省政府   shěng zhèngfǔ   provincial government

31. 十分   shífēn   (1) ten parts; (2) very

32. 天黑(了)   tiān hēi(le) (1) the sky is getting dark; (2) after dark

33. 萬國   wànguó   (1) all countries; (2) international (now largely
                                 superseded by <u>guójì</u>)

34. 學分   xuéfēn   academic credits

35. 怎麽樣？   zěnmoyàng？   how? in what way? how about (it)?

36. 這麽樣   zènmoyàng, zhènmoyàng   in this way, thus, so

37. 長大   zhǎngdà   grow up (RV)

38. 政府   zhèngfǔ   government

39. 坐位   zuòwei   seat (N)

40. 左右   zuǒyòu   (1) left and right; (2) near to, about

Exercise 1. Practice in Reading Tables of Contents

The following is the way the table of contents for a Chinese journal might look. Translate the titles and transcribe the authors' names.

中　外　語　文　月　報

一九六五年五月號

目　　　錄

Exercise 2. Illustrative Sentences (Chinese)

1. 我看他的樣子好像很歡喜的樣子.

2. 左太太又生了一個孩子. 我得道個喜去. 道喜: say congratulation

3. 從前中國學校的學生是男女分校.

4. 那所兒大房子從前是萬國飯店.

5. 我們都在省政府作事. 就是他一個人在縣政府工作. *Provin. gov.* *County gov.*

6. 湖南省政府開的歡迎會來了一百多單位. 每個單位來了二十個人左右.

7. 他們兩個人長的一樣. 我分不出來
誰是姐姐誰是妹妹.

8. 我大學四年級就念三門功課, 一共
九個學分.

3 courses

9. 三友書店分號在紅十字會跟大生號
的中間兒.

10. 從甚麼時候開始中國就學西方國家?

11. 那個報紙要是兩塊錢, 我就定. 錢
多了, 我不定.

12. 我本來想跟他定一個日子談談, 可
是分不出工夫來.

13. 我們兩個人一樣高還是你比我高呢?
…不知道. 我們兩個人比一比, 看
看誰高?

14. 你看這兩本書怎麼樣? …都很好.
沒多大分別.

15. 你分得出來分不出來這兩本書那本
是你的那本是我的?

16. 那個會的會員都是男人.

17. 請你定一個時候，我們一塊兒到萬國書社的分社去看馬先生.

18. 他弟弟分明是在美國長大的. 你為甚麼說不是呢？

19. 實用文字學的著者是外國人.

20. 他到大華報館去定報紙.

21. 府上的地點太好了. 又有山又有水，跟我老家差不多.

22. 我們學校有男生有女生，有白人有黑人，也有外國人.

23. 研究學問不分年紀. 少年人、中年人、老年人都一樣可以研究學問.

24. 在民國初年的時候才有國音字母.

25. 有一些日本字的念法跟中國字的念法差不多. 比如「萬歲」日本話就是 banzai,「先生」就是 sensei.

26. 這句話是他父親親口告訴我的.

27. 好多有地位的人,對人都是很客氣.

28. 他這麼老實, 這麼樣用功, 他母親
　　為甚麼還說他不是好孩子?

29. 語言學會分會的地方有多大？有多
　　少坐位?

30. 這本書的著作者是我的好朋友.

31. 他有一本畫冊十分好看.

32. 天黑了. 我看看前後左右, 甚麼也
　　看不見.

33. 有一些書雖然不好,可是價錢很貴.

34. 那個學校的學生是男女分開的, 男
　　生在男校, 女生在女校.

35. 有的地方歡迎外國人, 有的地方不
　　歡迎外國人.

Exercise 3. Dialogues

1. 左: 最近三元號又要開分號了.

紀：在那兒開？

左：在省政府左邊兒那條路上.

紀：得道個喜去.

左：三元號的主人説了，過幾天定

5   一個時候請客.

2. 中國人：美國黑人多不多？

美國人：不少.　現在差不多有兩千

萬人.

中國人：我看報紙上説美國學生黑、

5   白分校.黑人有黑人學校，

黑人跟白人分開念書.

美國人：有的地方是.　最近美國政

府希望所有的學校黑人都

可以去念書.

10 中國人：黑人跟白人是不是一樣有

天才呢？

美國人：他們跟白人一樣，有的黑

人很有天才.

3. 路：你老人家多大年紀了？

方：我七十五歲了．

路：怎麼！你七十五了！看樣子也
不過五十左右．

④ 邊：府上在那兒？

南：我家就在中山中學分校的左邊
兒．

邊：那個地點很好．前後左右都没
有房子．後邊是山，前邊是海．

南：你現在有工夫嗎？請到我家坐
坐．

邊：天黑了．不去了．過兩天再到
府上去．

5. 文：這個學校功課怎麼樣？

白：這個學校的功課很好．可能我
跟不上．

文：我想你能跟得上．你又用功又
有天才．

6. 馬：府上是那兒？

萬：本來我是河南人，可是我在河
北長大的．

馬：府上都在這兒嗎？

5 萬：不都在這兒．就是我跟我內人
在這兒．父母、姐姐、妹妹、
弟弟都在老家呢．

馬：府上人口很多是不是？

萬：人不少．我們家一共有九口兒
10   人．

馬：這兒的生活你喜歡嗎？

萬：我十分喜歡．跟河南一樣．没
多大分別．

7. 高：中國也有紅十字會嗎？

白：有．是紅十字會的分會．民國
初年以前叫萬國紅十字會．

8. 連：簡中一雖然年紀不大，可是學
問很好．已經在大學教書了．

邊：在大學裏教書地位很高．他教
　　甚麼？

連：他在遠大教原子能．

(9) 華：怎麼樣，好嗎？

左：好．就是事太多了．

華：聽說你太太來了．

左：是的．前天晚上才到．我跟我
5　　內人過一兩天到府上看你太太
　　去．

華：應當我們先來看你太太．我想
　　這麼樣：還是我們歡迎左太太．
　　今天定個日子，請你們到我們
10　　家吃飯．

左：不要客氣了．我們一定到府上
　　去看華太太，可是不在府上吃
　　飯．

華：不．我們一定要請你們吃飯．

10. 馬：白小姐，你今年念幾門功課？

白：我們第一年的學生最少要念五
　　門功課.

馬：五門功課有幾個學分？

白：一共十五個學分.

11. 毛：你到那兒去？

高：我到報館定報紙去.　你呢？

毛：我到中西出版社分社看社長去.

高：上次語言研究所馬所長請你去,
　　你去過沒有？

毛：我沒去.因為我事太多,實在分
　　不出時間來.　要是我今天到研
　　究所去他也在那兒嗎？

高：甚麼時候都可以.　不分早晚他
　　都在那兒.

12. 錢：毛一中說他大學念完了以後馬
　　上到中東去一次.

南：他說大話呢.他說他手上沒錢,
　　怎麼去呢？

錢：他說他没錢，可是事實上他有
錢．不分是誰他從來都對人家
不説實話．

13. 紀：前天省政府開歡迎會，來了幾
個單位？

簡：有五十幾個單位．

紀：我看報紙上説每一個單位來了
不少人是不是？

簡：可不是嗎！本來每個單位就應
該來五個人，可是有的單位來
了十幾個人，所以後來有的人
都没坐位了．

14. 先生：上次我説中國有一位大思想
家，你們能説出來叫甚麽名
字嗎？

學生：老子．

先生：老子在甚麽時代？是紀元前
還是紀元後？

學生：是在紀元前七百五十年.

15. 張：邊從，你為甚麼生氣？

邊：你聽我告訴你. 前幾天我跟萬
難先借了一本小說月報. 前天
分明我給他了，今天他又來跟
我要. 他說我沒給他，而且說
的話很不客氣. 你說我為甚麼
不生氣.

5

Exercise 4. Narratives

1. 高知遠是美國人，要到中國去. 他
是頭次去中國. 他想坐中國船. 他
問我中國船分等級嗎？我告訴他，
中國船分等級—頭等、二等、還有
三等. 他又問，頭等跟二、三等有
甚麼分別呢. 我說第一是價目不一
樣. 第二是頭等的房子、吃飯、等
等都比二、三等的好. 他說他要坐

5

二等, 因為二等的價錢不太貴, 房
子跟吃飯甚麽的又比三等的好. 他
一定坐二等了.

②. 方業是外科大夫, 在紅十字會工作
已經二十多年了. 他給別人看病的
時間不分早晚. 大家都說他是個很
難得的好大夫. 他說他最喜歡在紅
⁵十字會工作. 這個會的名子從前也
叫萬國紅十字會. 現在很多國家都
是這個會的會員. 中國從一九〇四
年開始也是紅十字會的會員了.

3. 我小的時候在老家的小學念書. 跟
我一塊兒念書的都是些小孩子, 年
紀大半是八九歲左右. 那個時候誰
也不知道用功, 連當天有甚麽功課
⁵也不知道. 有一天先生問:"你們來
上學為的是甚麽?"有的說, 為的是
念書, 有的說, 因為在家裏没事.

又有人説:"我來上學為的是我父母可以每天給我一毛錢." 後來我們都長大了, 有時候在一塊兒説到小時候的事, 都説很有意思.

4. 中國在民國初年的時候, 政府跟人民都想學西方國家. 當時以為應當學的第一是民主, 第二是科學. 那就是説, 必得實現民主、研究科學,
5 才可以跟得上西方國家.

5. 文明書店近來生意十分好. 在很多地方都有分號. 這個書店的做法是每個分號是一個單位, 每年過年的時候每一個單位跟別的單位比一比,
5 看看那一個單位做得好. 那麼所有的單位就都出力做生意了.

6. 前天紀先生介紹我去看房子. 這所房子地點很好, 就在公園右邊兒.

門前有一條小河，房子後頭是個小
山，山上有一個學校是中山中學的
分校．這個地方好極了．我真喜歡
這個地方．房東是個老太太，看樣
子年紀有六十左右．很客氣．我進
去以後叫我坐下吃水果，然後叫我
看房子．房子很不錯．裏頭的東西
都是老樣子．我就問房東每月房錢
多少錢．這位老太太說："你是個學
生，我不跟你要很多錢．一個月八
十五塊錢怎麼樣?"我說："好."當時
我就給了他十塊錢定錢．看那位老
太太的樣子，他很歡迎我．他問我
家在那兒．他告訴我他的兒女都是
在這所房子裏出生的．現在有的到
外國去念書，有的到別的地方去做
事．他說他好幾年沒看見他的兒女
了.現在這裏他連一個親人都沒有.
雖然年紀很大了，可是甚麼事都得

親手去做. 我跟他說:"我到府上以
後你有事我可以給你做." 他聽了我
的話很歡喜. 他說:"你真是一個好
孩子."

⑦ <u>山本</u>先生是日本人. 他很像中國人.
有時候他跟中國人在一塊兒, 很難
分出他是日本人. 他在日本很有地
位, 是一個大學的校長. 他最喜歡
5 考古. 著作很多. 最近編著<u>日本考
古學</u>、<u>近東考古</u>等書, 都是一些名
著. 他很喜歡跟別人談話. 不分是
誰他都喜歡跟他們談談.

8. 東方學會日本分會想開歡迎會, 歡
迎最近從中國來的一位著名學者.
有人說分會的地點, 離城太遠, 地
方又小, 人多了容不下, 應該借用
5 別的地方. 又有人說分會開會最好
就在分會, 不然分會有甚麼用?後

來大家說定還是在分會開歡迎會.

9. 有一個外國學生要到中國念大學.
他不知道中國的大學怎麼樣, 也不
知道每年每門功課有多少學分. 他
來問我, 我告訴他:"我有好幾本中
5 國的大學手冊. 我給你一本. 你看
看手冊就都明白了."

10. 今天路上的人跟車很多, 天上的飛
機飛來飛去也不少. 省政府對門的
中華日報分社,雖然天已經黑了,我
看見分社的前後左右都是人. 我問
5 別人是怎麼一回事. 有人說那些人
都是來買報紙的. 今天報紙上一定
有了甚麼大事,所以大家都來買報.

11. 在民國十七八年的時候, 政府告訴
人民, 走路都要走左邊. 當時有一
個人說:"政府這個法子很好.不過,

大家走路如果都走左邊, 那麼, 右
邊誰走呢?"

12. 美國有很多黑人. 他們在南方的最
多, 在北方的也不少. 在北方的黑
人, 城裏很多, 城外就很少了.

13. 有一個姓張的老頭兒,有三個兒子.
他的第三個兒子長的很黑, 很有力
氣.人家都説他的力氣跟牛一樣,所
以人家給他一個外號叫黑牛張三.
5 黑牛張三, 人很老實. 有時別人有
拿不了的東西, 他就給人家拿. 他
説:"我有氣力應該用. 為別人出力
我更歡喜."

14. 一個外國人在中國的華南看見有一
個中山公園. 後來他到華北、華東,
也看見有中山公園.他問別人,為甚
麼中國的公園多半叫中山公園呢?

別人告訴他，那是為了紀念中山先生．別人又告訴他，中山先生出生的日子是一八六六年十一月十二日．這一天是個紀念日．大家年年開紀念會紀念他．

15. 有一個老人很有錢．他有兩個兒子．有一天這個老人對兩個兒子說："現在我想把我們家的房子、水果園子、水田、還有我們的飯館、表店、跟我手上的錢，給你們兩個人分開．你們的意見怎麼樣?"兩個兒子都跟他父親表明不想分．這個老人說："你們想想現在你們多大了？你們都已經長大了，每一個人應該有一個家．我是家長，我已經跟你們說明了，你們不要往下說了，我就這麼樣做了．"

16. 社長先生：

Translate

今年三月我在你們社裏定了一年
的報紙. 現在才到半年, 就不來報
紙了. 當初定報紙的單子分明寫的
是一年. 我不知道這是怎麼一回事.
5 我想到你們社裏去, 還有別的事跟
你談談. 請你定一個時候, 我一定
去看你. 問
好!   張子才 八月十九日

17. 從前中國人男女定親都很早. 有好
些人, 十歲左右他們的父母作主就
代表他們的兒女定親事了. 在定親
以前, 先要開女的八字, 看看八字
5 好不好. 現在中國人到了二十歲左
右才定親. 多半兒不是父母作主了.

18. 高定山在少年的時候是在公用事業
裏作事. 當時他不會說國語. 他就
買了一本國音字母簡說, 又買了一
本國語會話, 他每天念國語用好幾

個鐘點，念很多句子．不到五個月，他就會說國語了．

19. 公園裏有很多坐位．這些坐位都是公用的．有一天有三個坐位沒有人坐．過了一會兒，來了一個小孩子，就要在當中的坐位坐下．後來他好
5 像想一想，他就在左邊的坐位坐下了．有人問他："為甚麼不坐在當中呢?"他說："如果我坐在當中，要是有一塊兒來的兩個人，人家就沒法子坐，也沒法子談話了."

20. 前幾天我跟毛道明定了個日子，我請他吃飯．我請他的意思是一來很多日子不見了，想跟他談談，二來問問他學校裏的事．他說一定來．
5 本來說是七點鐘．我等到八點鐘他也沒到．那個飯館兒的生意很好．有好些人在那兒等坐位．我只好把

坐位給別人坐了. 後來又等了一個
鐘頭. 飯也没吃, 我就走了.

Exercise 5. Illustrative Sentences (English)

1. It seems to me that he's very pleased.

2. Mrs. Zho has had another child. I must go and offer my congratulations.

3. Students in Chinese schools of the past had separate schools for boys and girls.

4. That big building was formerly the International Hotel.

5. We all work in the provincial government. He's the only one who works in the district government.

6. The welcoming reception held by the Hunan provincial government was attended by over a hundred groups. Each group consisted of about twenty people.

7. Those two look alike [lit. have grown to be the same]. I can't tell who is the older sister and who the younger.

8. In my senior year in college I'm taking only three courses, nine credits in all.

9. The branch store of the Three Friends Bookstore is between the Red Cross and the Dasheng Store.

10. When did China begin to learn from the countries of the West?

11. If that newspaper is $2, I'll subscribe to it. If it's more, I won't subscribe.

12. I originally planned to arrange a day to talk with him, but I can't set aside the time for it.

13. Are we the same height, or are you taller than I?···I don't know. Let's compare to see who is taller.

14. What do you think of these two books?···They're both OK. There's not much difference between them.

15. Can you tell which of these two books is yours and which is mine?

16. The members of that association are all men.

17. Please decide on a time for us to go together to the branch office of the International Bookstore to see Mr. Ma.

18. His younger brother obviously grew up in America. Why do you say that isn't so ?

19. The author of Practical Etymology is a foreigner.

20. He's going to the Great China newspaper office to subscribe to a newspaper.

21. The location of your home is awfully nice. There are hills and water, much like my old home.

22. Our school has boy students and girl students, whites and Negroes, and also foreigners.

23. For the acquisition of learning there is no age distinction [lit. makes no distinction of age]. Young people, middle-aged people, and old people are all alike in being able to acquire learning.

24. It was only in the first years of the Republic that the National Phonetic Alphabet came into being.

25. The pronunciation [lit. way of reading] of some Japanese characters is similar to that of Chinese characters. For example, wànsuì is banzai in Japanese, and xiānsheng is sensei.

26. This [statement] was told me personally by his father.

27. A good many persons of standing are very polite [to people].

28. He's so frank and so hard-working ; why does his mother still say he's not a good child ?

29. How big a place is the branch of the Linguistic Institute ? How many seats does it have ?

30. The author of this book is a good friend of mine.

31. He has a book of paintings that's very beautiful.

32. It got dark. I looked all around but couldn't see anything.

33. There are some books which, although no good, are very high in price.

34. The students in that school are separated according to sex [lit. separated as between boys and girls]. The boy students are in the boys' school, the girl students in the girls' school.

35. Some places welcome foreigners, some don't.

Lesson 39

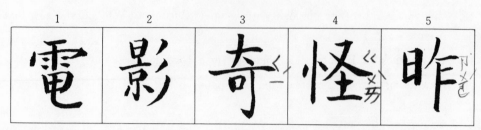

1	2	3	4	5
電	影	奇	怪	昨

6	7	8	9	10
認	識	站	久	治

1. 電　diàn　electricity

2. 影　yǐng*　image, shadow

3. 奇　qí*　strange

4. 怪　guài　(1) queer; (2) to blame

5. 昨　zuó*　yesterday

6. 認　rèn*　(1) recognize; (2) acknowledge, admit

7. 識　shí*　know, recognize

8. 站　zhàn*　(1) to stand; (2) a station, a stop (for train, bus, etc.)

9. 久　jiǔ　long time

10. 治　zhì　(1) heal, treat; (2) manage*

11. 得　de　(1) (verb suffix with no special meaning, as in 懂得 dǒngde 'comprehend,' 認得 rènde 'recognize, know'); (2) (positive resultative verb suffix, —bude being the negative, as in shuōde 'can say,' shuōbude 'can't say')

618

(Special Combinations)

1.	不得	-bude	may not, must not, cannot (in RV compounds)
2.	不得不	bùdébù	cannot but, bound to, must
3.	不得了	bùdéliǎo	(1) awful, terrific, extraordinary; (2) extremely, very, terrifically
4.	不怪	búguài	no wonder…!
5.	不久	bùjiǔ	(1) not long (in time); (2) after a short while
6.	常識	chángshí	(1) common sense; (2) general knowledge
7.	車站	chēzhàn	station, stop (for bus, train, etc.)
8.	電報	diànbào	telegram
9.	電車	diànchē	streetcar
10.	電話	diànhuà	telephone (N)
11.	電力	diànlì	electricity, electric power
12.	電影(兒)	diànyǐng (r)	movie, moving picture
13.	懂得	dǒngde	comprehend
14.	多久?	duōjiǔ?	how long (in time)?
15.	怪不得	guàibude	(1) can't blame; (2) no wonder!
16.	好久	hǎo jiǔ	quite a while
17.	好久不見	hǎo jiǔ bú jiàn	haven't seen (you) for quite a while
18.	火車站	huǒchēzhàn	railway station
19.	老少	lǎo-shào	the old and the young
20.	了不得	liǎobudé	extraordinary, wonderful
21.	民主政治	mínzhǔ zhèngzhi	democratic government, a democracy
22.	難道…(嗎)?	nándào…(ma)?	do you mean to say that…?
23.	難怪	nánguài	scarcely odd, no wonder!
24.	奇怪	qíguài	(1) amazing; (2) amazed
25.	認錯	rèncuò	acknowledge a fault, apologize (VO)
26.	認得	rènde	recognize, know, be acquainted with
27.	認識	rènshi	recognize, know, be acquainted with
28.	認為	rènwei	consider, reckon, acknowledge

29.	認真	rènzhēn	(1) <u>serious</u>, conscientious; (2) take seriously
30.	識字	shízì	be literate
31.	政治	zhèngzhi	politics
32.	政治家	zhèngzhijiā	politician, statesman
33.	政治學	zhèngzhixué	political science
34.	政治學家	zhèngzhixuéjiā	political scientist
35.	治病	zhì bìng	treat a sickness, care for a sickness
36.	治國	zhì guó*	manage the country
37.	治好	zhìhǎo	care, heal (RV)
38.	只是	zhǐshi	(1) is only, is merely; (2) only, merely
39.	知識	zhīshi	knowledge
40.	昨天	zuótian	yesterday

Exercise 1. Illustrative Sentences (Chinese)

1. 怪不得你跟他生那麼大的氣.

2. 我不懂得是甚麼原因他不給我來電話.

3. 他甚麼事都認真的不得了.

4. 張先生不在家. 才出去了沒多久.

5. 他在電話裏說不久他要到外國去.

6. 難道那麼大的城沒有火車站嗎?

7. 他給我來電報說他病好了就會到這兒來.

8. 我們甚麼時候到車站？… 你聽我的
電話好了.

9. 他認錯了. 我想以後他不會對你拿
出那個怪樣子了. *strange attitude*

10. 我不認得他. 聽說他是個了不得的
人.

11. 我們説的是在火車站見. 他一定説
我們説的是在電車站見.

12. 他懂得作事也懂得用人.

13. 他以為這是一個了不得的事. 我認
為沒有甚麼不得了. *extraordinary thing*
not a big deal

14. 我認為只有他是最好的政治學家.

15. 我很想認識幾個中國朋友.

16. 他站在那兒作甚麼？

17. 我們學校開會的時候，男生、女生
分開坐.

18. 你病了有多久了？

19. 教員用這樣的教學法教這門功課，
    我還是第一次聽説．

20. 你昨天看的那個電影兒好看不好看？

21. 那個國家的人民，男女老少都有政治
    常識．

22. 那個電影，小孩子看不得．

23. 這裏没有電力，不得不用水力．

24. 他雖然不識字，可是他很有知識．

25. 不怪你妹妹不會説中國話，原來他
    是在外國長大的．

26. 民主政治跟政治學簡説都是馬先生
    的著作．

27. 好的大夫能治病，好的政治家能治
    國．

28. 他離家好久了．難怪他的父親、母
    親想他．

29. 我昨天在電車上看見好幾個朋友.
    我對他們說:"我們好久不見了."

30. 先生對學生說:"你說你在家很用功.
    為甚麼好多功課你都沒做呢?"

31. 他的病很奇怪，怎麼治也治不好.

32. 他小的時候沒有親人. 他是在一個
    外國人家裏長大的.

33. 誰說他不認識字？那幾個字是他親
    手寫的.

34. 難道中國的工業跟不上英國嗎？

35. 高先生只是編著教科書，不編寫別
    的書.

Exercise 2. Dialogues

1. 田: 昨天你到那兒去了？
   高: 我到車站去了. 因為紀科到這
       兒來. 他是一個作家. 可能你
       沒見過.

田：我不認得.

高：你今天晚上要是有工夫到我那
　　兒去. 我給你們介紹介紹.

田：好極了. 又可以認識一個朋友.
5　　我幾點鐘到你那兒去？

高：你聽我的電話好了. <u>紀科</u>出去
　　買東西去了. 他回來以後, 我
　　馬上給你電話.

2. 華：明天我請你到大華去看電影兒
　　　好不好？

馬：好. 你請我看電影兒, 我請你
　　吃飯. 人家告訴我離電車站不
5　　遠有一個小飯館兒. 才開了沒
　　多久. 吃過的人都說好的不得
　　了, 認為比大飯館還好.

③ 毛：昨天<u>張文然</u>跟我借了一百塊錢.

錢：我想一定是給他太太治病没錢.
　　他的太太病了好久了, 很不容

易治好. 幾個大夫都治不了.
老實說他太太活不久了.

毛： 怪不得張文然天天好像很難過
的樣子.

5 錢： 他太太雖然不識字, 没甚麼知
識, 可是人不錯, 對人好極了.

④. 張： 白少奇, 你跟誰生這麼大的氣?

白： 你聽我告訴你. 邊治國昨天早
上給我來電話說下半天三點半
叫我到火車站出口等他. 我從
5 三點等到五點半他也没來. 我
就走了. 今天他看見我他一定
說我没去. 我說我在火車站等
他兩個多鐘頭. 他說:"那太奇
怪了." 他的意思好像是我不應
10 該走. 難道我在車站上等他一
年!

張： 難怪你生氣了. 我告訴他, 叫
他對你認個錯.

白：不必跟我認錯．希望他對別人
　　不要拿出這個怪樣子來．

5. 路：連以書有好些政治學的書．他
　　課外還研究政治呢．

紀：他是不是以後要做政治學家或
　　是政治家呢？

5 路：我問他了．他說人人應該有點
　　兒政治常識．他說他不是要做
　　政治學家也不是要做政治家．
　　他只是要懂得一點兒政治．

6. 南：華大經，我後天回國了．我姐
　　姐給我來電報了．我母親病了，
　　所以我不得不回去．

華：那麼你甚麼時候回來呢？

5 南：我想不會多久．我母親病好了
　　我就回來．

7. 文：好久不見．

南：好久不見．你到那兒去了？

文：我到南邊老家去了一次.

南：原來你到南邊去了. 不怪好些
　　日子不見你了. 南邊怎麼樣？
　　人家都説現在南邊好的了不得.
5　是真的嗎？

文：真的. 省長作事很認真. 那個
　　地方的政治真是民主政治. 那
　　省治的很好. 從前南邊的工業
　　都是用人力，現在差不多都用
10　電力了.

8. 紀：昨天張校長告訴我説毛元文最
　　近很不用功，常常不上課，去
　　看電影兒. 張校長叫我告訴他
　　父親. 你看我對他父親説得説
5　不得？

　　錢：這個孩子不用功念書有多久了？

　　紀：張校長没説，我也忘了問了.

9. 紀：今天早上電車一定出事了.

連： 你怎麼知道？

紀： 因為我到學校去，上車站去等
車，看見男女老少很多人站在
那兒等車，站了半天車也没來.

10. 中國人： 田定山，我希望你買一本
遠東手冊看看.

外國人： 內容説些甚麼？我看得懂
嗎？

5 中國人： 你中文這麼好一定看得懂.
而且你不久就要到遠東去.
更應該買一本看看.

Exercise 3. Narratives

1. 我在火車站看見高縣長. 他説他要
到省城去. 省政府昨天給他來一個
電報，請他就去. 他本來想昨天去.
因為縣城裏有事，没法子走，只好
5 今天去. 我問他甚麼時候回來. 他
説明天或者後天不一定.

2. 張明遠是一個著名的政治家. 他在
政府裏很有地位. 他在大學教政治
學. 他很喜歡談民主政治. 他時常
說現在的人民不分男女老少都應該
5 懂得一些政治上的常識.

3. 昨天的事, 已經過去, 不要再想了.
明天的事還沒來到, 也不要先去想.
今天的事, 必得今天認真去作. 這
是作事的好方法.

4. 高會是一個不識字的人, 没甚麼知
識, 可是他很會做生意. 他做進出
口生意, 十分得意, 連日本、美國
都有分號. 別人說真是一個很奇怪
5 的事, 高會連一個字也不認識, 他
怎麼能做這麼樣大的生意呢? 我說,
這也没甚麼奇怪, 高會雖然不識字,
但是很懂得做生意. 他生意上的常
識真是好得不得了. 他也很懂得用

人，他用的幾個人，工作能力都很好．<u>高會</u>的生意都是那幾個人給他做．他只是在大事上拿主意，所以他不識字也會做生意．

5. 有一個老頭兒出外，在船上有病了．雖然在船上也有大夫給他看病，可是他認為他的病船上的大夫沒給他治好．他下了船，又請一位別的大夫給他治病．這個大夫問他："你病了多久了?"他説："沒多久，可是船上大夫治不好."這個大夫説："難怪船上大夫治不好．你分明是沒有甚麼了不得的病．你在船上太久了，有點兒小毛病，下船就會好了."

6. 我跟一個朋友要坐電車去看電影．在車站上等了好久，電車也不來．我問別人是怎麼一回事．有人説，有一個電車出事了．我的朋友説：

"一個電車出事了. 難道別的電車
都出了事? 為甚麼連一個電車也不
來呢?"我說:"前邊的電車出了事,
後邊所有的電車當然都不能來. 我
5 們只好走路去看電影了."

7. 昨天萬國書店開了一個很奇怪的晚
會. 不知道為甚麼請了很多單位, agency
比如紅十字會、政治學會、中西出
版社、外文書店, 以外還有出版工
5 作者等等. 來了有四五百人. 雖然
地方很大, 可是差不多容不下了.
有的人來晚了, 都是站在那兒. 後
來來了很多人, 站了半天沒坐位就
走了. 還有一個奇怪的事. 他們請
10 來的人男女都要分開坐. 開會的時
候男女分開坐我還是第一次聽說呢,
我真不懂得這是甚麼意思.

8. 中國在民國初年才有國音字母. 國

音字母一共有四十個. 在這四十個
字母裏, 有的是子音, 有的是母音.
母音比子音少. 這一些字母, 有人
認得, 也有不少人不認得.

9. 我們跟馬先生好久不見了. 馬先生
從老家來, 我們為了歡迎他, 想要
定一個日子, 定一個時候, 定一個
地點, 開個歡迎會. 有人說, 最好
5 明天晚上在這裏開歡迎會. 又有人
說, 這裏離城太遠, 天黑了, 路不
好走. 後來大家說, 後天白天在城
裏開歡迎會.

10. 我到這裏已經十幾天了, 還沒看過
報紙呢. 昨天我出去到城裏頭中華
報館去定報紙. 從報館出來以後看
電影去了. 我去的時候晚了十分鐘,
5 差一點兒沒坐位了. 坐在我前後左
右的差不多都是學生. 這個電影對

少年人跟小孩子很不好. 他們不應
該去看. 只是中年人跟老年人可以
看得. 少年人跟小孩子實在看不得.

11. 有一個女生他的年紀才十六歲左右
就念大學了. 他每年學分念的都比
別人多, 大考、小考都考得比別人
好. 他念的這個大學有女生, 也有
5 男生. 有一天下課以後, 有幾個男
生站在一塊兒談話. 那個女生從那
裏過去. 一個男生看見那個女生走
過來, 他就說: "我們學校的女生…"
那個女生看出這個男生要說的話一
10 定不是好意思, 他馬上就問這個男
生: "你說我們學校的女生怎麼樣?"
這個男生很有口才. 馬上就說: "我
們學校的女生萬歲!"

12. 現在有很多地方、很多事業都用電
力. 比方說電車、電話、電報、電

影等等. 現在可以說是電力時代.
但是很多科學家都說, 原子能已經
試用了, 往後日用生活都要用原子
能. 那就是說不久就是原子能時代
5 了.

13. 我從來不喜歡看電影. 昨天張先生
一定要請我去看電影, 我不得不去.
我們看完了電影我說:"不怪有人很
喜歡看電影. 看看電影也很有意思."
5 張先生說:"你天天工作太多. 有時
候應該分出來一些時間看看電影或
者跟朋友談談天." 我說:"怪不得你
一定要請我看電影. 你對我的意思
真太好了."

14. 在一個大學裏有一個政治學會分會.
會員多半是一些大學的研究生. 昨
天有幾個會員談到治國的方法. 他
們談的大意是, 在這個時代只有「民

主」是治國最好的方法. 有人說要
想國家跟上時代就要研究科學. 後
來又有人說出很多意見. 最後有一
個老年人說:"這些方法都很好. 不
5 過我說句老實話, 你們說的這些方
法我在中年的時候,就有人說過了.
我們要有更好的方法才好."

15. 有一個小孩子, 名字叫<u>小紅</u>, 年紀
沒有多大, 在一個女校分校作事.
有一天校長叫他到一個書社的分社
去買東西. 不知道為了甚麼事, 可
5 能是這個小孩子話說的不客氣, 書
社的人很生氣, 就給校長來電話.
校長聽了電話以後, 就想叫這個小
孩子本人到書社去認錯. 這個小孩
子說他沒有錯, 他不能去認錯.

16. <u>馬</u>先生在男校教國文.他有很多書,
還有不少畫冊. 他告訴我:"我有幾

本著名的社會小説，白人跟黑人，
男人跟女人，父母跟兒女，都是近
來名著. 你如果要看,明天到我家來
看看." 我説:"小説我不一定要看.
5 我最喜歡看畫冊. 明天我到府上來
看畫冊."

17. 昨天高先生對我説，圖書館有一本
書，書名是甚麽他忘了，他只知道
著者的姓名跟書號. 他叫我到圖書
館給他借來. 我到了圖書館，先看
5 書號，然後又看著作者姓名，都没
有這本書. 我就去問高先生:"是不
是你把作者的名字説錯了?"高先生
想了一會兒説:"没説錯." 我説:"你
没説錯怎麽没有這本書呢? 我再去
10 給你看看." 我又到了圖書館，又看
書號，又看著作者姓名. 還是没有
這本書.我想一定是高先生説錯了.

18. 張校長常常説了話他就忘了. 昨天
他要走的時候他叫我畫一張圖表.
他説:"最好今天晚上畫出來." 我晚
上連飯都没吃, 畫到十二點鐘. 今
5 天早上他來了. 我拿給他看. 他説:
"你畫這個作甚麼?" 我説:"你昨天
親口告訴我叫我晚上畫出來." 他説:
"這個圖表没有用, 没有畫的必要.
我是不會叫你畫的. 你畫了多久?"
10 我告訴他畫了五個鐘頭. 他連一句
客氣話也没説.

19. 紀思没甚麼學問, 可是很喜歡談政
治. 就看過一兩本政治學的書, 簡
直以為他是政治學家了. 有一次毛
先生作生日, 客人裏頭也有他, 那
5 天毛家一共有十幾個客人. 吃飯的
時候紀思又談政治了. 他説大政治
家必得懂得怎麼樣治國, 也應該到

民間去跟百姓在一塊兒甚麼的. 他
本來的意思是希望別人跟他談. 可
是連一個人也沒有跟他談政治的.
人家大家都是談談心.

20. 我從初小到高小念書簡直的就不聽
先生的話. 現在想想很不好意思.
我在高小的時候, 先生點名, 點到
我的名字, 我應該說"到," 可是每次
5 我都是說 "不到." 先生教國文的時
候, 課文裏的生字他教十個字我可
能有九個以上寫不上來, 都是寫錯
字. 先生常說我沒有希望了. 先生
很不喜歡我, 看見我就生氣. 有一
10 次作文, 他告訴我們寫「怎麼樣作
一個好學生」. 我作完了以後, 他看
了我的作文氣更大了. 我寫的內容
大意是:"作好學生第一得有好先生.
要是學生不好, 一定是他的先生不

是個好先生. 不好的先生跟不好的
學生沒有多大的分別. 不過就是你
比我大一點兒, 我比你小一點兒."

Exercise 4. Illustrative Sentences (English)

1. No wonder you got so angry with him.

2. I don't know what the reason is that he doesn't give me a call.

3. He's awfully serious about everything.

4. Mr. Zhang isn't at home. He went out just a little while ago.

5. He told me over the phone that he's going abroad before long.

6. Can it be that in such a large city there's no railway station?

7. He sent me a telegram saying that he might come after he's recovered.

8. When shall we go to the station?···Wait for my call.

9. He acknowledged his mistake. I think that hereafter he isn't likely to adopt such a strange attitude toward you.

10. I'm not acquainted with him. I hear he's an extraordinary person.

11. What we agreed on [lit. said] was to meet at the railway station. He insisted that we had agreed to meet at the streetcar stop.

12. He knows how to do things and how to make use of people.

13. He thinks this is something out of the ordinary, but I don't consider it anything unusual.

14. I consider that he's the only one who is a really good political scientist.

15. I'd like very much to have [lit. to know] a few Chinese friends.

16. What's he doing standing there?

17. When our school has an assembly, boys and girls sit separately.

18. How long have you been sick?

19. This is the first time I've heard of teachers' using such a method [of teaching] to teach this course.

20. Was that movie you saw yesterday good [lit. good to look at]?

21. The people in that country—men and women, young and old—all have a general knowledge of politics.

22. Children may not see that movie.

23. There is no electric power here. It is impossible not to use water power.

24. Although he's illiterate, he has a lot of knowledge.

25. No wonder your younger sister doesn't speak Chinese. Actually she grew up abroad.

26. Democratic Politics and A Sketch of Political Science are both works by Mr. Ma.

27. Good doctors can cure illnesses, good statemen can rule countries. (Note the play on words here.)

28. He's been a long time away from home. No wonder his father and mother miss [lit. think of] him.

29. Yesterday I saw a good many friends on the streetcar. I said to them: "We haven't seen (each other) for a long time."

30. The teacher said to the student : "You say you study hard at home, (but) why didn't you do a lot of the lessons ?"

31. His illness is quite strange. Nothing whatever has been able to cure it.

32. He had no relatives when he was young. He grew up in a foreigner's home.

33. Who says he doesn't know characters ? Those characters were written by him [lit. by his own hand].

34. Can it be that Chinese industry cannot catch up with (that of) England ?

35. Mr. Gao compiles only textbooks. He doesn't compile other books.

[handwritten top margin: pos.: 鮮 ㄒ一ㄢˊ fresh tasty or funny (gang); neg.: 柴 ㄘㄞˊ 3bopy]

Lesson 40

1	2	3	4	5
拜	訪	星 *ㄒ一ㄥ*	期	興

6	7	8	9	10
趣	信 *ㄒ一ㄣˋ*	將	够	理

1. 拜　bài *　call on, visit

2. 訪　fǎng *　(1) call on, visit ; (2) inquire

3. 星　xīng *　star

4. 期　qī *　(1) period of time ; (2) issue of a periodical

5. 興　xìng *　interest (N)

6. 趣　qù *　interest (N)

7. 信　xìn　(1) believe ; (2) a letter　*[handwritten: 信用卡 ㄎㄚˇ credit card]*

8. 將　jiāng *　(1) be about to ; (2) take (written equivalent of 把 bǎ) ;
　　　　　　　(3) barely, just

9. 够　gòu　enough

10. 理　lǐ　(1) reason, principle ; (2) pay attention to, take notice of
　　　　　(a person) ; (3) (suffix referring to fields of knowledge,
　　　　　as in 心理 xīnlǐ 'psychology')

[handwritten right margin: 傻 ㄕㄚ; 笨 ㄅㄣ stupid]

[handwritten right margin: 洋 white monkey, Caucasian; 鬼 ghost, 了 ghost slane]

Special Combinations

1. 拜訪　bàifǎng　make a (formal) call on (someone), visit

641

2.	拜會	bàihui	make a call on, visit
3.	拜望	bàiwang	make a call on, visit
4.	表現	biǎoxiàn	(1) express (one's feelings), manifest; (2) expression, manifestation
5.	不理	bù lǐ	disregard, pay no attention to, ignore
6.	代理	dàilı	(1) act in place of; (2) acting (before a noun); (3) agent
7.	道理	dàolǐ	doctrine, principle, (ethical and logical) reason
8.	地理(學)	dìlǐ(xué)	geography
9.	訪問	fǎngwèn	visit (in official capacity)
10.	高大	gāodà	tall and big
11.	高興	gāoxìng	happy, in high spirits, delighted
12.	還要	hái yào	(1) still want; (2) even more (before stative verbs in comparative usage)
13.	回信	huíxìn	(1) return letter; (2) send a return letter
14.	將就	jiāngjiu	adapt (oneself to), put up with, not be particular
15.	將來	jiānglái	in the future, later, hereafter
16.	將要	jiāng yào	be about to, be going to
17.	叫作	jiàozuò	be called, be named
18.	介紹信	jièshao xìn	letter of introduction
19.	今日	jīnrì *	(1) today; (2) present-day, contemporary
20.	經理	jīnglǐ	(1) manage, handle, take care of; (2) manager
21.	明星	míngxīng	(1) the morning star; (2) a (movie) star
22.	能够	nénggou	can, be able to, be possible to
23.	期間	qījiān	(within) a specified period of time
24.	日期	rìqī	date
25.	心理(學)	xīnlǐ(xué)	psychology
26.	信紙	xìnzhǐ	writing paper, letter paper
27.	星期	xīngqī	(1) a week; (2) Sunday
28.	星期日	xīngqīrì	Sunday

29.	星期天	xīngqītiān	Sunday
30.	星期一	xīngqīyī	Monday (similarly up to xīngqīliù 'Saturday')
31.	興趣	xìngqu	interest, pleasure
32.	學期	xuéqī	semester
33.	用力 (氣)	yòng lì (qi)	use one's strength, expend effort
34.	有表現	yǒu biǎoxiàn	stand out, make a splash, be outstanding
35.	有道理	yǒu dàoli	justified, reasonable
36.	有理	yǒulǐ	be in the right about something (VO)
37.	有興趣	yǒu xìngqu	be interested (in)
38.	治理	zhìlǐ	rule, administer
39.	治水	zhì shuǐ	control water (in rivers, etc.)
40.	主張	zhǔzhāng	(1) propose, advocate; (2) proposal

理 髮 (理) Hair cut

Exercise 1. Illustrative Sentences (Chinese)

1. 我明年上學期學地理，下學期學心理學.

2. 我對政治工作一點兒興趣也没有.

3. 我不信他能去當電影明星.

4. 聽說你要當中外書店經理了. 我為你高興極了.

5. 張力夫很用功研究政治學. 將來在政治上一定很有表現.

6. 在我研究心理學的期間，別的書都
不看了，我只是研究心理學了.

7. 我們現在談到民主. 甚麼叫作民主?

8. 毛太太的兒子要定親了. 毛太太一
定主張先開八字. 當這個時代他的
思想怎麼這麼古老?

9. 他念書那兒能比你還要好?

10. 心理學報第二期的是甚麼日期出版
的?

11. 那麼少的錢將够他一星期吃飯的.

12. 你跟他要了信紙没有?

13. 現在他還用那樣古老的法子教書.
這叫做原始時代的教學法.

14. 第一期的科學半月報上談怎麼樣治
理大水.

15. 有很多買賣人去拜訪張經理.

16. 高省長下月出國去訪問.

17. 下星期我有事, 不能來工作. 你能
夠代理我作一個星期的事嗎?

substitute

18. 我給他寫信有一個星期了, 他還沒
給我寫回信. 他是不是不理我了?

ignore

19. 我要去看紀先生. 我將要出去的時
候, 紀先生來了.

20. 從前治水的法子, 現在沒用了.

21. 昨天高校長去拜會研究所的馬所長,
馬所長不在家. 今天馬所長來拜訪
高校長, 校長也出去了.

22. 他拿張先生寫的介紹信去見白經理.

23. 他在實業上很有表現.

24. 他叫白先生星期天還要作工. 太没
道理了.

25. 他對心理學很有興趣, 我對文學很
有興趣.

26. 我看你弟弟將來比你還要高大.

27. 今天是星期天. 張校長不在學校.
明天星期一校長一定在學校.

28. 我給妹妹買了一本今日美國, 他喜
歡的不得了.

29. 頭等船票賣完了. 你將就一點買二
等船票好不好?

30. 那條魚很大. 你要用力拿.

31. 有一些飯館星期日不開門.

32. 昨天有很多人來拜望高先生.

33. 馬縣長病了. 毛大文先生是代理縣
長.

34. 這個工作女人怎麼能作呢? 要用很
多力氣.

35. 張先生有很多事業. 他都叫我給他
經理.

Exercise 2. Dialogues

1. 錢：你去拜訪馬先生. 見過没有？

　紀：見過了. 我把張先生介紹信給
　　　他. 他當時就看了.

　錢：他對你説甚麼？

5　紀：他叫我下星期再去一次.

　錢：你的事有了希望. 我聽了很為
　　　你高興.

2. 張：我們從星期六開始一共三天不
　　　要上課.

　馬：怎麼？

　張：下星期一是紀念日. 連星期六
5　　跟星期日不是三天嗎？

　馬：對了. 我把紀念日給忘了. 這
　　　三天裏頭你做甚麼？

　張：我們高二下星期要考地理了.
　　　我在家裏念書. 你呢？

10 馬：我星期六去拜望朋友. 星期日

跟星期一在家，不出去，給朋
友寫寫信，看看書．

3. 文：我對電影兒沒興趣．你呢？

毛：我有興趣．我很喜歡看電影兒．
要是星期天沒事的時候，我都
是看電影兒去．

5 文：我這學期才看過兩次電影兒．

毛：那麼你星期天都作甚麼呢？

文：我有時候到公園去走走，有的
時候寫信甚麼的．

4. 錢：你女朋友真好看，可以去當電
影明星．

田：他對電影工作也很有興趣．他
常對我說，他認為最有意思的
事是作電影明星了．他很希望
能够作一個電影明星．

錢：他為甚麼不去呢？

田：因為他父母主張兒女將來在科

學上或者文學上有表現.

錢: 我認為他父母的看法也有道理.

田: 現在電影也是工作. 這個時代
你的思想怎麼還這麼古老呢?

5. 白: 張元明, 你有信紙沒有?

張: 有. 給女朋友寫信, 是不是?
我的信紙不很好. 你將就用得
了.

5 白: 不是給女朋友寫信. 我姐姐給
我來信了. 我得馬上回信. 因
為今天是星期, 沒有賣信紙的.

張: 是不是你姐姐要給你定親事?

白: 我在念書期間那兒能够定親事?

10 是因為從我們家那兒到這兒來
了一位毛先生, 是大華書店經
理, 我姐姐叫我去拜會他.

6. 華: 我最近將要出國一次, 因為政
府叫我們代表本國到近東幾個

國家去訪問.

路：那麼你的工作有人代理嗎？

華：有. 我的工作文先生代理.

路：你走的日期定了嗎？

5 華：還沒定. 可能是下星期四五.

7. 邊：聽說這位馬縣長比以前的張縣
長還要好. 從他當縣長以來,
很用力,才把當地治理的很好.

萬：可不是嗎！他也懂得人民的心
5 理, 所以人民都很喜歡他.

8. 連：你說張定國有理沒理？昨天我
買了一本第三期的今日中國,
他一定說是他的.

高：你書上有名字沒有？

5 連：因為才買來,我還沒寫名字呢.

高：他的呢？

連：他說也沒名字.

高：如果他再跟你要, 你不理他,

看他怎麼樣.

9. 紀：我上星期六到府上去拜訪你，
　　你不在家. 到那兒去了？

　　南：我跟田先生、田太太、還有他
　　們兩個小孩子，我們一塊兒上
5　　山了.

　　紀：是上東山了嗎？

　　南：那個山叫作甚麼名子我給忘了.

　　紀：有意思嗎？

　　南：有意思極了. 最有意思的是那
10　　兩個小孩子在山上跑來跑去的.

　　紀：他們那兩個孩子多大了？是男
　　孩子還是女孩子？

　　南：是男孩子. 大的六歲，小的四
　　歲. 長的都很高.

15紀：都像老田. 將來長大了一定都
　　很高大.

10. 文：你妹妹考上大學了嗎？

方：考上了．

文：他念甚麽？

方：他念心理學．我的意思是女孩
　　子應該學文科，可是他對心理
5　　學很有興趣．

Exercise 3. Narratives

1. 中國古代常有大水，人民没法子生
活．後來有一個人能治水．他治理
大水有十三年．在治水的期間，他
三次路過他家的門口，他都没進去，
5 没到家裏看看．他這麽用心治水，所
以能將大水治好，人民才可以生活．

2. 從前的工人，差不多天天都要作工．
現在的工人，多半不是天天作工了．
他們是每星期作工五天，從星期一
到星期五都作工，星期六跟星期日
5 兩天都不作工．

3. <u>高明方</u>對研究心理學很有興趣. 他
說研究心理學可以知道別人的心理.
他認為一個人在社會上作事, 最好
是能懂得別人的心理. 最近, 他給
5 我一本<u>心理學</u>希望我看看. 他說看
了這本書以後, 可能就有研究心理
學的興趣.

4. 有一個人代表本國政府,出國訪問.
他到了外國, 先拜訪外國政府,再拜
望當地有名望的政治家、學者、跟
實業家等等.然後他就到民間訪問.
5 他說在民間跟老頭兒、老太太、工
人、學生等等談談是他最高興的事.

5. <u>方</u>先生從前在大學教政治學, 是一
個有名的政治學家. 他主張民主政
治. 他說最好的政治是民主政治.
後來, 他代理省長. 在他代理省長
5 的期間, 他的作法都很民主, 大家

都説方先生能够將民主政治在這裏
實現. 他真是一個最好的政治家.

6. 我聽説前進出版社馬經理認識很多
　 電影明星. 我不信, 因為我知道馬
　 經理連電影都不看, 他從來不跟電
　 影明星來往. 有一天我去拜會馬經
5 理, 我問他："我聽見人家説你認得
　 很多電影明星.是不是真的?"他説:
　 "是真的.你認為很奇怪嗎? 這事一
　 點兒也不奇怪. 我們出版社近來要
　 出版電影半月報. 有時候有好多電
10 影明星來跟我談談, 所以我認得很
　 多電影明星."

7. 邊開英研究地理有二十多年了. 他
　 親手畫的中外實用地圖已經出版了.
　 他親口教的大學學生有一些在地理
　 上很有表現. 他編著的書很多, 有
5 地理簡説、初級中學地理教科書、

高級中學本國地理等等. 最近他當
了地理學社的社長. 社裏的社員好
多是有名的學者. 學社要出版地理
月報, 邊先生是主編. 現在已經開
5 始編寫. 第一期月報在這個月就要
出版.因為這個月没有多少日子了,
所以他對社員説:"請大家賣力寫作,
還要不出錯, 不然這個月就不能够
出版了."

8. 田先生給我來信説這個星期天請我
到他家吃晚飯. 這個星期天我有別
的事, 我不能到田家去. 我就跟弟
弟要了一張信紙,給田先生寫回信.
5 我的回信是這樣寫的:
田先生:
你寫給我的信,當天我就看到了.
這個星期日, 你請我去吃飯, 我很
高興. 府上做的飯很出名, 我一直

想去吃. 這回真是一個好機會. 但
是這個星期日, 我有一個朋友定親.
我是介紹人, 我不得不去, 所以我
没法子到府上來了. 我有一句話要
5 先説明. 這次雖然你請我了可是我
没法子去吃, 希望在最近的將來你
定一個日期, 你還要請我! 問
好.   弟 白民生 十月八日.

9. 在這個學期將要完了的時候, 我想
借用學校的地圖, 拿回家去看. 我
問先生:"這個學期將要完了. 我想
借用學校的地圖, 拿回家去看, 可
5 以嗎?"先生説:"你先想想這事有道
理嗎? 學校地圖是公用的. 你借去
了, 別人用甚麼呢?"我説:"我想這
學期將要完了, 別人不一定用了."
先生説:"將要完了就是還没完呢.
10 你為了研究學問要借地圖是可以的.

最好等到學期完了以後,你再來借,
我一定借給你."

10. 在社會上作事的人, 有用心的, 有
用力的. 比方說文學家、科學家、
著作者都是用心的人. 用力的人必
得有力氣. 比如水手、工人都是用
5 力的人.

11. 這裏的電話時常不好用. 有人說是
因為電力不够. 我說不一定是電力
不够. 這裏公用事業都不好. 比如
電報也常出錯, 電車也常出毛病.
5 時常有很多人在電車站等電車. 你
如果去問, 他們還不認錯. 主因是
做事的人不認真, 又因為公用事業
用的東西古老的不得了, 簡直是用
不得. 有人說,好像是紀元前的東西,
10 這就難怪不好用, 只好將就用了.
又有人說, 當今日這個時代有這樣

的公用事業, 這叫做現代的人用古
代的東西.

12. 有一個政治家說治國好像給人治病
一樣. 必得先看出是甚麼毛病, 才
可以想出法子治理. 如果不知道毛
病在甚麼地方, 只是用別人的方法
5 來治理, 一定不能治好.

13. 從前坐飛機不分等級. 不久以前,
飛機坐位也分等級了. 有人說, 飛
機怎麼還分等級呢? 飛機在天上飛,
如果出了事, 頭等坐位的人跟別的
5 等級坐位的人大家一樣都活不了,
分等級有甚麼用呢?

14. 有一家老少都不識字,也沒有知識.
他們說:"人的生活是一回事, 念書
又是一回事. 難道不念書不識字就
不能够生活嗎?"有人說:"怪不得他

們不念書不識字呢."

15. 有一個外國學生,他懂得中文,能
看中文書報.昨天他看見報紙上有
「紀元」兩個字.他不明白是甚麼意
思.今天他在學校的時候,先生説
5 現在是紀元後一千九百六十五年,
也就是紀元一千九百六十五年.他
才明白紀元是怎麼一回事了.

16. 我没有工作已經六個月了.前幾天
去拜望父親的一位老朋友張開華先
生,請他想法子給我介紹工作,因
為他在這個地方很有名,差不多人
5 人都知道他.他跟父親是老朋友.
我去拜望他,所以他很高興.我這
次是第一次見他.樣子很好,很高
大,年紀有六十左右.説話十分客
氣.跟我談了有半個鐘頭.他説他
10 跟我父親好久不見了,他又問我是

學甚麼的. 我告訴他, 我本來是學
地理的, 後來又學政治. 又問我近
來沒有工作怎麼生活等等. 我都告
訴了他. 我等了沒有多久, 他把介
5 紹信就寫了, 是給一位馬經國先生
的. 把介紹信給我而且對我說:"你
去看那位馬經國先生. 他對你的工
作一定有法子." 我跟他說了幾句客
氣話, 我就走了.

17. 我小的時候在第一小學念書. 學校
裏好些小朋友他們都看過電影. 我
那年十二歲了. 連一次電影也沒看
過, 原因是我們家有八口人, 父親
5 是個小學教員, 每月的錢將够吃飯,
那裏有錢去看電影? 小孩子不懂得
事. 有一次, 我就跟母親說:"人家
都說電影好看. 我們為甚麼不去看
呢?"母親說:"好孩子不看電影. 不

好的孩子才看電影呢."當那個時候
心目中一直的認為好孩子不看電影,
看電影不是好孩子. 有一次, 是學
校的紀念日, 要開紀念會. 聽說有
5 電影. 學校裏的小朋友大家都高興
的了不得, 因為學校將要有電影看
了. 下課回家我對母親說:"學校紀
念會我不去了."母親很奇怪,問我:
"為甚麼不去? 怎麼回事?"我對母
10 親說:"學校紀念會有電影. 好孩子
不看電影, 所以我不去."

18. 我的房東是個老頭兒, 没念過書,
不認得字. 別人把他的姓名寫出來
問他怎麼念, 他都不認識. 這個老
頭兒很有錢, 在公園後邊他有三所
5 房子, 每月得到的房錢不少. 一個
月的房錢够他一年生活的, 可能還
用不了. 他出門都是走路, 連電車

都不坐. 他認為車票兩毛錢太貴了.
要是有要飯的跟他説了很多客氣話
要一毛錢，他不但不給還要説很多
難聽的話. 他還有一個毛病，最不
5 喜歡小孩子，看見小孩子就好像很
生氣的樣子. 有的小孩子看見他問
他好，他從來都不理他們. 後來小
孩子都知道他的毛病了. 常常有一
些小孩子見了他大家就説："老頭子，
10 不是好人！"

19. 我跟紀田夫好久不見了. 上星期天
在火車站上看見他. 不怪好久不見
他. 原來紀田夫不在這裏念書了，
他到城裏頭實業學校念工科去了.
5 他説："我對文科一點兒興趣也没有.
原來是我父親主張我念文科，希望
我將來在文學上有表現. 後來我跟
父親説這個時代我們應該在工業、

實業上有點兒表現. 父親聽了我的
話, 他想也有理, 所以叫我到城裏
頭去念工科了." 我問紀田夫:"原來
念文科, 半路上又去念工科. 功課
5 跟得上嗎?"紀田夫説他念文科的時
候, 課外的時間都用在看工科的書
上, 希望得到一些工科的常識, 所
以雖然很難, 可是還懂得一點兒.
説到這兒火車鐘點兒到了. 我就上
10 火車了.

20. 十月七日, 星期三, 今天天氣很好.
今天早上學校没有課, 不必很早到
學校去, 所以我十點鐘才走. 我吃
了點心以後, 把先生叫我們作的句
5 子都在家寫了. 今天母親來信了,
大意是父母最近很好, 家裏還是以
前的老樣子. 我看完信以後心裏很
高興. 從前我在家的時候, 父親母

親兩位老人家雖然都六十以上了,
還是天天作事. 他們常說, 作事一
來不生病, 二來不會老. 現在想想
他們說的很有道理. 母親信寫的很
長, 用了三大張信紙. 最有意思的
是告訴我要給我定親事了. 信上說
已經把女孩子的八字開來了. 還說
那個小姐長的像電影女明星那麼好
看, 又有學問, 還說這個學期完了
叫我回家去, 意思就是說要給我定
親事了. 今天白天馬上給母親寫回
信, 告訴母親現在不要談定親, 等
到念完了大學再說. 雖然母親思想
古老, 但是表明母親太喜歡兒女了.
我差一點兒忘了, 後天是母親生日,
得買點東西給母親, 紀念他老人家
的生日. 我的生日也要到了. 我出
生的日子跟母親的生日差五天.

Exercise 4. Illustrative Sentences (English)

1. Next year I'm studying geography in the first semester and psychology in the second.

2. I'm not the least bit interested in political work.

3. I don't believe he can [go and] be a movie star.

4. I hear you're going to be the manager of the Chinese-Foreign Bookstore. I'm delighted for you.

5. Zhang Lifu is working hard at studying political science. In the future he will surely stand out in politics.

6. During the period when I was studying psychology, I didn't read any other books but those on psychology.

7. Now we'll discuss democracy. What is [called] democracy?

8. Mrs. Mao's son is going to be engaged. Mrs. Mao insists on casting a horoscope. In this day and age how can her thinking be so backward?

9. How [lit. where] can he be even better than you in studying?

10. What was the date of publication of the second issue of the Journal of Psychology?

11. Such a small amount of money is barely enough for him to eat on for one week.

12. Did you ask him for the letter paper?

13. He is still using such an antiquated method of teaching. This is [called] a primitive teaching method.

14. The first issue of Science Semi-Monthly deals with how to control floods.

15. A lot of business people have gone to pay their respects to Manager Zhang.

16. Next month Governor Gao is going abroad on an official visit.

17. I have something (to do) next week and can't come to work. Would you be able to do a week's work in my place?

18. It's been a week since I wrote him. He still hasn't answered. Is it that he's ignoring me?

19. I was going to see Mr. Ji. Just as I was about to go out, Mr. Ji arrived.

20. The water-control methods of the past are no longer of any use now.

21. Yesterday Principal Gao went to call on Director Ma of the Research
    Institute, but Director Ma was not at home. Today Director Ma came
    to visit Principal Gao, but Principal Gao wasn't at home either.

22. He took the letter of introduction written by Mr. Zhang and went to
    see Manager Bai.

23. He's made quite a mark in industry.

24. He told Mr. Bai to work also on Sunday. He's too unreasonable.

25. He's very much interested in psychology, and I in literature.

26. I think that [in the future] your younger brother will be even taller and
    bigger than you.

27. Today is Sunday. Principal Zhang is not at school. Tomorrow is Monday.
    The principal will certainly be at school.

28. I bought a copy of America Today for my younger sister. She was
    awfully pleased.

29. The first-class boat tickets are sold out. How about being a bit less
    particular and buying second-class tickets?

30. That fish is awfully big. Take a firm hold on it.

31. There are some restaurants that don't open on Sundays.

32. Yesterday a lot of people came to call on Mr. Gao.

33. District Magistrate Ma is ill. Mr. Mao Dawen is the acting magistrate.

34. How can women do this work? It requires [using] a lot of strength.

35. Mr. Zhang has a lot of enterprises. He's asked me to manage them all
    for him.

Lesson 41

1	2	3	4	5
王	找	畢	住	旅

6	7	8	9	10
行	和	結	婚	論

1. 王　wáng　(1) king; (2) (a surname)

2. 找　zhǎo　look for, seek

3. 畢　bì*　(1) bring to completion; (2) (a surname)

4. 住　zhù　(1) live(at), reside(at); (2) (RV ending meaning 'firmly')

5. 旅　lǚ*　travel

6. 行　xíng　(1) walk, go*; (2) will do, be OK

　　háng*　column, row, line

7. 和　hé*　(1) harmonious, kind, affable; (2) with, and (written equiva-
　　　lent of 跟 gēn)

8. 結　jié*　to knot, bind together

　　jiē*　bear fruit

9. 婚　hūn*　marry

10. 論　lùn*　(1) discuss; (2) discussion, essay; (3) philosophical theory,
　　　-ism

667

Special Combinations

1.	畢業	bìyè	to graduate
2.	畢業生	bìyèshēng	a graduate (not 'a graduate student')
3.	不論	búlùn	no matter (whether)
4.	不行	bùxíng	won't do, won't work, won't be OK
5.	個人	gèren	(1) an individual person; (2) personal, private
6.	共和國	gònghéguó	republic
7.	國民	guómín	a citizen, a national (of a country)
8.	國王	guówáng	king
9.	和好	héhǎo	conciliate, make friends with, reconcile
10.	和氣	héqi	affable, congenial, easy to get along with, courteous
11.	結果	jiéguǒ, jiēguǒ	(1) outcome, result, consequence; (2) as a result, consequently
12.	結婚	jié hūn, jiē hūn	(1) get married; (2) marriage
13.	離婚	lí hūn	to divorce
14.	理論	lǐlùn	theory, contention
15.	論到	lùndào	(1) get to in discussion, discuss to, deal with, state that; (2) with reference to
16.	論文	lùnwén	essay, thesis
17.	旅館	lǚguǎn	hotel, inn
18.	旅行	lǚxíng	travel, take a trip
19.	旅行社	lǚxíngshè	travel bureau
20.	沒甚麼	méi shénmo	(1) not have any; (2) doesn't matter; (3) don't mention it, you're welcome
21.	目次	mùcì	table of contents
22.	拿住	názhù	hold firmly (RV)
23.	內政	nèizhèng	internal administration, internal politics
24.	千萬	qiānwàn	(1) 10,000,000; (2) by all means, by no means (preceding imperative verbs)
25.	社論	shèlùn	editorial

~~26.~~	實行	shíxíng	put into practice, put into operation
27.	說和	shuōhe	make up a quarrel, mediate, act as mediator
28.	萬一	wànyī	(1) barely likely; (2) if by any chance
29.	行不行？	xíng bu xíng?	will it do? OK?
30.	行了	xíngle	Fine, OK
31.	行政	xíngzhèng	administration
32.	學說	xuéshuō	theory, thesis, doctrine
33.	怎樣？	zěnyàng?*	how? in what way? how about… ?
34.	找到	zhǎodào	find (RV)
35.	最晚	zuì wǎn	(1) (at) the latest; (2) very late
36.	最早	zuì zǎo	(1) (at) the earliest; (2) very early

Who's Who and What's What

1. 王力 <u>Wáng Li</u>   name of one of China's leading linguistic scientists, also
known as 王了一 Wáng Liǎoyī

2. 國民政府   Guómín Zhèngfǔ (informal name for) Nationalist Government
(established 1925 in Nanking, moved 1949
to Taiwan)

3. 人民政府   Rénmín Zhèngfǔ (informal name for) People's Government
(established 1949 in Peking)

4. 中華人民共和國   Zhōnghuá Rénmín Gònghéguó   People's Republic of
China (established 1949 in Peking)

Exercise 1. Practice in Reading Tables of Contents

中國政治學報

1966年 6 月號（第96期）目次

Exercise 2. Illustrative Sentences (Chinese)

1. 這個事在理論上是對的，可是在事實上作不到.

2. 你千萬別把我那本日本政治地理借給畢先生.

3. 我住在他家的時候他介紹很多中國朋友給我.

4. 他的畢業論文是<u>湖南縣政</u>.

5. 我那本教科書不見了就不見了. 没甚麽.

6. 昨天我没工夫, 所以也没去定旅館. …你没定没甚麽.

7. 第一行的第二個字和第三行的第四個字你看這兩個字有甚麽不一樣?

8. 他的病大夫治得好治不好那就很難說了.

9. 你不見了的那本<u>山西省地方行政</u>我給你找到了.

10. 他說他代我到圖書館去借書, 可是圖書館他連去都没去.

11. 我想他後天一定回不來. 最早要在下月初回來.

12. 九一八, 就是一九三一年九月十八日, 是中國人忘不了的一個日子.

13. 像這樣學報當然内容很好了.

14. 語言和文學是兩回事.

15. 張天, 你在地圖上找紅海在那兒.

16. 他没結婚以前住在我家裏.

17. 你別看他做出來的事都不行. 論到他的學問, 他還是大學畢業生呢.

18. 不論誰來説和, 不論怎麼樣説, 他們一定要離婚. 他們不能再和好了.

19. 那不是他個人的事. 那是國民大家的事.

20. 中華人民共和國是東方最大的人民共和國.

21. 有一個中東國家的國王訪問美國.

22. 中國的國民政府跟人民政府是不是一樣? ⋯不一樣

23. 我不論怎樣用功, 結果還是考不了一百.

24. 你看看那本書的目次，就知道內容
寫的是甚麼了.

25. 先生説:"行了，不要念了. 我現在
問你們." 學生説:"我們有的還不會
呢. 再念一會兒行不行?"

26. 今天華美日報的社論説的是「中國
的内政」.

27. 那個賣票員很和氣. 我買完了船票
以後，對我説:"先生，船票請你拿
住了."

28. 我每次旅行，車票、船票都是到旅
行社去買.

29. 他問我認識王力嗎？我説我不認識
他，可是我知道他是語言學家.

30. 中山先生的學説在中國都實行了嗎？

31. 大華出版社在這裏有一個分社. 分
社的地點離府上遠不遠？

32. 昨天開會, 他們來的最晚, 所以他們都没有坐位.

33. 這個字寫錯了. 怎麼能够這麼樣寫呢?

34. 請你給我買一本<u>近代文學</u>. 萬一没有這本書, 就請你給我買一本<u>大學國文</u>.

35. 我昨天跟他説了半天, 還是没有結果.

Exercise 3. Dialogues

1. 外國人: <u>中國語法理論</u>是誰寫的?
   中國人: 那本書是<u>王力</u>先生寫的. 他是現在最著名的語言學家.

2. 馬: <u>邊</u>先生跟他太太結婚以來本來很和氣, 為甚麼要離婚?
   文: 誰也不知道他們為甚麼一定要

離婚.

馬：他們兩個人都那麼大年紀了，
為甚麼還要離婚？我們給他們
說和說和.

5 文：我們試試看. 希望他們能够和
好.

3. 畢：上星期六你們旅行去有意思嗎？

王：因為天氣不好結果沒去. 下星
期六再去. 你也去好不好？

畢：我現在不能够跟你說一定. 明
5 天我給你電話好了.

王：好的. 不論你去不去最晚在星
期四以前千萬來電話.

4. 紀：王方, 你的字典我給你找到了.

王：你在那兒找到的？

紀：在圖書館.

王：對了. 前天我在圖書館作畢業
5 論文拿到圖書館, 忘了拿回來

了.　真不好意思你給我找了半
天.

紀：没甚麼.　別客氣.

5. 路：我明後天要回家去.　現在就到
旅行社去買飛機票.

華：在家住多少日子？甚麼時候回
來？

5 路：我想最早也要在十月初回來.

華：希望在<u>王明遠</u>没結婚以前你能
够回來.

路：我也是那麼想，可是萬一我到
時候回不來，請你代我給他道
個喜.

6. 先生：今天這課書的課文你們都會
了嗎？

學生：先生，有一個句子我不會.

先生：那個句子？在第幾行？

5 學生：第三行.

先生： 你是不會念呢還是不明白意
　　　思呢？

學生： 我不明白這句話的意思.

先生： 你看看上下文.

5 學生： 不行. 只有下文, 沒有上文,
　　　因為是頭一句.

先生： 行了. 你坐下. 一會兒我們
　　　再研究.

7. 毛： 今天報紙上的社論是「今日的
　　　民主」. 寫的真好.

錢： 我還沒看報呢. 你說說大意我
　　　聽聽.

5 毛： 大意是論到現在真的民主國家
　　　沒有幾個. 有的國家說是民主,
　　　可是事實在行政上是不是實行
　　　民主了那就很難說了.

8. 田： 請問, 這兒的旅館容易定不容
　　　易定？

白：最近不怎麼容易．每個旅館的
　　客人都不少．都是到這兒來旅
　　行的．誰要定旅館？

田：我們經理將要到這兒來．昨天
　　給我來信說叫我給他找旅館．
　　你給他定一個好不好？

白：可以．要是好地點的没有，找
　　一個地點不太好的行不行？

田：我想也可以．

9. 外國人：國民政府跟人民政府有甚
　　　　　麼不一樣？

　　中國人：國民政府是中華民國的政
　　　　　府．人民政府是中華人民
　　　　　共和國的政府．

　　外國人：為甚麼一個國家有兩個政
　　　　　府呢？

　　中國人：這是中國的內政．我們不
　　　　　談．

10. 王： 你編寫的那本書怎麼樣了？

馬： 我才寫完目次．

王： 這樣學說的書很難寫是不是？

馬： 十分難寫．你上次借給我的那
5　　些書現在還不能給你．我還要
用．

王： 我現在也不用．

馬： 那些書裏有沒有學校的書？

王： 沒有．都是我個人的．

11. 高： 這次我們學校畢業生裏還有一
個外國國王的兒子呢．

白： 怪不得那個國王到這兒來訪問．
原來目的是看他兒子畢業．

12. 毛： 這條魚你拿，好不好？

馬： 那條魚是活的．我拿不住．

毛： 那麼請老田拿．

馬： 老田手裏拿了好些東西．他也
5　　拿不了．

Exercise 4. Narratives

1. 中國從一九四九年開始有兩個名子.
一個是中華民國，又一個是中華人
民共和國. 中國的政府也有兩個.
中華民國的政府叫做國民政府. 中
5 華人民共和國的政府叫做人民政府.
為甚麼一個中國有兩個名子、兩個
政府呢？這是中國的內政上的事.

2. 有一個美國人喜歡看中文報紙，更
喜歡看中文報紙上的社論. 有一天
他到一個中文報館去定報紙. 在報
紙上看見了一個社論是「今日的美
5 國.」社論的大意論到美國在今日是
個大國，對所有國家都很客氣，有
時候有些小國對美國作出沒有理的
事，美國還是很客氣. 社論上說美
國現在對別的國家不論有道理沒道
10 理都一樣客氣. 社論上主張美國應
當對沒道理的國家不要再客氣了.

3. 我最喜歡旅行. 我去過很多地方.
每次旅行我都是到旅行社去買車票、
船票，還有定旅館. 有一次我到旅
行社去買到日本的頭等船票. 旅行
5 社的經理說:"近來有很多人到日本
去旅行. 你說的那個日期的頭等船
票賣完了. 在最近期間又沒有別的
船. 你這次將就將就買一張二等船
票行不行?"我說:"二等的也行了."

4. 我在老家的時候，有時到省政府去.
那時候省政府的行政都是省長一個
人作主. 不論大小事，省長說行了
就行，省長說不行就不行. 當時我
5 對那個省長說:"你這個作法，老百
姓沒有話說嗎?"他說:"從前老百姓
都很聽話. 近來老百姓不十分聽話.
他們常有他們的意見." 我說:"現在
是民主時代. 應該實行民主政治.

老百姓如果有好意見，你也應該聽
老百姓的話，不應該都用你個人的
主張了。"

5. 有一個學校本來是男校，只有男生．
近來有個分校，分校有女生了． 有
一天，先生跟幾個男女學生去旅行．
在船上有賣魚的． 他們看見那些魚
5 都是活的，他們就買了兩條． 這兩
條魚都不小． 先生和一個女生，每
人拿一條． 在下船的時候，那個女
生沒拿住，那條魚又到河裏去了．
那個女生說："我很用力拿，可是還
10 是沒能拿住，真是沒法子．" 先生說：
"沒拿住沒甚麼．" 在說這話的時候，
先生沒小心． 先生拿的那條魚也沒
拿住也不見了．

6. 王會一在大學念地理，今年是四年
級了． 他的功課都很好． 他一共有

了一百二十個學分了．現在將要畢
業了，要作一個論文．他不想只説
理論，要寫能够有用的．他找到了
好幾本書，寫的都是中國的幾個大
海口．他就研究這幾個大海口．他
將這幾個海口以前的樣子、現在的
地位、跟將來的希望，都十分用心
研究．一邊編寫，一邊畫圖．他要
寫十萬字左右．論文的目次已經寫
了．有人看見了他寫的目次對他説：
"你的大作太有用了．將來可以出
版，當作實用教科書."

7. 有一個國王要到外國去訪問．有人
説："在這個時候國王千萬不要出國，
要小心．萬一國内要是出了意外的
事呢?"國王説:"我們國内都治理的
很好，不會有甚麽意外的事．我出
國訪問，為的是我們國家跟別的國

家和好，所以我要到外國去訪問."

8. 有一位美國老太太没有兒女，人很
和氣. 他看見没有家的孩子，就叫
那個孩子到他家裏，給孩子飯吃，
給孩子地方住，還給孩子書念. 孩
5 子要是病了,他就請大夫給他們治.
現在有六七個孩子住在這個老太太
家裏. 有男的，有女的，有黑人，
也有白人. 每天在老太太的前後左
右都是這些孩子. 這個老太太説：
10 "誰説我没有兒女？這些孩子跟我
的兒女有甚麼分別？將來他們長大
了，我還要給他們找事作，還要給
他們定親事，結婚呢."

9. 有一個美國人，中文很好. 他説中
國古時老子的學説，思想很高，很
有道理,只是那本書的文字很難懂，
中國人也有很多人看不懂.

10. 大華分號是從大華號分出來的. 雖
然都叫「大華」，可是他們的生意是
分開的，每一個單位都有一個經理.
昨天大華號的王經理來到分號，拜
會分號的經理. 因為這兩位經理從
前都是遠大的畢業生， 現在又都是
作買賣的， 所以分號的經理跟店員
研究要定一個日子， 定一個時候開
歡迎會，歡迎王經理. 分號經理說：
"在星期天晚上怎樣？" 店員主張
在星期一下半天. 研究結果是先寫
信問王經理甚麼時候有工夫，等到
他有回信再說.

11. 王可要學國語，希望張先生教他，
因為他知道張先生是中國語文學會
的會員，國語很好. 可是張先生每
天事太多，没有工夫. 張先生對王
可說:"府上的地點離國語學社分社

最近. 你可以到分社去學." 王可説:
"那個分社我去過了. 現在教的功
課只有高級和初級的. 我這麼大的
年紀, 如果念初級, 有點兒不好意
思. 念高級的, 我怎樣能跟上呢?"
結果還是張先生教王可的國語了.

12. 我一年多没有工作了. 很多朋友給
我找工作, 到現在也没找到. 前天
王先生又給我寫的介紹信, 叫我去
拜望一個馬經理. 我到了馬經理那
裏, 拜訪的人多的不得了. 都是拿
介紹信去見他的. 我去晚了, 是最
後進去的, 没有坐位坐了, 我站在
那裏等了半天. 差不多有一個鐘頭,
有一個人叫我進去. 看見馬經理坐
在那裏, 好像很不高興的樣子. 我
把王先生介紹信給他. 馬經理連看
都没看, 也没問我甚麼, 就跟我説:

"到這裏找工作的人太多了. 你想到這裏來工作, 我看機會不很多, 没多大希望." 説到這裏就不往下再説了. 我只好出來了. 這次用介紹信找工作又没結果. 回去把經過告訴了王先生. 王先生説:"這分明是我的地位不够高, 所以介紹信没有用."

13. 馬西民先生在工作上十分得意. 省長對他好極了, 所有省政府行政上不分大事、小事都跟他研究. 當然是因為在工作上他表現了他的本事. 而且每天很早就到省政府, 很晚才離開, 天黑了才回家. 還有, 他對省政府裏的工作者都很和氣, 所以人人説馬西民是好人.

14. 中國人從前的思想是男女兩個人結婚以後就不能離婚. 在民國初年有

一位老先生只有一個兒子. 他兒子
才十五歲老先生作主就給兒子結婚
了. 兒子很不喜歡他的太太. 老先
生的兒子書念的很好，在大學念心
理學. 畢業以後他就到外國去念書.
在外國的時候又認識了一個小姐，
他想和那個小姐結婚. 就給他父親
寫信，意思是他不喜歡他太太，想
離婚. 父親看完了信，馬上給兒子
寫回信說:"從現在開始我不認你是
我兒子. 你也別叫我是父親."他真
的從這個時候就不理他兒子了. 有
朋友想給他們說和，可是他兒子在
外國，也没法子說和.

15. 上星期天老張要請我去看電影. 本
來我對電影没甚麼興趣. 我說我不
去. 可是我不論怎麼說，老張一定
叫我去. 他說:"這個電影裏都是大

明星，這個電影好看極了，你一定
得看."我就跟他去了. 看完了，他
認為好的不得了. 我看也没甚麽.
老張說差不多每星期日他都去看電
5影，他把看電影當作一門功課. 我
告訴老張我一學期也不一定看一次
電影. 老張說："看一次電影好像念
了一年書. 你千萬要每星期去看一
次電影."你們說老張的話有道理嗎?

16. 我將要給我弟弟寫信，可是弟弟來
信了.我已經有五年不見我弟弟了.
在我離開家的時候，他才九歲. 今
年已經十四歲了. 他信上說現在長
5的很高大了，跟父親一樣高了. 他
在信紙後邊畫了一個又高又大的男
孩子，他畫的就是他，畫的真不錯.
他將來一定比我畫的還要好. 弟弟
信上還寫了，他希望能够作一個畫

家，萬一要是作不了畫家，也要在
一個學校裏當一個圖畫教員．他説
他希望在畫上有表現．

17. 中國華北有一條很有名的大河，年年
有大水．從古到今每年都要治理．中
國在治水上每年用了不少的人力，也
用了不少的錢，可是一直的治不好．

18. 張先生：

好久不見了．現在我對研究語法
很有興趣，要買幾本語法的書．聽
説王力先生，就是王了一，他最近
5 寫了幾本中國語法的書，都很好．
請你代我買兩本．一共多少錢，請
你回信告訴我．我就給你．我住的
地方還是老地方．問
好！   弟 毛東海 十月十日

19. 我從前在這裏的紅十字會分會作事．

雖然錢不多，可是我對那個工作很
有興趣．因為分會會長到別的地方
去了，現在的會長是代理會長，是
一位英國小姐．今年五十幾歲了，
5 還沒結婚呢．他人好極了．我們會
裏人人都喜歡他．他常告訴我們他
老家英國的一些事．

20. 我是一個英國學生，今年在大學畢
業了．在沒畢業以前父親說過，畢
業以後叫我到外國去旅行一次．因
為我很喜歡中國，所以我就到中國
5 來了．我是坐船來的．經過了地中
海、紅海，然後到了中國．到中國
以後，我住在一個很好的旅館裏．
旅館的名子是萬國飯店．你們看了
這個名子一定很奇怪，以為我把字
10 寫錯了，一定是我把「旅館」寫了
「飯店」了呢．不是的．中國有好

些個旅館的名子叫作飯店. 像這樣
旅館當然裏頭也有飯了, 可是貴得
不得了. 我差不多都是出去吃小飯
館兒. 我這次的旅行很有意思, 以
5後我再告訴你們.

Exercise 5. Illustrative Sentences (English)

1. This [matter] is theoretically right but actually can't be carried out.

2. Don't by any means loan my book Political Geography of Japan to Mr. Bi.

3. When I lived in his home, he introduced me to a lot of Chinese friends.

4. His graduation thesis is District Government in Hunan.

5. If that textbook of mine is lost, it's lost. It doesn't matter.

6. I didn't have time yesterday so I wasn't able to go make the hotel reservation. …It doesn't matter [that you didn't make the reservation].

7. What difference is there between the second character in line one and the fourth character in line three?

8. It's very difficult to say whether the doctor can cure him or not.

9. I found [for you] that Local Administration in Shansi Province that you lost.

10. He said he would go to the library and borrow the books for me, but he didn't even go to the library.

11. I think he certainly won't be able to return by the day after tomorrow. The earliest that he'll come back will be at the beginning of next month.

12. Nine-one-eight, i.e. September 18, 1931, is a day the Chinese cannot forget.

13. A learned journal like this naturally has excellent contents.

14. Language and literature are two (different) things.

15. Zhang Tian, find where the Red Sea is on the map.

16. Before he was married he lived in my home.

17. Don't think that nothing he does is OK. Insofar as learning is concerned, after all he's a college graduate.

18. No matter who comes to mediate or what is said, they will inevitably be divorced. They cannot make up again.

19. That's not his own private affair. That's a matter for all citizens.

20. The Chinese People's Republic is the largest people's republic in the East.

21. There's a Middle Eastern king visiting the United States.

22. Are the Nationalist Government and the People's Government the same?

23. No matter how hard I work, the result is still that I can't get a hundred on the exam.

24. Look at the table of contents of that book, and you'll know what the contents are [lit. what it is that is written as the contents].

25. The teacher said: "OK, don't study any more. Now I'll question you." The students said: "Some (things) we still don't know. May we study a bit more?"

26. Today's editorial in the Sino-American Daily discusses China's internal administration.

27. The ticket seller was very courteous. After [he had finished] selling me the boat ticket, he said to me: "Sir, please hold on to your boat ticket."

28. Every time I make a trip I always go to the travel agency to buy the train tickets and boat tickets.

29. He asked me if I was acquainted with Wang Li. I said I wasn't acquainted with him but that I know he was a linguist.

30. Have Sun Yatsen's theories been put into practice in China?

31. The Great China Publishing House has a branch office here. Is [the location of] the branch office far from your home?

32. At yesterday's meeting they came very late, so none of them had seats.

33. This character is written incorrectly. How can it be written like this?

34. Please buy me a copy of Modern Literature. If by any chance this book is not available, please buy me a copy of College Literature.

35. I spoke with him a long time yesterday, still without results.

Lesson 42

Exercise 1. Review of Single Characters

1. 治	9. 左	17. 影	25. 趣	33. 分	41. 電	49. 够
2. 公	10. 結	18. 和	26. 像	34. 認	42. 將	50. 些
3. 找	11. 識	19. 黑	27. 期	35. 畢	43. 位
4. 奇	12. 等	20. 信	28. 政	36. 句	44. 昨
5. 怎	13. 訪	21. 迎	29. 王	37. 拜	45. 住
6. 興	14. 府	22. 旅	30. 園	38. 右	46. 房
7. 紅	15. 論	23. 樣	31. 婚	39. 理	47. 星
8. 行	16. 紀	24. 久	32. 怪	40. 紙	48. 站

Exercise 2. Distinguishing Partially Similar Combinations

A. Same Character in Initial Position

1	2	3	4	5	6
星期日	有興趣	電報	一位	學分	定親
星期天	有意思	電話	一樣	學期	定錢 _deposit_
星期一	有道理 _reasonable_	電力	一些	學說 _theory_	定價 _list price_
星期六	有表現 _have a performance_	電影	一回 _once (time)_	學會 _academic assoc._	

7	8	9	10	11	12
好像	高大	不久	老大	治病	出國
好些 _quite a few_	高興	不怪	老家 _home town_	治國 _rule, manage country_	出名
好幾 _a_	高原 _plateau_	不論 _no matter_	老少	治好 _cure, do well_	出生

13	14	15	16	17	18
不分	會長 _pres. of assoc._	分社 _branch 社_	最早	主人 _host_	目錄 _catalog_
不得不 _cannot help it_	會員 _member of assoc._	分別 _difference_	最晚	主張 _propose suggest_	目的
不行 _not ok!_	會客 _meet guest_	分校 _branch school_	最好	主因 _main reason_	目次 _table content_

694

19	20	21	22	23	24
用功 *diligent*	將來	表明 *manifest*	初次	認錯	說話
用力	將就 *put up with tolerate*	表店	初年	認為 *consider I thought*	說和 *make up*
用心 *concentrate*	將要 *take going to*	表現 *performance*	初中	認真 *serious*	說完

25	26	27	28	29	30
結果 *result*	等到	公用	長城	政府 *gov.*	和好 *reconcile*
結婚	等級	公園	長大	政治 *politics*	和氣 *kind easy going*

31	32	33	34	35	36
還是 *still to be*	明天	能力 *ability*	回國	叫門	拿給
還要 *still you need*	明星	能夠 *to be able to*	回信	叫做 *to be called*	拿住

37	38	39	40	41	42	43
紀元 *A.D.*	開快車	老頭子	紀念會	紀元前	定親事 *engage*	第一句
紀念 *(commem.)*	開八字	老樣子	紀念日	紀元後	定報紙	第一行

B. Same Character in Final Position

1	2	3	4	5	6
房子	治理 *rule*	白人	只是 *only*	道理 *prin. reason*	實業 *bus. industry*
句子	有理 *reason*	黑人	還是 *still*	地理 *geo.*	事業 *enterprise*
樣子	心理 *psychology*	個人	要是 *is*	代理 *take place*	畢業
園子	經理 *manager*	內人	但是 *but*	不理 *ignore*	工業 *industry*

7	8	9	10	11	12
開會	旅行	理論 *theory*	頭次	火車	民間 *civilian*
分會	不行 *not right*	不論 *no matter*	目次 *table content*	電車	期間 *apparent time*
學會	實行 *put into practice*	社論 *editorial*	四次	開車	時間
拜會 *visit*					

13	14	15	16	17	18
圖表	本國	後天	論到 *speak of something*	旅館	法文
買表	三國	昨天	找到	飯館	論文 *thesis*
代表	萬國	白天	不到	小館	國文

19	20	21	22	23	24
一樣	晚報	認得	高大	學期	識字
怎樣	看報	不得	多大	星期	白字
這樣	電報	懂得	中大	日期	八字

25	26	27	28	29	30
山東	那麼	府上	學分	地位	地點
中東	這麼	天上	不分	單位	鐘點
房東	怎麼	跟上	十分	坐位	一點

31	32	33	34	35	36
一些	文明	房錢	多久	外號	電力
有些	表明	定錢	好久	分號	王力
好些	分明	有錢	不久	三號	馬力

37	38	39	40	41	42
常識	政治家	出版社	歡迎會	政治學	內政
知識	小說家	旅行社	十字會	三角學	行政
認識	老人家	研究社	有機會	社會學	

43	44	45	46	47	48
結婚	希望	得了	奇怪	天氣	報紙
離婚	拜望	行了	難怪	和氣	信紙

49	50
離開	國王
分開	姓王

C. Same Character in Different Positions

1	2	3	4	5	6	7	8
喜歡	政府	高興	拜訪	年紀	頭等	分別	開車
歡迎	府上	興趣	訪問	紀念	等到	別人	車站

D. Reversibles

1	2
一萬	民國
萬一	國民

Exercise 3. Review of Special Combinations

1. 定一個日子
2. 定一個時候
3. 怎麼一回事
4. 國民政府
5. 公用事業
6. 紅十字會
7. 前後左右
8. 民主政治
9. 難道…嗎？
10. 定個時候
11. 好久不見

12. 政治學家
13. 人民政府
14. 定個日子
15. 怎麼回事
16. 分出來
17. 就是說
18. 一回事
19. 省政府
20. 天黑了
21. 這麼樣
22. 怪不得

23. 不得不
24. 怎麼樣
25. 火車站
26. 不得了
27. 了不得
28. 介紹信
29. 共和國
30. 行不行
31. 等等
32. 左右
33. 千萬

Exercise 4. Excerpts from Actual Publications

The following excerpts are taken from Sun Yatsen's <u>Three People's Principles</u>.

1. 美國人口，在一百年前，不過九百萬.

2. 每年有十二萬萬元. 一年有十二萬萬，十年就有一百二十萬萬.

3. 中國人說人民是百姓.

4. 每四個人中，有一個是中國人.

5. 我們…是從那一條路走來的呢？

6. 中國從前是…很文明的國家…地位
比現在的…英國、美國、法國、日
本，還要高得多.

7. 中國四萬萬人…有多少人做工呢？

8. 外國人看見中國人不能治國…我們
為甚麼不能治國呢？外國人從甚麼
地方看出來呢？

9. 中國到今日，雖然沒有大地主，還
有小地主.

10. 當然要懂得政治，要明白甚麼是政
治.

11. 當時…人都是用氣力…所以…那個
時代是用氣力的時代.

12. 當那個時代，甚麼叫做好地方呢？

13. 他為甚麼要那樣做法呢？

14. 上海的人口不過一百多萬.

15. 外國工人的工錢，又比中國高得多.

16. 我們現在要知道他們為甚麼要那樣
出力.

17. 原因在甚麼地方呢？

18. 美國人從前…把黑人當作牛馬一樣.

19. 中國工人…一天能够做十多點鐘工.

20. 我們的政府没有能力.

Exercise 5. Narratives

1. 我看見昨天報上的社論，說的是「民
主共和國」. 他的大意是說，一個國
家要是一個真的民主共和國，人民

必得有政治常識. 如果人民没有政
治常識，那個國家不能够是一個最
好的民主共和國.

2. 我是一個美國人，能說中國話. 昨
天我在家裏，有人來了一個電話，
電話裏說的是中國話，我就用國語
和他說話. 我問他找誰，有甚麽事.
5 他說找一個姓王的中國人，是一個
飯店的經理. 他說話的口音都是中
國西北地方土音，很難聽懂. 他說
了好久. 要不是我也懂得西北方言，
我就聽不明白他說的甚麽了.

3. 今天火車站上的人多得不得了，男
女老少都有. 當時我認為很奇怪.
我心裏想難道這些人都是要上火車
的嗎? 後來有人告訴我，有一個電
5 影明星，就是有名的美女紀美英小
姐，將要在這裏下火車，很多人是

來看電影明星. 我説:"怪不得人這
麽多呢. 原來是要有明星出現了."

4. 有一個縣長作事很認真, 很懂得人
民的心理. 他主張常到民間訪問,
要認識很多人民. 他喜歡一個人到
民間和老百姓談話. 他説:"老百姓
5 都是老實的. 要是常去訪問, 他們
有話才能實説, 我才能聽到真話.
那麽在行政上才能有好的表現."

5. 有兩個人, 一個姓張, 一個姓王,
在一塊兒談天. 姓張的説:"人在社
會上做事, 不論在甚麽時候, 千萬
要説真話." 姓王的説:"你説的雖然
5 有理, 可是我説有時候是不能説真
話, 也就是説, 如果説了真話, 就
出錯了. 比方説, 你本來是一個真
有學問的人, 如果有人對你説, 你
的學問真好, 你當時應當怎樣説呢?

如果你説真話，你就應該説「是的，
我是有學問」．你想想這句真話，怎
麼能説呢？如果説了，是不是説錯
了呢？"姓張的説："你説的也有道理．
5 不過那不是説不要説真話，那是要
説客氣話．"

6. 高先生要去馬來．他不是去旅行，
是要研究馬來的地理跟原始的馬來
人．他要找一位有地理知識也會馬
來語的人跟他一塊兒去．去的日期
5 就在下月，工作期間是一年．前天
有一個人來拜望高先生．這個人是
個大學畢業生，能説馬來語，可是
他不是研究地理的．他來見高先生，
問問行不行．高先生心裏想，找人
10 很不容易，很多天了都沒找到，只
好將就一點兒．他叫這個人把畢業
論文拿來看看，寫的還不錯．他就

對這個人說:"行了. 我們下個月就
走."

7. 我是美國人, 和一個外國人共事有
三年了. 這個外國人很和氣. 從前
在他沒結婚的時候, 他對結婚有一
個理論. 他說結婚以後, 家裏的事
5 應該是太太做. 男人應該用心在外
邊做事學本事. 後來他結婚了. 大
家都知道他家裏的事都是他做, 就
問他:"你從前的理論實現了嗎?"他
不好意思說實話, 只好說:"那是我
10 的內政, 最好你們不要問."

8. 我家有一本畫冊, 裏邊的畫都是名
作. 我和我內人常把這本冊子拿出
來看. 有一天, 我們去拜訪一個外
國朋友. 這個外國朋友是個有名望
5 的老年人. 對畫冊最有興趣. 他說
他買的畫冊價目雖然不貴, 可是不

是名人畫的. 他聽説我家有畫冊,
他想看看. 後來在一個星期天他到
我家來了. 看了這本冊子, 他很高
興. 他還在畫冊的裏邊寫幾個中國
字. 他説他不但會寫中國字, 還會
寫簡寫的中國字呢.

9. 王先生和方先生兩個人本來是很好
的朋友. 都是在六十年代出版社作
事. 最近不知道為了甚麽事, 王先
生不理方先生了. 昨天有人想給他
們兩個人説和. 王先生説:"我和方
先生昨天已經説話了. 現在又和好,
像以前一樣了. 你們不必説和了."

10. 我要去拜會馬省長. 我不知道他甚
麽時候在省政府, 甚麽時候會客.
我就先給他一個電話. 他在電話裏
説, 他在這幾天以內就要出門, 在
出門期間省長的事有人代理. 他又

説如果没甚麽事, 將來等他回來再
談. 結果我也没去拜會馬省長.

11. 中國語文研究社出版一本國音字母
課本. 内容很好. 母音、子音的用
法都有説明. 編者是一個有名的學
者. 我想買一本. 我到了研究社,
5 有一個人問我貴姓, 是不是社員,
如果是社員, 他可以給我一本, 不
必給錢. 他又説初版的没有了, 現
在有再版的. 再版的比初版的内容
多一些. 他叫我先看看書的目次.
10 我看看目次以後, 我就買了一本.

12. 我和白先生是好朋友. 我們兩個人
都是美國人, 都研究中國語文. 今
年白先生到中國去了, 我還是在美
國. 前天白先生給我來信. 他説中
5 國好的了不得, 不怪很多人都喜歡
到中國來. 他現在住在旅館裏. 每

月連吃飯共用一百塊錢左右. 他認
識很多中國朋友, 有一個姓張的朋
友時常請他到家裏吃中國飯, 說是
吃家常飯. 他很喜歡吃. 姓張的朋
5 友家裏有太太, 有一個小女孩. 小
女孩的小名叫如意, 才八歲, 很有
意思. 我看完信以後, 我就給他寫
回信, 寫了三張信紙還没寫完. 寫
到最後我寫:"希望你用功, 將來能
10 在中文上有很好的表現."

13. 政治學會會員很多. 每年都開常年
大會一次. 今年的年會後天就要開
會. 一個會員問會長說:"每年在開
會以前, 都是把會裏的大事年表、
5 會員名册等等, 先給會員. 今年在
甚麽時候才給我們呢?"會長說:"可
能明天給你們. 萬一明天還不能給,
只好在後天開會的時候再給了."

14. 有一個美國人到一個中國朋友<u>張大木</u>家裏去．<u>張</u>先生給他介紹家裏的人說："這是我的父親、母親，那是我的大姐跟我妹妹．那邊是我的弟
5 弟．這是我內人跟我二兒子．還有一個大兒子，上學還没回來．"說到這裏，<u>張</u>太太說："那不是老大回來了嗎?"<u>張</u>先生又給他介紹老大，也就是他的大兒子．這個美國人說：
10 "府上的人真不少．"<u>張</u>先生說："也不很多，才九口人，用人在外．要是連兩個用人，一共有十一口人．"

15. 我在初中念書的時候，國文先生的教法最好．他不但教我們念中級國文教科書，還教我們念一些文學名著．那些名著的著者有現代的，有
5 以前朝代的．我看了很多．我現在還能寫點兒東西，多半是因為我看

過很多名著.

16. 一個賣票員和一個店員談話. 下邊
是他們的對話. 賣票員說:"我少年
的時候没念過多少書." 店員說:"我
也是一樣." 賣票員又說:"我的中年
5 一直的都是作賣票員." 店員說:"我
中年都作了店員." 賣票員說:"人家
用賣票員要用五十歲以下的. 現在
我老了, 不行了, 還得去找出路."
店員說:"我也是一樣呢. 為了生活
10 不得不去找出路." 最後兩個人差不
多一塊兒説出, 好像是一個口號:
"我們出路在那裏?"

17. 有一個人, 生意做的很大. 賣鐘表,
也賣錄音機. 現代日常用的電力東
西, 他都賣. 他是一個很有實力的
買賣人. 他也很會做生意. 要是有
5 人來買東西,人家給他一點兒定錢,

他當時就叫人家把東西拿去，所以
人家都喜歡在他那兒買東西．

18. 有一次我坐火車，在飯車上吃飯的
時候，火車有了意外了．出事的地
方在一個縣城的城外，離縣城不到
一里路．火車不能往前走了．我們
5 有幾個人就下了車走到縣城裏去看
看．縣城裏的人都説這個地方治理
得很好．我們看了一會兒就要回到
火車上去，可是找不到路了．後來
問路問了好幾次，才回到火車上．

19. 一個小學生，家裏沒有錢，他的母
親給人作用人．這個小學生每天上
學的時候，他母親就給他兩毛錢，
叫他買東西吃．每次在這個小學生
5 走出門口的時候，他母親都告訴他：
"你千萬把錢拿住．不然錢不見了，
就沒法子買東西吃了."

20. 中國從前有一個學說是「知道了不
難，去做很難.」後來中山先生的學
說是「知難行易.」甚麼叫「知難行
易」呢？就是說能知道是怎麼一回
事是很難的，如果知道了以後，再
去做，那就很容易了. 比方說，在
沒有飛機以前,用甚麼法子才能飛,
那是很難知道的. 如果知道了，然
後去做，那就容易了.這兩個學說,
你說那一個有道理呢？

21. 王力也叫王了一. 從前在國民政府
的大學教書. 現在他在中華人民共
和国人民政府的大學寫書. 他的著
作是多，是一個有名的語言學家.

22. 高先生問我:"外國人到中國來，最
早的是在中國甚麼朝代？有沒有外
國的國王也來過中國?"我說:"我都
不知道."

23. 王先生在旅行社做事. 他時常到外
國去. 最近他太太跟他離婚了. 有
人說他們離婚的原因是因為王先生
常常一個人去旅行, 可是王先生的
5 工作是一定要旅行, 所以就離婚了.

24. 我們的畢業考試已經考完了. 最晚
在後天就要離開學校了. 論到學問,
我知道我是沒甚麼學問. 論到做事,
我還沒做過事. 將來我怎樣把我在
5 學校研究的理論都去實行? 怎樣才
可以在社會上做一個有用的人? 怎
樣才可以做一個好的國民? 都應該
從現在就開始做去.

25. 我們今年畢業的學生, 大家想在畢
業考試以後去旅行, 所以在一塊兒
開了一個會, 研究到那裏去. 開會
的時候, 一共有三十二個人. 有人

說到華北去看萬里長城，有人說到
日本去看日本的山水．結果有二十
一個人主張上萬里長城，十一個人
主張上日本．要上萬里長城的人說，
萬里長城差不多有三千多年了． 要
到日本去的就說日本山水很好看．
日本山水有日本山水的美． 後來因
為要上長城去的人多，結果是去上
萬里長城．

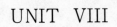

UNIT VIII

Lesson 43

1. 隨 suí follow 你隨我來

2. 便 biàn* (1) convenient; (2) then (written style, equivalent to spoken 就 jiù)

3. 件 jiàn (measure for matters, clothing)

4. 歷 lì* pass through (experience) (經歷: past experience)

5. 史 shǐ* (1) history; (2) (a surname)

6. 除 chú (1) deduct; (2) except for, besides

7. 特 tè special(ly)

8. 着 zhe (suffix indicating progressive action)

   著 zháo (resultative verb suffix indicating accomplishment)

9. 故 gù* (1) old, past; (2) cause; (3) therefore

10. 數 shǔ to count

    shù* a number, amount

加: add
減: subtract
乘: multiply
除: divide

等於: equal to

Special Combinations

1. 便飯 biànfàn home cooking

715

2.	除了	chúle	except for, besides
3.	除了…以外	chúle…yǐwài	except for, besides
4.	多數	duōshù	(1) large number, large amount; (2) larger number, larger amount, majority
5.	方便	fāngbian	convenient, handy
6.	跟着	gēnzhe	(1) follow, accompany (someone); (2) immediately afterward
7.	公元(後)	gōngyuán(hòu)	A. D.
8.	公元前	gōngyuánqián	B. C.
9.	古時(候)	gǔshí(hou)	ancient times, antiquity
10.	故事	gùshi	narrative, story
11.	故意	gùyì	intentionally, deliberately, on purpose
12.	近古	jìngǔ	late antiquity (960-1644)
13.	歷代	lìdai	successive generations, successive periods (_successive dynasty._)
14.	歷來	lìlái	(1) from the first, long continued, (2) hitherto
15.	歷史	lìshǐ	history
16.	歷史家	lìshǐjiā	historian
17.	錢數	qiánshù	amount of money
18.	人數	rénshù	number of people
19.	上古	shànggǔ	early antiquity (before 221 B. C.)
20.	少數	shǎoshù	(1) small number, small amount; (2) smaller number, smaller amount, minority
21.	史學	shǐxué	history (as a subject)
22.	史學家	shǐxuéjiā	historian
23.	數目	shùmu	number, amount
24.	數目字	shùmuzì	numeral, figure
25.	數學	shùxué	mathematics
26.	數學家	shùxuéjiā	mathematician
27.	随便	suíbiàn	(1) be casual, unconcerned; (2) as you wish, at your convenience, however you like (你: up to you)
28.	随時	suíshí	at any time, at all seasons
29.	歲數	suìshu	age (of a person)
30.	太古	tàigǔ	extreme antiquity

中國史

史記

31.	特別	tèbié	special, particular, distinctive
32.	特點	tèdiǎn	special characteristic, peculiarity, unique trait
33.	條件	tiáojian	conditions, terms, stipulations
34.	有條件(的)	yǒu tiáojian (de)	conditional
35.	原故	yuángu	reason, cause ⟵ 原因
36.	遠古	yuǎngǔ	remote antiquity
37.	這麼着	zènmozhe, zhènmozhe	this way, so
38.	怎麼着？	zěnmozhe?	what? how about it?
39.	找着	zhǎozhao	find (RV)
40.	中古	zhōnggǔ	middle antiquity, middle ages (221 B.C.-A.D. 960)

故去了: *pass away.*

Exercise ① Practice in Reading Titles of Publications

The following list comprises titles of books and articles culled from various bibliographies and booksellers' catalogues. Translate into English.

歷史 *Translate*
history

1. 史前期中國社會研究   *Chinese society research*
2. 中國古代思想史
3. 美國歷史中的黑人
4. 中國政治思想史
5. 本國歷史故事
6. 古代政治思想史
7. 中國政治史
8. 中國近百年政治史

9. 歷史教學法
10. 中華二千年史
11. 中國歷代大事年表 *maj' hist. table.*
12. 英國史
13. 我們的紀念日
14. 中國近代史 *Modern Chinese history*
15. 中西歷代大事年表 *historical table*

語文
langu

1. 中國中古文學史 *history of literature*
2. 中國文字的故事
3. 論語言的研究方法 *discuss on the methology of research*
4. 中國的語言文字 *linguistics*
5. 國文教學
6. 談「連」字 *on charac. 連*

7. 中國文字學
8. 語法理論
9. 中國語言學史
10. 時間、地點、數目
11. 外來語的寫法
12. 中國現代語法

13. 談語言和文字
14. 寫作和語言
15. 「但是」的用法
16. 語言和語言學 *linguistics*

Exercise 2. Illustrative Sentences (Chinese)

1. 你隨便甚麼時候來都可以.

2. 你說紀思奇的本事比得了比不了史
治中?…我說比不了. 史治中的本
事比他好得多.

3. 那個店員真没用. 連這幾本書他怎
麼數也數不對.

4. 我要是去得了房山縣我便告訴你.

5. 他雖然很有幾個錢, 可是他故意的
做出没有錢的樣子來.

6. 我想跟他說那件事, 可是看見他以
後我甚麼也說不出來了.

7. 你借給我的那本中國歷史故事不見
了. 我找來找去也找不着.

8. 他人不錯, 就是有的時候有點兒太
隨便了.

9. 他寫的那本<u>日本史前期的社會</u>我看是看過了，可是我不喜歡．除了幾張很好的地圖以外沒甚麼特點．

10. 我大學畢業以後不是去研究歷史就是研究社會學．

11. 你們大家跟着我念．

12. 中國寫下來的歷史有三千多年那麼長．

13. 請你數數錢的數目對不對．

14. 我教他數學是有條件的．他得教我英文．

15. 經過<u>王</u>先生的介紹，我才見着他．

16. 房錢歷來都是房東到我這裏來拿．

17. 到我家來吃便飯很方便．你們可以隨時來吃．

18. 人數是二十個人, 錢數是三十塊錢.
你説每一個人可以得到多少錢?

19. 他是在東北出生的, 他的老家在東
北.

20. 妹妹跟姐姐長的一樣. 你能分出來
他們誰是姐姐誰是妹妹嗎?

21. 那個學會會員的歲數, 多數是在四
十歲以上, 少數在四十歲以下.

22. 那個史學家現在研究中國古時候的
史學. 除了星期天以外他都在圖書
館.

23. 這次旅行去連小孩子是二十個人,
一共得用十塊錢. 這麼着. 不分大
小, 每人給五毛錢得了.

24. 中國從上古到近古, 歷代土地最大
的是元朝.

25. 歷史家說上古以前是遠古，也就是
太古．

26. 中國的中古時期是從公元前二二一
年到公元九六〇年．

27. 連數學家都說那個初中學生的數學
好極了．要是念大學的數學一定能
跟上．

28. <u>王紅夫</u>這學期十分用功．他念八門
功課，念十九個學分．

29. 難道政府說怎麼着就怎麼着嗎？人
民連一句話也不能說嗎？

30. 第六行魚字後頭的數目字你看錯了．

31. 萬國飯店的飯雖然好吃，可是價錢
太貴．

32. 明天是<u>王先生</u>、<u>王太太</u>結婚十年的
紀念日．

33. 大華分號的前後左右都是人. 不知
    道是甚麼原故.

34. 昨天我在公園等他, 等到天黑了他
    也没來.

35. 那本書的特點是對話特別好.

Exercise 3. Excerpts from Actual Publications

The following excerpts are taken from Act I of Sunrise, another popular play
by China's leading dramatist, Cáo Yú. (See lesson 18, exercise 4 for excerpts
from his play Thunderstorm.) The passages quoted involve a dialogue between
the two leading characters, a movie actress and a young man who returns to
Shanghai after an absence of several years to see the actress, a former girl
friend.

女—在××旅館住着的
　　一個女人, 二十三歲.
男—他從前的「朋友」,
　　二十五歲.
5 男: 他是誰? 這個人是誰?…這個
　　東西是誰?…我不明白你為甚
　　麼跟這樣的東西來往? 他是誰?

associate

女： 你要知道麼？…他…很有幾個
　　 錢．

男： 可是你為甚麼跟這麼個東西認
　　 識？

5 女： 我沒有告訴你麼？他…有幾個
　　 錢．

男： 怎麼你現在會…

女： 得了．… 我知道你心裏是不是
　　 說我有點太隨便？

10 男： 我…我…我…

女： 你説老實話，是不是？

男： 對了．… 你簡直不是我以前想
　　 的那個人．… 你也知道我這一
　　 次到這裏來是為甚麼？

15 女： 為甚麼？我不知道！

男： 我不喜歡看你這樣．… 我要你
　　 跟我回去．

女： 回去？回到那兒去？…

男： 車票就在這裏．… 坐…十點的

車我們就可以離開這兒‥‥

女：不，等等，我只問你一句話.

男：甚麼？

女：你有多少錢？

5 男：我不懂你的意思.

女：不懂？‥‥你不要這樣看我！你
說我不應該這麼說話麼？‥‥你
難道不明白？

Exercise 4. Dialogues

1. 外國人：請問，太古和遠古都是一
個時期嗎？

中國人：是的，是一個時期. 有的
時候説太古，有的時候説
5 遠古.

外國人：中國太古有寫下來的歷史
嗎？

中國人：没有，因為太古那個時期
還没有文字呢.

外國人：那麼從甚麼時候才有寫下
　　　　來的歷史呢？

中國人：上古、中古、近古都有寫
　　　　下來的歷史．

5 外國人：你是一位史學家．請問，
　　　　你現在研究甚麼時期的歷
　　　　史呢？

中國人：我研究中古史呢．

外國人：中古史是從甚麼時候到甚
10　　　　麼時候？

中國人：中古史從公元前二二一年
　　　　到公元九六〇年．

2. 史：晚上請你到我家吃個便飯．

紀：真不好意思．你太太又得做半
　　天飯．這麼着．你請吃飯，我
　　請你跟你太太去看電影兒．

5 史：你為甚麼那麼客氣呢？我請你
　　吃飯你就要請我們看電影兒去．

紀： 我很早以前就想請請你太太，
要是請他吃飯呢，飯館兒做的
沒有你太太做的那麼好，他一
定不喜歡吃。想來想去，除了
看電影兒以外沒別的地方可以
去。今天看報紙上大華的電影
兒不錯。是歷史故事。你們兩
位都是歷史家，或者對這個電
影兒有興趣。

史： 我們請你得了。

紀： 那兒能？你又請吃飯又請看電
影兒呢。我請。這個電影兒可
是黑白的。

史： 好電影兒差不多都是黑白的。

王： 馬國公，你現在方便不方便？
要是方便請你今天借我點兒錢。

馬： 少數的可以。多數的我也沒有。

王： 五塊錢有沒有？

馬： 五塊錢可以.

王： 因為我的數學字典不見了，天
天要用，必得買一本. 我手上
没錢了. 星期一就給你.

5 馬： 隨便甚麼時候給我都可以.

4. 畢： 連房真是一個天才數學家.

文： 馬政直對數學不是跟他一樣有
天才嗎？

畢： 他那兒比的了連房呢？連房特
5 別有天才是真的. 馬政直要是
數目字大一點兒他就不會數了.
數來數去都數不對.

文： 數學是數學，數數是數數. 不
能說因為他不會數數他的數學
10 就不好.

5. 史： 今天家裏來信說我們那兒又有
大水了.

左： 那條河的大水歷來怎麼治也治

不好.

史： 可不是嗎！從古時候就治，一
　　直治到現在. 為了治水國家用
　　了很多錢、很多人力，都没用.

5 左： 是不是不論甚麽時候隨時就來
　　大水？

史： 不. 差不多都是每年七八月.

6. 路： 聽説考完了你就旅行去，是不
　　是？

華： 別説了. 還不一定呢.

路： 怎麽着？還不一定呢？

5 華： 我父親是有條件的. 我考第一
　　或者第二才叫我去旅行呢.

路： 那麽要是你能去你想到那兒呢？

華： 要是去的了我想到日本. 因為
　　日本山水有日本山水的特點，

10　　想去看看.

路： 除了日本你不到別的地方嗎？

華：想去是想去，可是父親不會給
　　我很多錢的.

路：你父親也去，是不是？

華：不. 他不會去的，因為他歲數

5　　太大了.

7. 邊：怎麼樣？你那本歷史找着了沒
　　有？

田：沒有呢. 找來找去也找不着了.

邊：甚麼原故呢？怎麼會找不着了

5　　呢？

田：誰知道呢？

8. 經理：請你把那兩張單子上的人數
　　　　跟錢數都看看. 是不是兩張
　　　　單子的數目都一樣？

店員：一樣. 還有別的事嗎？

5 經理：還有一件事. 請你把這些書
　　　　拿到大華書店給王經理.

9. 錢: 甚麼叫史學?

白: 史學就是歷史學.

錢: 甚麼是歷史學?

白: 歷史學就是研究從古時候到現
5　　在歷代過去的事實, 就是歷史
學.

10. 南: 張園為甚麼不念書了?

高: 因為他跟不上, 所以學畫畫兒
去了.

南: 怎麼着, 他能學畫畫兒嗎?

5 高: 誰知道呢? 他的朋友有兩個畫
家. 人家到別的地方畫畫兒他
就跟着人家. 故意做出畫家的
樣子來, 樣子很像一個畫家,
可是甚麼也畫不出來.

Exercise 5. Narratives

1. 有一個朋友給我來電話, 他要在今
天來看我, 問我甚麼時候有工夫,

叫我定一個時候．我告訴他："今天
我都有工夫，隨便你，不分甚麼時候，
隨時都可以來，我都歡迎."他說：
"好，我馬上到府上拜訪你．"

2. 有一個人從前在政府裏很有地位，
   後來因為他的主張不能實現，他就
   不在政府工作，一直在家裏研究歷
   史．他說研究歷史能夠知道以前歷
5 代的大事．好的事應該學，不好的
   事應該小心不要做．還有，研究歷
   史把歷史當故事看，那就更有興趣
   了．

3. 我真想我的老家，
   我的老家怎麼那麼好？
   前後左右有水，有山．
   山上山下，園子多的不得了．
5 園子裏的水果，紅的、白的，
   要是數數數目，

數來數去，也不知有多少．

為甚麼不回去？為甚麼不回去？

這不回去的原故，

除了我，有誰知道！

5 除了我，有誰知道！

4. 我們家住在縣城裏．那裏有紅十字
會分會，有大東號的分號，有大中
日報分社跟遠東中學的分校，還有
甚麼分店、分所等等，都是從別的
5 地方分出來的單位．我看這個城簡
直的可以叫做「分城」了．

5. 從民國十二年到民國十八年，也就
是紀元一九二三年到一九二九年，
這六七年的期間，中國的學者和外
國的學者在河北省房山縣經過多少
5 次的考古，在地下找着了一個古時
候的人．考古學家認為是太古也就
是遠古年代的，也可能是原始年代

的人. 這個人離現在有三十萬年或
者是五十萬年了.

6. 歷史本來是不可分開的, 但是為了
研究上的方便, 歷史家就把歷史分
作幾個時期. 中國歷史分為五期:

一. 上古史, 是從遠古到公元前
221 年.

二. 中古史, 是從公元前 221 年
到公元 960 年.

三. 近古史, 是從公元 960 年到
1644 年.

四. 近代史, 是從公元1644 年到
1911年.

五. 現代史, 是從公元1911年到
現在.

7. 這次開歡迎會, 日期是後天, 地點
在省政府, 人數可能有五百人左右.
省城裏的單位很多, 多數單位的人

都要來. 數數現在有的坐位, 怎麼
能够人人都有坐位呢?

8. 我要找工作, 拿着介紹信去見王經
理. 王經理説:"我們這裏用人歷來
有個特別條件,就是要用没結婚的."
他問我結婚了没有. 我告訴他, 已
5 經定親, 還没結婚. 他叫我明天來
試用. 我説:"好." 可是我心裏想,
這個條件真没道理, 為甚麼一定要
用没結婚的人呢?

9. 我在家裏没事,要去看電影.弟弟知
道了, 他也要去. 我們就去買電影
票. 賣票員問我弟弟多大歲數. 弟
弟説:"怎麼着? 年紀多大還有甚麼
5 分別嗎?"賣票員説:"今天的電影十
二歲以下的孩子不能看." 弟弟説:
"我才十一歲, 當然不能看了." 我
看弟弟很不高興. 我説:"這麼着.

我也不看了．我們一塊兒回家．"

10. 有一個美國學生中文很好，他在大
學研究中文．他要看中文報，他要
去定報紙．有人告訴他，有一張中
文報是民國初年開始出版，現在有
五十多年了．這張報紙的特點是社
論很好，可以當作中文課本用．

11. 張可久是一位很有名的史學家．他
研究史學很多年，編寫了很多本歷
史了．他編的多數都是高中學生用
的歷史課本．現在他又編寫一本歷
史書，是為了一些在大學研究歷史
的學生用．他寫歷史的特點是用很
容易懂很有意思的話寫出來．我們
念他寫的歷史一定不會沒興趣．

12. 昨天因為是星期又是紀念日，沒有
事．本來想去找馬子和問他數學，

因為他的數學比我們都好. 大家給
他一個外號叫「數學家」. 他没在家,
他的房東説他到公園去了. 我只好
回家了. 走在路上看見史火星先生
跟他太太去看電影. 他們一定叫我
跟他們去看電影. 他説是中國電影,
有好些人看, 都説好看. 我就跟着
他們去了. 這個電影好極了. 是歷
史故事, 是三國時代的故事. 這個
電影對我很有用, 因為星期一歷史
先生將要教我們三國時代的歷史了.
電影故事雖然不都是事實, 但人名、
地名都是真的.

13. 中國從前有的地方要是男女定親事,
女的那邊是有條件的. 不是要錢就
是要東西. 有的人家為了定親結婚,
没錢就要跟別人去借. 現在中國還
有少數人家還是要錢或者是要東西,

所以有人説女兒定親跟男家要東西，
好像將女兒賣了一樣．

14. 今天早上還不到六點鐘呢，不知道
甚麼原故，天上有很多飛機從房子
上頭飛過去．很奇怪．為甚麼這麼早
有這麼多飛機呢？是怎麼一回事？
5 我跑出去看看，可是已經飛過去了，
看不着了．可能今天是甚麼紀念日．
得等到明天看報紙才能知道．

15. 老王跟張小姐快要結婚了，他們叫
我作介紹人，而且叫我去對他們的
父母説，這個親事是我介紹的．我
就先到老王的家，對老王的母親説
5 了．老王的母親一定要先把張小姐
的八字拿來．我説："這個時代不必
開八字了．"我跟老王母親説了半天．
怎麼着也不行．一定要開八字．

16. 昨天馬會長説請我吃便飯, 鐘點是
晚上八點. 他説除了我以外還有一
些會員的代表. 因為近來他聽見有
人説會裏用錢的數目字太大, 他要
5 在吃飯的時候將會裏用的錢數開一
張單子, 請大家看看, 表明不是他
個人用的, 都是公用的. 要是他們
明白是怎麽一回事, 這麽樣大家便
没話可説了.

17. 王先生學中文, 學了有一年多了.
他想看中國報. 他説:"報上社論的
句子, 我怎麽看也看不明白. 有時
候報上的字跟我念的課本上的字分
5 明是一樣. 為甚麽我看不懂呢?"我
告訴他:"報上有的句子是文言的.
你念的課本是白話的."

18. 有一個人在外國出生, 不會本國的
文字. 他想將來長大回到本國,不會

本國文字太不方便了，他便開始學
本國文字．他説："我不但要學，而
且還要學的很好呢."

19. 從前的旅館有很多等級．頭等的旅
館房錢貴．二、三等的旅館房錢不
貴,可是房子裏的東西都是老樣子.
還有一些小的旅館，裏頭的樣子跟
5 二、三等的差不多，可是價錢沒有
二、三等的那麼貴.

20. 我去拜望張先生．我在門外就看見
他了，可是他的用人説張先生不在
家．我分明看見他了．説不在家這
就是説他故意的不見我.

Exercise 6. Illustrative Sentences (English)

1. You may come at any time.

2. Do you think Ji Sichi can compare in ability with Shi Zhizhong?···I don't
think so. Shi Zhizhong is much more able than he is.

3. That clerk is really useless. He can't even make a correct count of these
few books [lit. however counts still unable to count right].

4. If I'm able to go to Fangshan District, then I'll inform you. (written style)

5. Although he has quite a lot of money, he deliberately makes out [the appearance] that he's not wealthy.

6. I wanted to speak to him about that matter, but after seeing him, I wasn't able to say anything.

7. That Chinese Historical Tales you lent me has disappeared. I've searched and searched but haven't been able to find it.

8. He's not bad as a person. It's just that sometimes he's a little too casual.

9. I've read his Prehistoric Society of Japan, to be sure, but I don't like it. Except for a few excellent maps there's nothing special about it.

10. After graduating from college, I'll study either history or sociology.

11. All of you read along with me.

12. Chinese recorded history has a length of over 3,000 years.

13. Please count and see if the amount of money is right.

14. I teach him mathematics on condition that he must teach me English.

15. I didn't get to see him until after Mr. Wang's introduction.

16. Hitherto the landlord has always come to me here to get the rent.

17. It is quite convenient to come to my home to have some home cooking. You can come to eat at any time.

18. The number of people is twenty, and the amount of money is thirty dollars. [You tell] how much can each person receive?

19. He was born in Manchuria. His old home is in Manchuria.

20. Younger sister and older sister look [lit. have grown to be] alike. Can you tell which of them is the older and which the younger?

21. (Regarding) the ages of the members of that learned society, the majority are over forty, the minority under forty.

22. That historian is now doing research on ancient Chinese history. Except for Sunday he's always at the library.

23. Including children, (the number of people) going on this trip is twenty. It will take ten dollars in all. Let's do it this way. Regardless of age [lit. big or little], just have each person give fifty cents.

24. From early antiquity to late antiquity (the period) when the territory [of sucessive periods] was the greatest was the Yuan Dynasty.

25. Historians say that (the period) before early antiquity was remote antiquity or extreme antiquity.

26. The Chinese middle ages was from 221 B. C. to 960 A. D.

27. Even mathematicians say that that lower middle school student's mathematics is extremely good and that he can certainly keep up if he takes college math.

28. Wang Hongfu is working very hard this semester. He's taking six courses, nineteen credits.

29. Can it be that if the government says (do it) this way then (it's done) this way? Can't the people say even a word?

30. You've misread the number after the character for fish in line six.

31. Although the food at the International Hotel is excellent, the prices are too expensive.

32. Tomorrow is Mr. and Mrs. Wang's tenth wedding anniversary.

33. The Dahua Branch Store is surrounded by people. I don't know what the reason is.

34. I waited for him yesterday in the park. I waited until it got dark, and still he didn't come.

35. The special feature of that book is that the dialogues are particularly good.

Lesson 44

1	2	3	4	5
提	題	演	部	打

6	7	8	9	10
院	剛	起	全	種

1. 提　tí　　　(1) lift (from above); (2) mention, bring up

2. 題　tí*　　subject, topic, heading

3. 演　yǎn　　perform (a play, etc.)

4. 部　bù　　　(1) portion, part; (2) government department, ministry;
　　　　　　　　(3) (measure for sets of books)

5. 打　dǎ　　　(1) strike, beat; (2) do (with various objects); (3) from

6. 院　yuàn*　(1) institution; (2) court; (3) division, branch (of the Na-
　　　　　　　　tionalist Government)

7. 剛　gāng*　just, just now, just as, only, exactly

8. 起　qǐ*　　(1) rise, get up; (2) raise; (3) begin (to); (4) together;
　　　　　　　　(5) (verb complement variously experessing direction, po-
　　　　　　　　tentiality, and beginning, often with a separable 來 lai)

9. 全　quán　　(1) complete(ly), whole; (2) (a surname)

10. 種　zhǒng*　kind, species, sort
　　　zhòng　to plant

11. 說　shuō　　admonish, reprove, scold (when followed by pronoun or noun
　　　　　　　　referring to a person)

12. 一　yî　　　as soon as (before a verb)

742

Special Combinations

1. 表演	biǎoyǎn	perform, put on a performance
2. 部分	bùfen	a part, a division, a section, a group (M)
3. 部長	bùzhǎng	chief, head of a 部 bù 'ministry'
4. 出題(目)	chū tí(mu)	make up exam questions, assign a topic for test or composition
5. 從…起	cóng…qǐ	beginning from…, from…on
6. 大部分	dà bùfen	the greater part
7. 打電報	dǎ diànbào	to telegraph, send a wire
8. 打電話	dǎ diànhuà	to telephone, make a phone call
9. 大會	dà huì	(1) a large meeting; (2) plenary assembly, general assembly
10. 電影院	diànyǐngyuàn	movie theater
11. 對不起	duìbuqǐ	Excuse me! I'm sorry!
12. 剛才	gāngcái	just (a moment ago)
13. ~~剛一~~	gāngyì	just as, just when
14. 起來	qǐlai	get up
	-qilai	(postverb, often with inserted elements between qi and lai)
15. 全部(的)	quánbù(de)	the whole (of), all (of), complete
16. 全都	quán dōu	all, altogether
17. 全國	quánguó	(1) the whole nation; (2) all China (or all of any other country), national
18. 全家	quánjiā	the whole family
19. 全數	quánshù	whole sum, full amount, total figure
20. 說起(來)	shuōqi(lai)	(1) speak of; (2) speaking of, as far as…is concerned, regarding; (3) as a matter of fact
21. 提出(來)	tíchu(lai)	bring out, put forward
22. 提到	tídào	mention, bring up

23. 題目   tímu   topic, subject, theme

24. 提起(來)   tíqi(lai)   raise, mention, suggest

25. 完全   wánquán   complete, perfect, whole

26. 問題   wèntí   question, problem

27. 想起來   xiǎngqilai   call to mind, think of, think up, conceive the
                          idea that

28. 像是   xiàngshi   seem as if

29. 小部分   xiǎo bùfen   (1) a part; (2) a smaller part

30. 學院   xuéyuàn   institute, school, college (as part of a univer-
                          sity)

31. 研究院   yánjiuyuàn   (1) research institute; (2) graduate school

32. 演說   yǎnshuō   lecture (N/V)

33. 演員   yǎnyuán   actor, actress

34. 一起   yìqǐ   together

35. 院長   yuànzhǎng   director, head of a 院 yuàn 'institute, branch
                          of government'

36. 院子   yuànzi   courtyard

37. 只要(是)   zhǐ yào(shi) (1) if only, only if; (2) as long as it is

38. 中部   zhōngbù   central section, central part

39. 種地   zhòngdì   cultivate the soil, engage in agriculture,
                          engage in farming

40. 種田   zhòngtián   cultivate the fields, engage in agriculture,
                          engage in farming

Who's Who and What's What

In the absence of capitalization in Chinese it is important to be able to
recognize as proper nouns names of people, places, institutions, and so on,
and to give an acceptable transcription or translation (best of all, the of-
ficial translation if you know it). To provide some easy practice in this
direction, we shall henceforth present the material in Who's Who and What's
What in the form of an exercise in which the Chinese terms and the English
equivalents are separated. The problem is to match the Chinese and English
correctly. The Chinese terms are given below in exercise 1. Here, in scram-

bled order, are the English equivalents (items c-i are associated with the PRC, j-o with Taiwan, and p with both).

a. Institute of Far Eastern Studies at Seton Hall University

b. Institute of Far Eastern Languages (at Yale University)

c. National People's Congress

d. Chinese Academy of Sciences, Academia Sinica

e. Ministry of Industry

f. People's Congress (abbreviation of c above)

g. Linguistic Research Institute of the Chinese Academy of Sciences

h. Minister of Industry

i. Archaeological Research Institute of the Chinese Academy of Sciences

j. Executive Branch

k. Ministry of the Interior

l. Institute of History and Philology

m. Atomic Research Institute

n. Minister of the Interior

o. Examination Branch

p. China Travel Bureau

Exercise 1. Practice in Identifying Proper Nouns

Read the following aloud and place in parentheses the letter of the English name in Who's Who and What's What which corresponds to each of the Chinese items below.

1. (　) 中國科學院

2. (　) 歷史語言研究所

3. (　) 考試院

4. (　) 工業部

5. (　) 中國科學院考古研究所

6. (　) 中國旅行社

7. (　) 工業部長

8. (　) 原子研究所

9. (　) 內政部

10. (　) 人民代表大會

11. (　) 西東大學遠東學院
12. (　) 內政部長
13. (　) 中國科學院語言研究所
14. (　) 行政院
15. (　) 全國人民代表大會
16. (　) 遠東語文學院

Exercise 2. Illustrative Sentences (Chinese)

1. 他在中國三年. 他把大部分時間都
   旅行了.

2. 現在你們大家拿起書來跟着我念.

3. 我們的畢業論文都得經過研究院的
   院長看過.

4. 為了我上學方便, 所以在遠東語文
   學院那邊兒找了一所房子.

5. 一提起那件事來他就很難過.

6. 我們快走. 再晚一點兒電車就沒有
   了.

7. 他說着, 可是他不去作.

8. 我們縣長到外縣訪問去了.

9. 只要是全數人都喜歡去我們就去.

10. 他提到將來畢業以後到西東大學遠東學院研究中文的問題.

11. 我也有一點兒奇怪為甚麼到現在他沒打電話來呢？

12. 我說他了, 我說："要是你這樣的學, 學不好."

13. 這件事看起來容易, 作起來很難.

14. 只要是他寫的書我全都想買.

15. 工業部長演說的內容沒有甚麼特別了不得的.

16. 打原子研究所的所長走了以後研究所的種種問題都得去問馬先生.

17. 隨便你說那個電影院的電影兒怎麼好看, 可是我也沒工夫去看.

18. 我們家以前都是念文學的. 從我們這一代起都念科學了.

19. 他是一個有名的演員. 跟他在一起
    表演的也都是有名的.

20. 剛才在院子裏的那位老先生是歷史
    語言研究所的所長.

21. 這個大學的學生，大部分是從北部
    來的，小部分是從中部來的.

22. 種田的就是種地的.

23. 一說起來「家」，就有很多心事都到
    我的心上來.

24. 從前我在考試院做事. 現在我在行
    政院做事.

25. 高先生有一個星期沒到學校來了.
    昨天考試校長叫我代高先生出題目.

26. 那個問題是開大會的時候內政部長
    提出來的.

27. 要不是你打電報給我，那件事我完
    全不知道.

28. 這所房子很高大，像是我老家的房子．我看見這所房子就想起來我的老家了．

29. 那條黑木船很大，全家都可以坐在那條船上．

30. 先生告訴我，寫中國字要用力，可是我不明白在甚麼地方用力．

31. 那本字典的後邊寫着「定價五元六角」．

32. 今天早上到學校差一點兒就晚了．我剛一到學校就上課了．

33. 弟弟畫了一張畫兒給我看．他畫的是一頭牛，還有一個人站在那裏手裏拿着一把刀．

34. 對不起，我今天不能看電影去，因為明天考試，所以我今天全部的時間我都得念書．

35. 中國科學院的院長、工業部的部長
都是全國人民代表大會的代表嗎？

Exercise 3. Excerpts from Actual Publications

The following excerpts are taken from <u>The Family</u>, by Bā Jīn (Pa Chin).(See lesson 36, exercise 6 for other excerpts).

1. 够了. 這種生活我過得够了.

2. 這樣的過了一個月，有一天也是在
晚上，父親又把他叫到房子裏去.

3. 他聽着…可是他一句話也不説.

4. 這些人…對他很客氣.…他也有點
奇怪為甚麼以前就很少看見這種人.

5. 多坐一會兒不好嗎？大家一塊兒談
談也是好的.

6. 不得了. 出了事了！…甚麼事？

7. 甚麼？你説，你快説！

8. 你怎麼不説話？在這兒又没有第三
個人聽見.

9. 我也要回去，我和你們一起走.

10. 我今年五十幾歲了，⋯ 甚麼事都看
    見過.

11. 我常常聽見他們說起你，又聽說你
    到外縣去了，後來又聽說你回到省
    裏來了.

12. 我們好像從前在甚麼地方見過.

13. 是我們的母親把我們分開的.

14. 我不要聽你的大道理.⋯ 你的道理
    很多. ⋯ 今天要這樣，明天又要那
    樣.

15. 現在沒有法子可想了.

Exercise 4. Dialogues

1. 全：史公遠，你功課都會了嗎？
   史：沒有. 國文太難了. 我把大部
       分的時間都念國文了. 你怎麼
       樣？

全： 我甚麽都没念呢. 今天早上起
來本來想念心理學. 剛一拿起
書來老張就進來了. 談來談去
也不走, 跟我説起電影兒來了,
那個電影院的電影兒好看, 那
個演員演的好. 説了半天. 没
法子念書了. 上半天全部的時
間都聽他説電影兒了.

2. 紀： 明天考試的題目一定很難.
左： 怎麽?
紀： 剛才聽馬先生説, 這次教員出
的題目都得經過校長看. 有的
題目要校長出.
左： 校長還出題目呢!
紀： 我們校長最喜歡出題了. 有一
次要考試的時候, 英文教員病
了, 是校長出的題目. 那些問
題難極了.

3. 史： 紀政原先生説到美國來．不知
道來了没有？

毛： 我還忘了告訴你，他昨天給我
打了一個電話．他説前天到西
5　部了，昨天到中部去，星期四
坐飛機到這兒來．他提到你，
叫我代他問你好．

史： 他這次來是作甚麽？

毛： 他這次來是我們研究院請他來
10　演説．演説以後他還到西東大
學遠東學院，然後再到遠東語
文學院去．

史： 要是紀先生到了以後，你跟他
先到我這兒來．

15毛： 好的．… 我想起來了．他電話裏
説來了以後得馬上到研究院來
跟院長談談演説的事．這麽着．
我們離開研究院就到你那兒．

4. 紀： 你在原子研究所要研究多久？

田： 要研究三年.

紀： 研究完了以後你還在這兒嗎？

田： 研究完了以後我還在這兒. 因
5   為我弟弟在這兒念書, 大家在
      一起方便一點兒.

紀： 你們離開府上已經很久了, 是
      不是？

田： 我跟我弟弟從一九五三年起就
10   離開家了.

5. 邊： 你的書真不少.

白： 這才是我書的一小部分. 大部
      分書為了在研究所研究的時候
      方便, 所以都拿到歷史語言研
5   究所去了.

邊： 你那種書最多？

白： 我的書差不多全都是歷史書,
      因為我是研究史學的. 只有很

少數是語言跟文學的.

6. 高： 一會兒大會開會的時候，內政
部長也到. 種種問題都可以在
大會上提出來.

馬： 是不是每一個單位所有人全數
都來？

高： 可能每一個單位就來一個代表.

馬： 有沒有外國人？

高： 我們是研究內政,沒有外國人,
完全是本國人.

7. 王： 張太太，好久不見好嗎？

張： 好,王太太，你好嗎？對不起
我好久也沒去看你.

王： 我也沒看你去. 昨天我看見你
兒子了. 長的又高又大. 念書
呢,還是作事呢？

張： 別提了.一提起他來我就生氣.
書也沒念,事也不作. 前幾天

人家介紹他到中國旅行社去作
事. 作了兩天他就回來了.

王： 那麼天天在家裏作甚麼呢？

張： 有時候去看電影兒，今天又沒
在家. 可能是看電影明星表演
去了.

王： 說說他就好了.

張： 我常說他，可是他不聽. 比如
前幾天全家在院子裏坐着，我
一說他，他生氣了，不理我了.
我差一點兒打他.

王： 他還小呢，不懂事. 再大一點
兒就好了.

張： 本來我想，我們姓張的過去幾
代都是種田的，都沒甚麼知識，
他要是用心念書學點兒本事，
將來我們家就不必種地了.

8. 先生： 張法和，中華民國有幾院？

學生：有五院.

先生：有那五院？你說一說.

學生：有行政院、考試院…

先生：還有呢？

5 學生：忘了.

先生：再想一想.

學生：想不起來了.

9. 先生：現代的國家那個國家有全國
　　　人民代表大會？

學生：中華人民共和國.

先生：從甚麼時候起才有這個會呢？

5 學生：從一九五四年.

10. 文：張文奇是一個大政治家. 他常
　　出去演說.

華：他都到那兒去演說？

文：全國所有的地方差不多他都去
5 　過.

華：他的口才很好, 是不是？

文：說起來他的口才也不怎麼好.
　　他就是有演說的本事，只要是
　　聽過他的演說,都說他演說的好.
華：聽說前幾天工業部長給他打電
⁵　　報請他到工業部去演說，是不
　　是？
文：對了.
華：他演說你聽過沒有？
文：聽過. 上次他在科學院演說我
¹⁰　　去了. 真不錯.

Exercise 5. Narratives

1. 工業部昨天請科學院的院長演說.
　演說的題目是「今日的科學」.演說
　以後，有人提出來一些問題. 院長
　對這些問題都有很好的說明，大家
⁵認為很有道理.

2. 一個外國人學中國話沒有多久. 今

天他學會了一句話是「打電話」.他
就對別人說："中國話很容易. 學了
一句就可以知道兩三句. 比方說,
我今天學了一句「打電話」.從這句
5 話我就想起來只要是電的東西, 前
邊都可以說一個「打」字. 比方說,
電報是不是也可以說「打電報」呢?"
別人說："當然可以說「打電報」. 你
說的很對." 那個外國人很高興. 他
10 又說："明天我上學還要「打電車」
呢!"別人說："這句話就不對了. 得
說「坐電車」." 那個外國人說："電
話、電報全都能說「打」,為甚麼「電
車」不能「打」呢？難怪外國人說
15 學中國話不容易."

3. 外國人到了中國, 多數要去看看長
城和西湖. 西湖在中國的東部, 山
水很美, 在中國歷史上的故事也很

多. 長城在中國的北部，是中國古
時候的城，長三千多里，是在公元
前二一四年就有這個長城了.

4. 有一個電影明星跟一個政治家是很
好的朋友. 有一天這個政治家去拜
會電影明星. 政治家說:"聽說你是
一個很好的演員，在電影裏的表演
5 好的不得了. 全國的人不論老少全
都喜歡看你演的電影. 不怪人家都
說你是大明星." 這個電影明星說:
"我們是好朋友. 你怎麼這麼說呢?
我在電影裏的表演說起來也沒甚麼
10 特別了不得的. 我不過在表演的時
候很認真就是了. 近來你在政治上
很有表現. 說起來政治家跟演員，
一樣都是表演了給人家看. 好不好
人家都看得很明白."

5. 一提起來老方，我就生氣. 我們兩

個人是在不久以前才認識的. 剛一
認得的時候, 他說他在遠東語文學
院教過中文. 我就介紹他在我們大
學代理馬先生教中文. 他不行. 後來
他又說他在西東大學遠東學院教過
中國歷史的, 我又介紹他教歷史.
人家說他連歷史的常識都沒有, 像
是沒學過歷史. 有人告訴我他沒在
遠東語文學院教過書, 也沒在西東
大學遠東學院教過歷史, 他說的都
是大話. 近來我好久見不着他了.
前天他給我來信, 說了很多認錯的
話, 說他對不起我, 寫了有三張信
紙. 我也沒給他回信. 我想不理他
了.

6. 王子久從前在行政院作事, 又當過
內政部長. 內政部所有的人大部分
是他的學生, 小部分是跟着他很多

年的人. 還有, 只要是他從前認得
的人, 連沒知識不識字的他都將就
着用. 內政部裏全數是他的人.

7. 我家離公園很近. 我住的房子前邊
有一個小院子. 吃完晚飯以後, 我
最喜歡在院子裏坐着. 有時, 我一
個人坐着, 坐到天黑了, 看看天上
5 的星, 又看看天上的月, 想起來從
前, 又想到將來. 有很多心事, 都
到我的心上來.

8. 我在中學教心理學. 剛才校長跟我
談話, 提到考試出題目的問題. 他
希望我出的題目不要太容易了. 我
告訴他, 我歷來出的題目, 看起來
5 好像容易, 作起來一點兒也不容易.
比方說, 上次在一起考的人數有一
百多, 考的結果除了少數的學生考
得不錯, 多數考得都不好.

9. <u>高國治</u>是種地的．他全家的人都没
去過電影院，可是他們看過好幾次
電影了．你以為這事很奇怪嗎？這
事一點也不奇怪．原來他們都是在
紀念大會開會的時候看的電影．

10. 中華人民共和國有一個全國人民代
表大會．這個會第一次開會的日期，
是一九五四年九月十五日．到會代
表的人數是一千一百四十一人．這
個大會將來在中國歷史上也是一件
大事．

11. 有一個種田的，在火車站等火車．
車站上等火車的人很多．有一個人
說：＂火車到站的時候已經過了半點
鐘了．怎麼火車還没到呢？難道有
甚麼意外的事嗎？＂又有一個人說：
＂一定有原故，不然怎麼還不來呢？＂
這個種田的人說：＂或者火車上没有

火了，不能走了."有人説:"現在的
火車是用電力了."

12. 一個政治學家在大學教政治學．他
説:"研究政治可以治國．研究外科、
小兒科等等可以給人治病．這都是
為了別人．一個人在社會上作事，
5 最好是「我為人人」不要「人人為我」.

13. 中國從上古時代就懂得治水的方法，
可是歷代都不能够把大水完全治好．
看看歷史上治理大水用的錢數和人
數，這個數目字真是太大了．有人
5 説這是地理上的問題，不是歷史上
的問題．

14. 畢先生是個史學家．歲數很大了．
從前在中國科學院語言研究所作事．
現在在中國科學院考古研究所作事．
他家的歷史書很多，上古時期的歷

史更多. 他不喜歡別人去看. 又有
一個歷史家姓王想編著一本書, 一
定要找上古時期的一些書看看. 他
就對畢先生說:"我想要看看你的書.
5 如果你叫我看, 你提出條件, 怎麼
着都可以." 畢先生說:"你、我都是
研究歷史的. 你要看我的書, 我很
歡迎. 我怎能有條件呢? 這麼着.
請你母親做點便飯, 請我吃一次就
10 可以了. 我聽說你母親做的飯很好
吃." 姓王的說:"那很容易. 那麼我
就要隨時來看書了." 畢先生說:"你
可以隨便來看, 可是你不要忘了請
我吃便飯."

15. 老方和老王好久不見了. 老方找老
王好幾次, 都找不着. 老方心裏想:
"他不見我是甚麼原故呢? 是不是
故意不理我呢? 這個星期天我再去

找他一次. 如果還見不着, 我就不
理他了." 有一天<u>老方</u>又去找<u>老王</u>,
他用力打了半天門, <u>老王</u>才出來開
門. 這次見着他了. <u>老王</u>說:"我近
5 來寫一部歷史. 這部歷史的特點要
把遠古, 也就是太古, 和上古、中古、
近古的大事用最少的字寫出來, 而
且在一年以內要寫完, 所以近來把
全部的時間, 除了寫書以外, 甚麼
10 事也不作, 甚麼人也不見. 聽說以
前你來過幾次, 都沒見着, 真對不
起." <u>老王</u>說:"怪不得我來了幾次都
沒見着. 我這次是不得不再來一次.
誰知道你是寫書呢." <u>老王</u>叫<u>老方</u>在
15 他家吃便飯. <u>老方</u>說:"不必了." <u>老</u>
<u>王</u>說:"在這兒吃飯很方便. 不要客
氣."

16. 我每次到別的地方去訪問都是請中

國旅行社代我買飛機票. 有一次飛
機上的人很多. 我數數數目一共七
十人. 有兩個人是剛結婚的. 他們
去旅行. 有人說我們應當給他們兩
5位道喜, 大家都說這句話很有理.
大家就給這兩個人道喜.

17. 一個數學家在一個學校教數學. 他
的思想很古老. 他告訴學生在寫年
月日的時候, 一定要寫中華民國幾
年幾月幾日, 不得寫公元幾年幾月
5幾日. 他說中國人應該這樣寫.

18. 父親的朋友馬老先生是一位很有名
的學者. 他現在在歷史語言研究所
作事. 他本來在大學裏教書, 所以
他的學生不少. 他有幾個學生現在
5很有地位. 從前內政部的部長就是
他的學生. 現在行政院、考試院、
原子研究所都有他的學生在那裏作

事. 馬老先生本來是學語言跟文學
的. 他很喜歡跟人家談學問，所以
我每次要是在功課上有了問題我就
去看他.

Exercise 6. Illustrative Sentences (English)

1. He was in China for three years. He spent most of the time traveling.

2. Now [all of you] pick up your books and read with me.

3. Our graduation theses must all be subjected to the scrutiny of the head of the graduate school.

4. For convenience in getting to classes, I found a house near the Institute of Far Eastern Languages.

5. As soon as you mention that matter, he gets very upset.

6. Let's hurry. If it gets any later, there won't be any more streetcars.

7. He said (he would do something), but he didn't [go and] do it.

8. Our district magistrate has gone on a visit to some other districts [lit. outside districts].

9. We'll go only if everyone wants to go.

10. He raised the question of going to study Chinese at the Institute of Far Eastern Studies at Seton Hall University later after graduation.

11. I'm also a bit surprised that he hasn't called yet [lit. up to now].

12. I admonished him. I said: "If you study in this way, you won't be able to learn."

13. This job looks easy but is very hard to do.

14. I'd like to buy all the books he's written.

15. The contents of the speech by the Minister of Industry were nothing much out of the ordinary.

16. Since the director of the Atomic Research Institute left, one must go ask Mr. Ma about the various problems of the [research] institute.

17. No matter how good you tell me the movie is at that theater, I don't have time to go see it.

18. Our family in the past always studied literature. In [lit. beginning from] our present generation we have all taken up science.

19. He's a famous actor, and those acting with him are also all famous actors.

20. That old gentleman who was in the courtyard a moment ago is the head of the Institute of History and Philology.

21. The majority of the students in this university are from the southern section of the country, and a minority are from the central section.

22. "Tillers of the fields" are "tillers of the land."

23. As soon as mention is made of home, a lot of personal things come into my thoughts.

24. I formerly worked in the Examination Branch. Now I work in the Executive Branch.

25. Mr. Gao hasn't come to school for a week. For the examination yesterday the principal had me assign the topics for Mr. Gao.

26. That question was raised by the Interior Minister at the time of the general meeting.

27. If it hadn't been for your call to me, I would have been completely ignorant about that matter.

28. This house is quite high and big, like [the house of] my old home. When I see this house, I think of my old home.

29. That black boat is quite large. The whole family can sit in it.

30. The teacher told me that in writing Chinese characters one should bear down [lit. use strength], but I don't know where to bear down.

31. In the back of the book is written "List Price $5.60."

32. I was almost late in getting to school today. Just as I arrived at school, classes started.

33. My younger brother drew a picture and gave it to me to look at. He had drawn an ox and also a man standing there holding a knife.

34. I'm sorry, I can't go see a movie today. Since we're having exams to-morrow, I have to spend all my time today studying.

35. Are the Director of the Chinese Academy of Sciences and the Minister of Industry both members [lit. representatives] of the National People's Congress ?

Lesson 45

1	2	3	4	5
計	覺	較	算	驗

6	7	8	9	10
漢	自	己	練	習

{計畫: to make a plan

睡覺: to sleep.

1. 計 jì *   reckon

2. 覺 jué *   feel that, find that, notice that

3. 較 jiǎo *   compare

4. 算 suàn   (1) reckon, figure; (2) regard as

5. 驗 yàn   examine

6. 漢 hàn *   (1) Han dynasty (206 B.C.-A.D. 220); (2) Chinese

7. 自 zì *   (1) self, oneself; (2) from

8. 己 jǐ *   self, oneself

9. 練 liàn   to drill, train, practice

10. 習 xí *   practice, study

11. 表 biǎo *   exterior

12. 公 gōng   (prefix in metric measurements)

13. 可 kě   (short for 可是 kěshi 'however')

14. 來 lái *   (short for 以來 yǐlái 'since, during the past...')

15. 老 lǎo   always (together with a negative: never)

16. 前 qián *   (short for 以前 yǐqián 'before')

771

Special Combinations

1.	報告	bàogào	report (N/V)
2.	比較	bǐjiǎo	(1) compare; (2) comparison
3.	不算	búsuàn	(1) not reckon, not count; (2) not counting; (3) cannot be considered
4.	不知不覺(的)	bùzhībùjué(de)	unconscious(ly), gradual(ly)
5.	長久	chángjiǔ	for a long time
6.	打算	dǎsuan	reckon, plan to
7.	地方自治	dìfāng zìzhì	local self-rule, local autonomy
8.	公里	gōnglǐ	kilometer
9.	公路	gōnglù	public road, highway
10.	漢人	Hànren	a Chinese
11.	漢文	Hànwén	Chinese language
12.	漢語*	Hànyǔ*	Chinese language (spoken)
13.	漢字	Hànzì	Chinese characters
14.	計算	jìsuan	calculate, figure
15.	計算機	jìsuanjī	calculating machine
16.	經驗	jīngyan	experience (N)
17.	覺得	juéde	feel, have the feeling that
18.	覺着	juézhe	feel, be conscious of
19.	課外練習	kèwài liànxi	homework
20.	練習	liànxi	practice (N/V), exercise (in a textbook)
21.	氣候	qìhou	climate
22.	親自	qīnzì	in person, personally, firsthand
23.	生長	shēngzhǎng	be born and raised
24.	時期	shíqī	period, era
25.	試驗	shìyan	test, experiment (N/V)
26.	算了	suànle	That'll do, Enough!

大漢: tall tall guy
漢子: guy

27.	天氣報告	tiānqi bàogào	weather report
28.	外表	wàibiǎo	surface, exterior
29.	外表上	wàibiǎoshang	on the surface, superfical(ly), external(ly)
30.	學習	xuéxi	study (N/V)
31.	要看	yào kàn	(1) want to look; (2) it depends on, it's a question of
32.	要算	yào suàn	must be considered as
33.	早就	zǎo jiù	long ago, long since
34.	自從	zìcóng	ever since (occurs at beginning of a phrase; often paired with 以後 yǐhòu and 以來 yǐlái at the end)
35.	自大	zìdà	proud, boastful
36.	自己	zìjǐ	self, oneself
37.	自然	zìrán	naturally, of course
38.	自然科學	zìrán kēxué	natural sciences
39.	自行車	zìxíngchē	bicycle
40.	自治	zìzhì	(1) self-govern; (2) self-government, autonomy

Who's Who and What's What

Match the following terms against the Chinese expressions in exercise 1.

a. Hàn Cháo. Han Dynasty (206 B.C.-A.D. 220); divided into Western Han or Former Han (206 B.C.-A.D. 7) and Eastern Han or Later Han (A.D. 25-220)

b. Hàn Dài. Han Period (same as Hàn Cháo)

c. Xī Hàn. Western Han

d. Dōng Hàn. Eastern Han

e. Qián Hàn. Former Han

f. Hòu Hàn. Later Han

g. Hàn Shū. History of the Han Dynasty [lit. Han Book]. (The first of the dynastic histories, which were generally written shortly after the fall of the dynasty)

h. Qián Hàn Shū. History of the Former Han Dynasty

i. Hòu Hàn Shū. History of the Later Han Dynasty

j. Hànkǒu. Hankow (a major city in Central China)

k. Rénmín Shǒucè. People's Handbook (a basic reference work published by
   the Chinese People's Republic)

l. Zhōngshān Gōngyuán. Sun Yatsen Park (ubiquitous name of parks found in
   many cities of China)

m. Yuán Shǐ. History of the Yuan (Dynasty)

n. Míng Shǐ. History of the Ming (Dynasty)

Exercise 1. Practice in Identifying Proper Nouns

Place in parentheses the letter of the term in Who's Who and What's What
which corresponds to each of the Chinese items below.

1. ( ) 後漢書	6. ( ) 前漢	11. ( ) 中山公園
2. ( ) 人民手冊	7. ( ) 元史	12. ( ) 前漢書
3. ( ) 東漢	8. ( ) 西漢	13. ( ) 漢口
4. ( ) 明史	9. ( ) 後漢	14. ( ) 漢書
5. ( ) 漢朝	10. ( ) 漢代	

Exercise 2. Illustrative Sentences (Chinese)

1. 我們先念初級漢語課本，後念初級
   漢語課本漢字本.

2. 你中文跟寫漢字都很好. 我跟你比
   較起來，我甚麼也不行.

3. 不會寫字還不算，連說話他都不會.

4. 他對用計算機很有經驗.

5. 學自行車不難. 不必人教, 就是個經驗.

6. 教漢字我們用這個法子試驗試驗. 要是行以後大家就用這個法子.

7. 我自從買了這個表以後, 我上課老沒晚過.

8. 我們也叫中文是漢文.

9. 我不一定親自去. 要不是我自己去我就是請老王去.

10. 你覺得應該怎麼學習你就怎麼學習.

11. 自然科學研究所的所長和美國數學會的會長他都當過嗎?

12. 別的他都好. 論到數學他可不行.

13. 我計算計算寫那本書得三年的時間.

14. 明天的課外練習是第四十五課的練習四.

15. 他是在漢口長大的，可是他早就離開那兒了．

16. 他打算長久住在那個國家，可是那個國家不歡迎他．

17. 他在公路上不知不覺的就走了五公里．

18. 今天的天氣不很好．天氣報告裏早就說了．所以不能到中山公園去．

19. 研究元史、明史最好的，要算王子華了．

20. 我給父親寫信報告我在學校一共學習五門功課．

21. 有一個時期他給報紙上寫社論，他就主張他們那個地方要地方自治．

22. 一個地方能不能自治，要看那個地方的人能不能自治．

23. 看人不要只看外表．

24. 我覺着這個地方的氣候不好，所以近兩年來我一直的想到別的地方去．

25. 那個國家在外表上是一個共和國．

26. 自從漢朝以來中國人也叫漢人．

27. 因為那個外國人生長在中國，所以他只要是看見中國人好像看見親人了一樣．

28. 算了，算了！你不要説他了．他已經知道他是錯了．

29. <u>人民手冊</u>的目次從右邊看第三行是不是有一個錯字？

30. 國民是不是就是人民？

31. 這不是我個人的意思，這是大家的意思．

32. 三年前他去了外國．自從他到了外國以後，就没給我寫信．

33. 你如果自已不自大，自然没有人説

你自大.

34. 漢代有前漢、後漢. 前漢也叫做西
漢，後漢也叫做東漢. <u>漢書</u>有<u>前漢
書</u>、<u>後漢書</u>.

35. 在這個星期以內，你千萬要到大來
號去見那位<u>左</u>經理.

Exercise 3. Excerpts from Actual Publications

The following excerpts are taken from a popular novel by Lǎo Shè which has
been translated into English under the title <u>Rickshaw Boy</u>.

1. 自己的車，自己的生活，都在自己
手裏.

2. 他十八歲的時候便跑到城裏來.

3. 第二天的生意不錯.

4. 他…在事實上一點也不比別人快.

5. 他…好像老想着<u>些</u>甚麼.

6. 他不能再等了.

7. 自從到城裏來，他没過一次生日.

8. 不知道在甚麼時候，他坐下了.

9. 他也會這樣高興.

10. 他走錯了路. … 山在西，城在東.

11. 你等等，我給你拿水去.

12. 他…一聽這個，更難過了.

13. 他的…希望是買車. … 他…計算他的錢.

14. 他想不出別的方法.

15. 太太叫他去給買東西.

16. 給我四天的工錢.

17. 進來. … 有話跟你說. … 他慢慢走了進去.

18. 回來以後，我不在老地方住了.

19. 家中人口不多. 只有一位太太和一個小男孩.

20. 他有時候教點書,有時候也作別的事.

Exercise 4. Dialogues

1. 史： 日子過的真快. 不知不覺的已
  經又是一年了.

  路： 可不是嗎！ 在這一年裏頭你的
  漢文學的很好. 漢字也會寫了
5 不少. 可是我甚麼也不行. 真
  不好意思.

  史： 雖然我會了幾個漢字， 可是你
  中國話說的比我好的多.

  路： 說起漢字來你可比我會的多.

2. 張： 西東大學遠東學院編寫的那本
  初級漢語課本漢字本出版了没
  有？

  文： 早就出版了. 你要買嗎？

5 張： 我打算買一本, 自己學習學習.

  文： 没有先生自己學習可以嗎？

  張： 可以， 因為我念過初級漢語課
  本. 課本跟漢字本的内容完全

一樣. 要是<u>漢字本</u>有甚麼問題，
拿出<u>課本</u>看一看，比較容易的
多. 對我們學中國話跟學漢文、
漢字，我覺得那是很好的兩本
書.

3. 外國人：中國人為甚麼叫漢人？

中國人：因為在漢朝那個時期中國
土地很大，一提起來漢朝
外國人都知道，所以叫中
國人是漢人.

外國人：漢朝是不是有東漢、西漢、
前漢、後漢？

中國人：前漢就是西漢. 後漢就是
東漢.

4. 白：漢口這個地方氣候最不好. 很
難得的是今天天氣這麼好. 我
們去中山公園旅行好不好？

高：雖然現在天氣不錯，可是報紙

上的天氣報告說可能下半天天

氣不好．

白：有時候他們的報告不對．

高：算了．為甚麼你今天一定要去

5   旅行呢？

5. 毛：你的自行車外表很好看．多少

錢？

邊：四十五塊錢．

毛：自行車容易學嗎？

5 邊：很容易．不必人教，就是個經

驗．每天自已練習練習很快就

會了．有自行車比較方便．我

以前坐電車老來晚了．自從買

了自行車以後，上學校從來沒

10   晚過．

毛：過幾天我用你的自行車試驗試

驗．要是行，我也買．

6. 王：你說數學難還是自然科學難？

馬： 我說都不容易. 要看你對甚麼
　　 有興趣了. 如果你對數學有興
　　 趣, 自然覺着數學不難. 要是
　　 你對自然科學有興趣, 當然你
5　　 覺得自然科學很容易.

7. 華： 我們這個地方已經實行地方自
　　 治了.
　　 路： 從甚麼時候開始的?
　　 華： 是從去年開始的. 自從自治以
5　　 來人民的生活都很好.
　　 路： 怪不得很多人都主張地方自治
　　 呢.

8. 連： 這個計算機真好. 是才買的嗎?
　　 簡： 是的. 這個要算是最好的了.
　　 連： 你們不是原來有一個嗎?
　　 簡： 那個不好用了, 時常出毛病.
5　　 連： 計算機實在好. 計算出來的數
　　 目不會錯的.

簡：不錯還不算，而且也很快．

9. 紀：你們那縣的縣長怎麼樣？

錢：我們那縣的王縣長算是最好的
縣長了．在行政上很認真．不
論大事小事都是親自去作．

5 紀：聽說他每天都要離開縣城，到
城外頭去看人民怎麼樣種田．

錢：不但是那個．就是連老百姓家
裏有病人他也親自去看看．

10. 萬：老馬，你甚麼時候到北部去？

馬：這個星期就走．

萬：怎麼這麼快就走了？

馬：本來他們說，我想甚麼時候去
5 就甚麼時候去．後來我想還是
早點兒去．我這次到北部去工
作，不知道作的了作不了．

萬：你對那種工作很有經驗．你一
定作的了．你馬上要走了，我

得請你吃個便飯了.

馬：別客氣了. 你計算計算那兒有
　　時間了？你要請客，我回來再
　　說得了.

5 萬：你甚麼時候回來呢？

馬：我想在北部不會很長久的，最
　　多一年半左右我就回來.

萬：北部的氣候可不好. 生長在南
　　部的人到那兒很容易生病. 你
10　千萬要小心.

馬：是的.

11. 方：張道和從外表上看很像個好學
　　　生，可是除了天天上課以外，
　　　所有的課外練習都是叫別人給
　　　他做.

5 田：那麼他都作甚麼呢？

方：不是看電影兒就是旅行. 老跟
　　他父親要錢. 想買甚麼就買甚

麼.

田： 他父親很有幾個錢是不是？

方： 是的. 他當初當過部長. 你看

他現在還有點兒自大呢. 看見

5 　人從來不理.

12. 張： 請問，你們書店裏有<u>元史</u>、<u>明</u>

<u>史</u>嗎？

文： 有.

張： <u>人民手冊</u>呢？

5 文： 沒有.

張： 我想到原子研究所去. 請問你

有多遠？

文： 往那兒去，公路、小路都可以.

走小路比較近, 只有三公里路.

10 　走公路要差不多五公里呢.

Exercise 5. Narratives

1. 從前的時候沒有計算機. 計算數目

很不方便，特別是計算的數目字如

果太大了，便更不方便了．自從有
了計算機以來，不論大小數目都容
易計算．可以少用時間,少用人力,
而且計算的結果完全不錯．

2. 西方國家在近一百年來認真的研究
自然科學，所以才有今日的科學文
明．中國在一百年前，還只是研究
文學，不知道研究科學，更不知道
5 研究自然科學，所以現在中國在科
學上還是跟不上西方國家．

3. 時間過得真快．不知不覺我已經離
開老家漢口三十年了．在這三十年
裏，時常想我的家："是不是父母已
經很老很老了？家裏的房子是不是
5 還是三十年前的老樣子？我的自行
車…"我生長在中國中部的一個大
城漢口．那裏的氣候很不好．因為
那裏是我的老家，所以還是很想那

個地方. 在三十年前父親是大夫,
母親是教員. 因為父母都工作, 所
以家裏生活比較好. 有一年我生病
了. 父親是大夫, 自然是父親給我
治病了. 我那次病了很久, 差不多
有一年. 當然一年没上學了, 天天
在家裏. 我常看見別的小朋友都有
自行車, 有一天我便對父親説我也
要買自行車. 父親的意思是我病剛
好, 不能用力. 又過些時候父親覺
着我的病完全好了. 一天父親跟我
説:"你老要買自行車, 我現在可以
給你買了. 没人教你能够會嗎?"我
一聽父親要給我買車了, 我高興的
不得了. 我説:"自行車不必要人教,
自已練習練習就會了." 從這個時候
起我有了自行車了. 從我家到中山
公園必得走公路, 差不多有三公里
那麽遠, 可是我天天去. 我的自行

車雖然不算最好的, 可是我很喜歡.
一直到現在我還忘不了我的自行車.

4. 有兩個大學生, 一個姓馬, 一個姓
田. 兩個人都是西東大學遠東學院
的學生. 有一天在一塊兒談話, 提
到作畢業論文的題目. 姓馬的說:
5 "我打算寫「自治跟地方自治」.你
看這個題目怎麼樣?"姓田的說:"題
目是很好.在理論上有很多話可說.
不過, 論到地方自治的經驗, 你一
點兒也沒有.怎能寫得好呢!"姓馬
10 的說:"你提出來這個經驗的問題是
很有理的. 寫論文是應該找有經驗
的題目寫. 不過, 一個大學將要畢
業的學生, 甚麼事也沒作過, 自然
是甚麼經驗也沒有, 那麼甚麼題目
15 也不容易寫了. 我覺得寫東西, 要
看你的興趣喜歡寫甚麼. 我對這個

題目很有興趣, 我還是寫這個題目."

5. 在中國的漢書上有一個故事說, 漢
朝的時候南邊有一個最小的國. 這
個小國的國王不知道漢朝比他大的
多. 他自己以為他是最大的國. 有
5 一天, 有一個漢人去拜訪這個小國
的國王. 國王就問那個漢人說:"你
們漢朝跟我們比較起來, 有我們這
麼大嗎?"這個故事的意思就是說,
一個自大的人, 分明自己很小, 他
10 還覺得他自己很大.

6. 有幾個研究院的研究生在一塊兒談
天. 有一個人說:"我們研究生裏年
紀最大的要算老王了. 後天是老王
的生日.很多人打算給老王作生日,
5 我們去不去?"有人說:"我們都算是
老王的好朋友, 都應該去." 又有人
說:"我不打算去. 我不認識他." 又

有兩個人説:"算了, 算了. 我們都不去了."

7. 中國人大部分是漢人, 大部分説漢語, 用漢字, 所以研究中國語文第一要學習漢語. 漢語就是中國話. 第二要認識漢字. 漢字就是中國字.

8. 中國漢代分西漢、東漢兩個時期. 西漢也叫做前漢, 是從公元前二〇六年起, 到公元七年, 共有二百二十年. 東漢又叫做後漢, 是從公元二五年起到二二〇年, 共有一百九十六年. 漢代的土地很大, 時代也長. 在漢代的時候, 外國人叫中國人是漢人. 這是中國人叫漢人的開始.

9. 原子研究所的所長每天親自試驗原子能. 試驗的結果他早就隨時報告給行政院. 行政院的院長説:"這些

報告我都看過了, 都很好. 可是實
行應用起來還有很多別的問題. 得
等到別的問題都没問題了, 才可以
實行."

10. 我要去旅行. 我打電話給旅行社,
請他給我買一張明天晚上的飛機票.
旅行社的人說:"今天的天氣報告說
明天的天氣很不好. 明天的飛機是
⁵不是賣票, 現在還說不定. 必得看
看天氣再說." 我問:"甚麽時候可以
有一定呢?"他說:"最早也得等到明
天早上八點鐘, 才有一定. 萬一明
天早上八點鐘還没一定, 最晚在十
¹⁰一點鐘就能够有一定了."

11. 我是美國人, 在遠東語文學院念中
文. 有一位萬子華老先生是我父親
的老朋友, 年紀有七十歲左右了.
他現在住在美國. 他家離我家很近.

萬老先生的中國學問很好，我常去
跟他學用漢文寫信．他說他很歡迎
我去．他又說他家歷代都是念文學、
史學的．他家有很多古書．他最喜
5 歡看漢書．漢書有前漢書和後漢書．
他全都看過．他告訴我他有四個兒
子．大兒子從前在國民政府內政部
工作，近來是在考試院工作．二兒
子是歷史語言研究所的研究員，他
10 現在研究元史跟明史呢．三兒子、
四兒子都在中國科學院．三兒子是
在語言研究所．四兒子是在考古研
究所．我問他："你的兒子有的在國
民政府工作，有的在中華人民共和
15 國人民政府工作，你的想法是怎麼
樣？"他說他的兒子全都長大了，他
只希望他們在工作上、學問上都有
表現，他們在中國甚麼地方工作是
他們個人自己的事．

12. 去年高先生和高太太結婚的時候，
我去道喜．我進了他們的院子看見
房子的門上有一張很大的紅紙，紙
上頭寫着四個黑字是「百年和好」．
5 我說："這四個字的意思真好．你們
兩個人一定能够長久和好."還不到
一年呢，高先生、高太太就要没條
件的離婚了.是甚麼原故呢，除了他
們自已誰也不知道．這幾天聽說有
10 幾個朋友到高家去給他們說和．說
和的結果，高先生算是没有甚麼問
題了．高太太可不行，像是一定要
離婚的樣子．後來有人找到高太太
父親的老朋友又跟高太太說了好幾
15 次．高太太才行了，現在他們不離
婚了，又和好了．

13. 語法是語言的一部分．要是研究語
言，自然得研究語言裏的語法．現

在寫語法書的人不少. 我認為語言
學家王力先生寫的最好.

14. 邊明理是個大學畢業生. 學問好,
外表也好, 對人很和氣. 他剛一畢
業就在工業部作事. 工業部全部的
人都說他有本事, 連工業部長也說
5 他是個人才. 他還有一個特點, 從
來不進電影院. 不論電影的故事怎
麼樣好,也不論演員表演的怎樣好,
他也不去看.

15. 有一天我看人民日報上的社論. 大
意是:"有一個地方開地方人民代表
大會. 有些工人和種田的人提起來
很多問題. 有的是行政上的, 有的
5 是內政上的. 有人說這些問題, 大
部分是全國的問題, 應當打電報請
全國人民代表大會研究, 小部分的
可以在地方大會上來研究. 後來有

人演説,説起來國民和人民的分別,
也論到今天的工人和種地人的地位
比從前是怎樣的不一樣, 現在的人
民是民主共和國的主人等等."

16. 有一次我們全家要到中國北部一個
城裏去旅行. 先請中國旅行社定旅
館. 我們想定中等的旅館. 旅行社
的人説:"對不起, 剛才有幾個人也
5 要一起到那個城去, 也是要先定旅
館, 我們打電話問過了, 他們説中
等旅館全部的房子全都有人住了,
就有頭等的." 後來我們就定了頭等
的,因為那裏頭等的旅館也不算貴.

17. 我們的數學先生教學法好極了. 就
是對數學没興趣的學生, 跟他學數
學也覺得很有興趣. 他每次教完了
以後,我們全數都會了他才不教了.
5 他給我們課外練習很多, 所以每次

考試出的題目我們覺得都很容易.

18. 我在王先生家裏看見兩本書，一本
是人民手冊，一本是中山學說. 我
先看看這兩本書的目次，認為很有
用. 我和王先生説:"這兩本書借給
5 我拿回家去看行不行?"王先生説：
"行." 王先生又説:"我想起來一件
事.上次我從學校拿着很多書回家,
走到半路没拿住,有兩本書不見了.
後來我回去找，在路上找着了. 那
10 兩本書就是你現在要借的這兩本書.
你看完了不必給我. 拿到圖書館給
張先生得了.

Exercise 6. Illustrative Sentences (English)

1. We study Beginning Chinese first and then Character Text for Beginning Chinese.

2. Your spoken and written Chinese are both good. Compared with you, I'm no good at anything.

3. Besides [lit. still not counting] not being able to write characters, he doesn't even know how to speak.

4. He's had a great deal of experience in using calculating machines.

5. Learning (to ride) a bicycle isn't difficult. It's not necessary (to have)

someone teach you. It's just (a matter of) experience.

6. We are experimenting with this method in teaching Chinese. If it's all right, everyone will use it.

7. I haven't been late to class since I bought this watch.

8. We also refer to the Chinese language as the Han language.

9. I won't necessarily go myself [lit. personally]. If I don't go myself, I'll ask Wang to go.

10. Study in whatever way you feel you should.

11. Has he served as head of both the Natural Sciences Research Institute and the American Mathematical Society?

12. He's fine in everything else, but in [respect to] mathematics he won't do.

13. I figure it will take three years to write that book.

14. Tomorrow's homework is exercise 4 in lesson 45.

15. He grew up in Hankow, but he left there long ago.

16. He planned to live in that country for a long time, but it didn't welcome him.

17. Without being aware of it, he walked five kilometers along the highway.

18. Today's weather isn't very good. The weather report predicted this [lit. said] a long time ago. So we can't go to Sun Yatsen Park.

19. Wang Zihua must be considered [the one who is] the best in doing research on the History of the Yuan Dynasty and History of the Ming Dynasty.

20. I wrote my father a letter to report that I was taking five courses in all at school.

21. For a while he wrote editorials for the newspaper advocating local autonomy for that area.

22. Whether a place can govern itself depends on whether the people there can govern themselves.

23. In evaluating [lit. looking at] people, don't just look at the exterior.

24. I feel that the climate here is no good, so for the past two years I've been thinking continuously of going elsewhere.

25. That country is a republic on the surface.

26. Since the Han Dynasty the Chinese people have also been called the Han people.

27. Because that foreigner was born and brought up in China, if [only] he sees a Chinese, it is like seeing a relative.

28. All right, all right. Don't scold him any more. He knows he's wrong already.

29. Doesn't the table of contents of the People's Handbook have an incorrect character in the third column [reading] from the right?

30. Are 'citizens' simply 'people'?

31. This isn't (just) my own personal view. It's everyone's opinion.

32. Three years ago he went abroad. Since he went abroad, he hasn't written to me.

33. If you yourself aren't boastful, naturally no one would say you are.

34. The Han Dynasty comprised Former Han and Later Han. Former Han is also called Western Han, and Later Han is also called Eastern Han. The History of the Han Dynasty includes The History of the Former Han and The History of the Later Han.

35. Within this week you must by all means go to the Dalai Store to see [that] Manager Zuo.

Lesson 46

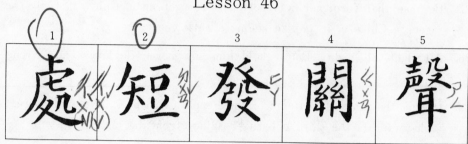

1. 處 chù*   (1) place, locality; (2) (verb suffix used to form related noun expressions)

2. 短 duǎn   short

3. 發 fā   (1) send out; (2) develop, become

4. 關 guān   (1) to shut, close; (2) shut, closed; (3) a mountain pass; (4) a customs barrier; (5) (a surname)

5. 聲 shēng*   (1) sound, noise; (2) tone (of a syllable)

6. 同 tóng   (1) same, identical; (2) with, together, and (central and southern dialect equivalent of 跟 gēn)

7. 於 yú*   (1) at, in; (2) with regard to

8. 越 yuè*   (1) exceed; (2) (name of an ancient state in southeast China)

9. 注 zhù*   to notice, pay attention to

10. 正 zhèng*   (1) regular, orthodox, correct; (2) exactly, just (on the point of)

11. 大 dà   greatly, very

12. 論 lùn   per, by (as in 'by the month')

Special Combinations

1. 不同   bùtóng   (1) not the same, different; (2) difference

2. 長處   chángchu   (1) advantage, benefit; (2) good point

head of bureau (處長)

3. 長工   chánggōng   (1) long-term work, year-round work; (2) long-term hired hand

4. 出口處   chūkǒuchù   exit (N)

老實 honest

5. 到處   dàochu   everywhere

6. 短處   duǎnchu   disadvantage, defect, shortcoming

7. 短工   duǎngōng   (1) short-term work, temporary job, odd job; (2) temporary worker

8. 對於   duìyu   regarding, concerning, with respect to, as to

9. 發明   fāming   (1) invent; (2) invention

10. 發明家   fāmingjiā   inventor

11. 發生   fāshēng   (1) arise, come to pass, break out, come forth; (2) produce, bring forth   *Occurance*

12. 發現   fāxiàn   (1) discover; (2) appear; (3) discovery, appearance

13. 發音   fāyîn   (1) to pronounce; (2) pronunciation

14. 關門   guān mén   shut a door

15. 關心   guānxîn   be concerned

16. 關於   guānyu   regarding, concerning, with respect to, as to

17. 海關   hǎiguān   (maritime) customs, custom house

18. 好處   hǎochu   (1) advantage, benefit; (2) good point

19. 機關   jîguān   organ, device, government organ(ization)

20. 簡編   jiǎnbiān*   concise compilation, sketch (often used in book titles, always at the end)

21. 簡明   jiǎnmíng*   brief, concise (often used in book titles, always at the beginning)

22. 難處   nánchu   difficulty

23. 聲音   shēngyin   sound (N)

24.	四聲	sìshēng	the four tones
25.	同時	tóngshí	at the same time, concurrently, meanwhile
26.	同事	tóngshì	(1) do the same kind of work; (2) co-worker, colleague
27.	同姓	tóngxìng	have the same surname
28.	同學	tóngxué	(1) attend the same school; (2) schoolmate
29.	同樣	tóngyàng	of the same kind, alike, similar, equal
30.	同意	tóngyì	be of the same opinion, agree
31.	想到	xiǎngdào	think of, bring to mind
32.	想不到	xiǎngbudào	(1) unable to think of, unable to anticipate; (2) unexpected
33.	用處	yòngchu	use (N)
34.	越…越…	yuè…yuè…	the more…the more…
35.	越來越	yuèláiyuè	more and more (followed by a verb)
36.	真正	zhēnzhèng	real, genuine
37.	正好	zhèng hǎo	be just right
38.	正要	zhèng yào	be just about to, be just hoping to
39.	正在	zhèng zài	just as, during, on the point of
40.	注意	zhùyì	take notice, pay attention to, mind

Exercise 1. Practice in Reading Titles of Publications

Here are a few more actual publications the titles of which are limited to the characters we have studied so far. Translate into English.

1. 談談漢字學
2. 科學畫報
3. 談四聲
4. 民間文學
5. 談學習方法
6. 漢語語法
7. 英語學習手冊

8. 簡明國語文法
9. 漢語中的外來語
10. 簡明中國思想史
11. 中山大學學報
12. 關於中國文字的幾個問題
13. 漢語語法問題研究
14. 關於文學的語言問題

Exercise 2. Illustrative Sentences (Chinese)

1. 初級漢語課本每一課都有發音練習.

2. 王文覺雖然作的是長工, 可是他的工錢還是論鐘點計算.

3. 簡明漢語語法和近代中文文法簡編內容有甚麼不同?

4. 最好跟同學們一塊兒去有意思.

5. 關先生, 你來得正好. 我正要給你打電話呢.

6. 左先生當歷史研究所所長的時候, 叫我跟着他在研究所一塊兒作事.

7. 他中國話説得不錯. 就是發音不大好. 有的字音不正.

8. 我覺得學歷史跟學政治學同樣地有意思.

9. 你給我的那本書正是我要買的.

10. 剛才來了一個電話找你.

11. 這個句子你們大家跟着我多念幾次.

12. 念漢文不太難. 寫漢字比較難.

13. 他的長處很多. 我還没發現他有甚麼短處.

14. 我在中山公園到處找他,都没找着. 後來在公園大門的出口處看見他了.

15. 我和老王同時在旅館做工, 都是短工.

16. 我有一本簡明元史、一本簡明明史. 這兩本書我越看越喜歡看.

17. 他姓張, 他有一個朋友也姓張. 他們都在海關做事, 他們又是同姓又是同事.

18. 王力寫的書, 多數是關於語法的.

19. 他對於中華人民共和國的事歷來都很注意.

20. 自從發明家發明飛機以來，旅行就
更方便了.

inventor (下 發明家)
convenient (下 方便)

21. 我現在正研究漢書. 前漢書已經看
完了，從明天起就要看後漢書了.

22. 人民覺着高縣長提出來的意見對人
民沒甚麼好處，所以大家都不同意.

23. 學校為畢業生今天開一個會. 來的
人數想不到有這麼多.

24. 有一個中東國家的國王正在遠東旅
行. 他說他最早要在三個月後才回
國.

25. 國民政府有內政部，我們在人民手
冊上看人民政府沒有內政部.

26. 我很關心毛先生、毛太太他們要離
婚的事. 雖然有人給他們說和，不
知道他們已經和好了沒有.

reconcile (下 說和)

27. 這裏政府機關的人越來越多了.

28. 學國語要懂得四聲. 你說「一頭牛」的「頭」字是第幾聲?「一所房」子的「所」字是第幾聲?

29. 姐姐叫我代他到書店去買紙. 我到了書店, 書店已經關門了.

30. 外邊是甚麼聲音? 是不是發生了甚麼事?

31. 原子能的用處很多, 可是要用原子能也有很多難處.

32. 我的自行車是馬先生給我買的. 現在馬先生不在這裏了. 我看見自行車就想到馬先生了.

33. 「漢代」的意思就是「漢朝」.

34. 明天開會, 你說你有別的事不能來. 你是真正有事, 還是故意不來呢?

35. 你說東漢在前還是西漢在前呢? … 當然是西漢在前, 因為西漢也叫前漢.

Exercise 3. Excerpts from Actual Publications

The following excerpts are taken from two celebrated literary productions, both by Lǔ Xùn (Lü Hsün), perhaps the most influential Chinese writer of modern times. Excerpts 1-8 are from his Story of Ah Q, and 9-15 from Diary of a Madman.

1. 我不知道…他姓甚麼. … 我又不知道…他的名字是怎麼寫的. … 他…没有家. … 只給人家做短工,… 他也或住在…主人的家裏.

2. 他有一種不知從那裏來的意見.

3. 這幾日裏頭,進城的只有一個…人.

4. 他…不知道怎麼説才好. …「我本來要來」.

5. 「那麼, 為甚麼不來的呢?」老頭子和氣的問. …「他們…走到那裏去了呢?…」老頭更和氣了.

6. 「我不知道」.

7. 老頭和氣的問 …「你還有甚麼話説呢?」

8.「没有.」

9. 他們會吃人，就…會吃我.

10. 我也是人，他們想要吃我了！

11. 那老頭…也…是吃人的人.

12. 來了一個人…不過二十左右. … 我便問他:「吃人的事, 對麼?」他…説:「怎麼會吃人？」… 他也是…喜歡吃人的.

13. 吃人的人…會吃我，也會吃你.

14. 吃人的人…一種是以為…應該吃的，一種是知道不應該吃.

15. 没有吃過人的孩子，或者還有？

Exercise 4. Dialogues

1. 關：紀先生，你好？
   紀：好. 關太太，你好？
   關：我好. 紀太太病怎麼樣了？

紀：現在好點兒了,可是還没力氣.

關：我這幾天事太多. 雖然没去看
　　紀太太,可是我很關心他的病.

紀：你對他太好了. 他從來不大生
5　　病.他這次想不到病了這麼久.

②中國人：為甚麼外國人多數學北方
　　　　　話呢？

外國人：關於這個問題, 一來多數
　　　　　中國人都説北方話. 北方
5　　　　話是國語. 同時還有, 白
　　　　　話文的東西都是用北方話
　　　　　寫的. 二來北方話比較容
　　　　　易學, 因為每一個字只有
　　　　　四聲.為了這些原故,所以
10　　　　多數外國人都學北方話.

中國人：我明白了. 你覺得中文難
　　　　　不難？

外國人：開始學不大容易. 後來越

學越有興趣，就不覺着難
了．

3. 張：你上那兒去？

方：我父親的一個同事到這兒來了，
所以必得去看看他．

張：你父親的朋友到這兒來作甚麼？

5 方：他到這兒的海關作事．

④馬：萬太太，萬先生現在還是在政
府機關作事嗎？

萬：沒有．他現在在中國旅行社作
事呢，因為旅行社的田經理是

5 他的老同學，一定叫他去．

馬：正好．我正在打算問問中國旅
行社，可以不可以代客人在別
的地方定旅館？

萬：對於這些我不知道．等我問問

10 我們萬先生我給你打電話．誰
要出門兒？

馬： 我們<u>馬</u>先生最近要到漢口去.

5. 中國人： 你學中國話開始是怎麼學
　　　　　的？

　外國人： 先練習發音, 然後學會話.

　中國人： 你覺得發音很難嗎？

5 外國人： 是. 發音跟說話同樣的難.

　中國人： 難處在那兒？

　外國人： 因為說英文跟說中國話發
　　　　　音方法完全不同， 所以發
　　　　　音是外國人說中國話最大
10　　　　的難處.

6. 毛： 你知道電話是那位發明家發明
　　　的？

　文： 我知道. 是從前一位美國人發
　　　明的.

5 毛： 電話從發明到現在已經有多少
　　　年了？

　文： 已經有九十年左右了. 電話對

我們很有用處.

毛: 是的.

7. 馬: 這兒工人的工錢貴不貴?

田: 你問的是長工還是短工?

馬: 長工跟短工有甚麼不同?

田: 長工的工錢是論月算. 短工的
5   工錢是論天算, 或者是論小時
算.

8. 萬: 前天我看見張小姐了.

邊: 你在那兒看見他?

萬: 我上火車站去,我正往裏走着,
張小姐從出口處出來了. 好看
5   極了. 越長越好看. 要不是他
叫我,簡直的我就不認識他了.

邊: 就是他一個人嗎?

萬: 這個我沒注意. 因為火車鐘點
兒到了, 我得上火車.

9. 路： 簡太太，你怎麼自己去買東西
　　呢？用人呢？

　　簡： 別提了．我叫他走了．

　　路： 為甚麼呢？

5　簡： 我發現他有很多短處．

　　路： 他在你那兒作了很久了．雖然
　　　　有短處，可是也有他的長處．

　　簡： 好處當然也有了，可是近來發
　　　　生這樣事，他不但事不好好兒
10　　　地作．要是我不在家的時候，
　　　　他打我那個最小的孩子．

　　路： 你對他那麼好，他可真不應該
　　　　那樣．外表上看起來他很和氣
　　　　的．真沒想到他是這麼一個人．

10. 連： 王子政，你來得正好．我正要
　　　　找你去呢．

　　王： 有甚麼事嗎？

　　連： 後天我們大家一塊兒去旅行好

不好？

王：好極了. 最好人數多一點兒，
　　有意思.

連：我想毛奇、張小姐、白小姐他
5　　們一定去的.

王：我們上那兒去呢？

連：這幾天正是旅行的時候，而且
　　後天又是紀念日，人一定到處
　　都很多.

10王：這麼着，我們上南山，因為那
　　兒路很遠，没有很多人去.

連：好，我同意.

11. 高：馬先生，我想買兩本書. 請問
　　你到那個書店去買？

馬：你要買甚麼書？

高：我要買一本中國歷史簡編跟簡
5　　明英語會話.

馬：這兩本書很容易買. 隨便那個

書店都有.

12. 毛： 你聽一聽外頭甚麼聲音？

簡： 我没聽見.

毛： 你注意聽.

簡： 好像飛機飛的聲音. 你聽. 現
5 在聲音很大. 越來越近.

13. 王： 在美國的中國飯館兒是真正的
中國飯嗎？

畢： 不一定. 有的是中國飯，有的
不是. 開飯館兒的有兩種看法.
5 有的人認為在美國的飯館兒多
數是美國人吃，外表跟吃的應
該有點兒美國的樣子. 也有人
想中國飯館兒，外表上跟吃的
都應該完全是中國樣子.

14. 張： 昨天跟你在一塊兒走路的那個
人是誰？

王：他也姓王．是王大文．

張：他跟你同姓．跟你不是一家嗎？

王：不是．他是河北人，我是湖南
　　　人．

15. 姐姐：誰没關門？

　　妹妹：弟弟．

　　姐姐：弟弟怎麼不關門呢？

　　妹妹：他不是故意不關門．是因為
　5　　　　他手裏拿的東西太多了．

Exercise 5. Narratives

1. 中國在公元一八九八年，在河南省
　的地下發現了古時候的文字．這些
　文字是在公元前一千七百多年的時
　代用的，離現在有三千多年了．自
　5從發現這些文字以後，對於考古和
　研究上古的歷史都有很大的用處．

2. <u>王文治</u>從前是我的同學，現在是我
的同事．他對我太好了．我們在一
塊兒念大學的時候，我因為沒有錢，
本來打算不念．他特別給我想法子，
⁵我才能念大學．後來他叫我跟着他
在一個機關裏作事．他在這個機關
裏的地位比較高，可是他一點兒也
不自大．他很關心我，時常問我家
裏生活有難處嗎？要是有甚麼難處，
¹⁰叫我隨時對他說．有時候他親自找
我到他家裏吃便飯，隨便談天．所
以我不論在甚麼時候都忘不了他對
我的好處．

③中國在中古時期東漢時代，有一個
人發明做紙的法子．那時候正是公
元後一百年左右．除了中國以外，
別的國家還都不知道做紙的法子．
⁵後來過了幾百年，別的國家才知道

中國做紙的法子.

4. 從前我在海關作事的時候，不會用
計算機，每次計算數目時常有錯.
後來我用心學習，天天試驗，慢慢地
就沒有錯了. 現在我用計算機已經
5 用了三年了，算是很有經驗了. 不論
數目字有多大計算結果不會錯的.

5. 我家的用人走了. 我打算再找一個
用人. 因為近來作用人的人很少，
所以我到處去找，也沒找着. 今天
找着了一個人. 看他的外表，好像
5 很能作事，我很想用他. 可是他說
他只能作短工，不能作長工. 我想
他作短工也行，試用幾天再說. 我
就叫他在我家作事. 做了幾天以後，
我覺得他有很多長處，沒有甚麼短
10 處. 我就想叫他長久在這裏作. 他
說他有一個條件，他希望多給他點

兒工錢. 我問他希望要多少錢. 他
說他不好意思說錢數，他叫我說.
後來我說的錢數，他同意了. 他就
在我這裏作長工了.

6. 高有聲先生、高太太結婚以後要到
英國去旅行.高先生以前去過英國，
認識一個英國朋友，是研究中國語
文的. 漢語、漢文都很好. 前幾天
5 這個英國朋友給高先生來信說，歡
迎高先生、高太太住在他的家裏.
他在信裏說，他家在城外，離城不
到五公里，來往有公路，很方便.
他家門前就是公園.他的房子很大，
10 除了他自已一個人，没有別人. 他
又在信裏說，他正在研究四書和練
習寫漢字. 他說四書上有句話意思
是，有朋友從遠的地方來，那不是
很高興的事嗎？他說四書上這句話，

好像是為他説的.

7. 中國語文每一個字的聲音還可以分
做四種不同的聲音. 這就叫做四聲.
四聲有第一聲、第二聲、第三聲、
第四聲. 學習發音的時候要特別注
5 意. 如果把四聲説錯了, 就要發生
兩個問題. 第一個問題是, 意思完
全錯了. 比方説「紀念」這兩個字
本來都是第四聲. 如果把「紀」字
念了第三聲,「念」字念了第二聲,
10 那就是「幾年」兩個字了.「紀念」
和「幾年」的意思當然不同了. 第
二個問題是, 別人聽不懂你説的是
甚麼. 所以學習中國語文要特別注
意四聲.

8. 有幾個美國人同時開始學中國話.
他們念的書也都是同樣的課本. 一
年以後這幾個人裏, 學得最好的要

算白先生了. 大家很奇怪, 為甚麼
大家同時學習的他怎麼説得那麼好
呢? 這是甚麼原故呢? 他們問白先
生, 白先生説:"這個原故很簡單.
5 別人學習的時期只是知道注意念課
本. 我除了注意念課本, 還注意課
外練習. 不論在甚麼地方, 甚麼時
候, 要是有説中國話的機會我就説
中國話. 所以不知不覺地就會多説
10 幾句了."

9. 我在火車站的出口處看見高先生了.
我問他能在這裏住幾天. 他説他早
就買了明天的飛機票, 可是這兩天
的天氣不大好, 明天能不能走要看
5 天氣怎麼樣了. 我告訴他, 剛才我
看過報紙上的天氣報告, 明天的天
氣還是不很好. 高先生説:"那就正
好了. 我正要在這裏多住幾天呢."

10. 有一個大學裏有兩位張先生. 一位
是研究自然科學的, 發明過幾種東
西, 大家都叫他發明家. 一位是數
學家, 現在教數學. 這兩位張先生
因為同姓, 所以有時候有人來找,
或者是來電話, 時常找錯了人. 有
一天來了一個電話找張先生, 也没
說是甚麼名字, 只說是張先生, 是
在大學教書. 這兩位張先生只好都
去聽電話, 結果都不是找他們的.
後來有人想到前天剛來的有一位教
史學的史學家也姓張, 就請這位張
先生去聽電話. 正好是找這位張先
生的. 有人說這個大學裏姓張的越
來越多了. 有一個姓張的說:"我們
同姓的越多越好."

11. 畢先生:
前天你叫我到圖書館去借書, 我

當天就去了. 因為我的自行車有了
毛病, 所以我走路去的. 走到圖書
館的時候, 圖書館已經關門了, 没
法子. 我只好等到第二天早上又去.
5 第二天是紀念日, 圖書館不開門.
今天我又去了, 可是你要借的那本
書想不到別人早就借去了. 現在我
把我去借書的經過, 報告給你. 對
不起我没把書借來. 問
10 好!   錢東白上 十月九日

12. 昨天我看見了一本書, 寫的是關於
地方自治的問題. 書裏的大意是説,
近來大部分人主張地方自治而且有
的地方已經實行了. 可是那是不是
5 真正的地方自治呢? 是不是只是在
外表上是地方自治呢? 書裏説, 真
正的地方自治是有條件的, 這個條
件是先要人人都要能够自治, 然後

才能做到地方自治.

13. 中國有一個歷史故事說，有一個漢
人在小的時候就到了外國．他在外
國長大，學了外國話，忘了自己是
漢人．後來他用外國話說漢人種種
5 地方都不好.

14. <u>中國古代歷史簡編</u>是從遠古寫到近
古． 這本書的特點是內容簡明用少
數的字寫很多的事．看這本書的人
可以用比較短的時間知道中國歷代
5 的大事.

15. 有一個人很久沒有工作了．他到處
去找工作.他說："如果有人用我，關
於我的工錢，不論論月，論天，或者
是論鐘點，都可以." 有人告訴他：
5 "你很久找不着工作,是不是因為能
力的問題？不一定是工錢的問題."

16. 張先生歷來不大喜歡看電影，可是
他兒子最喜歡看電影．有一次對他
兒子說："你應該好好兒的念書，不
能老看電影．以後每月只能看一次．"
5 有一天這個孩子跟着他父親，在一
個晚會裏看了電影．他父親說："今
天你已經看了電影，這個月可不能
再看了．"這個孩子說："那是在晚會
裏看的電影，不算，必得在電影院裏
10 買票看的電影才算呢．"他父親說：
"怎麼着？你已經看過了．難道這
個月你還要看嗎?"兒子說當然還要
看，和父親說了半天，也不行．結
果還是他母親說："算了，算了！這
15 麼着得了．要是那個電影院演好電
影的時候，這個月還是叫他看一次
得了．"

17. 我小的時候家裏有一個老用人老張．

歲數很大了. 他生長在山東, 所以
他說的都是山東話. 因為年紀太老
了, 也作不了很多的事. 他有個長
處. 會說故事. 雖然他連一個字都
5 不認識, 可是他能說歷史故事, 他
說的故事有現在的也有太古的. 對
於民間故事他也會說. 他很有意思.
如果他自己喜歡說了, 他越說越高
興. 人家不聽他說故事他就很生氣.
10 要是我們叫他說故事, 他一定有條
件. 不是跟我們要吃的東西, 就是
叫我們代他作事, 而且還要我們和
母親說明. 他的意思是, 要是我們
告訴了母親, 他就可以不作事了.
15 你說這個老頭兒有意思嗎?

18. 張先生近年以來常常生病. 看了很
多大夫, 老治不好. 他的同學和朋
友都告訴他, 他病的原因一定是這

裏氣候不好，要是他到別的地方住
些日子自然會好的. 張先生聽了同
學、朋友的話，就到很遠的地方一
個小山上去住. 不到三個月的時間，
他的病完全好了.

Exercise 6. Illustrative Sentences (English)

1. Each lesson in Beginning Chinese has a pronunciation drill.

2. Although Wang Wenjue has a permanent job, his wages are still figured by the hour.

3. What's the difference in contents between Concise Grammar of Chinese and Sketch of Modern Chinese Grammar?

4. It would be most fun to go together with our fellow students.

5. Mr. Guan, you came at just the right time. I was just about to phone you.

6. When Mr. Zuo became head of the Historical Research Institute, he invited me to [follow and] work with him at the Institute.

7. He speaks Chinese pretty well. It's just that his pronunciation isn't very good. The pronunciation of some words isn't correct.

8. I think that [studying] history and political science are equally interesting.

9. That book you gave me is [precisely] one that I was planning to buy.

10. Just a moment ago there was a phone call for you.

11. [You all] read this sentence aloud with me a few more times.

12. Reading Chinese isn't too hard. Writing Chinese characters is difficult.

13. He has a lot of good points, and I still haven't discovered that he has any shortcomings.

14. I looked everywhere in Sun Yatsen Park for him but couldn't find him anywhere. Later I saw him at the main exit of the park.

15. Wang and I worked at the hotel at the same time. It was all short-term work.

16. I have a Concise History of the Yuan Dynasty and a Concise History of the Ming Dynasty. The more I read these books, the more I enjoy reading them.

17. His surname is Zhang, and he has a friend also named Zhang. They both work in the customs office. They have the same surname and work together.

18. The books written by Wang Li are chiefly concerned with grammar.

19. He has always paid a great deal of attention to [matters of] the Chinese People's Republic.

20. Since the airplane was invented [by inventors], travel has became even more convenient.

21. I'm doing research in the History of the Han Dynasty right now. I've already finished reading the History of the Former Han Dynasty, and beginning tomorrow I'll read the History of the Later Han Dynasty.

22. The people feel that the views advanced by District Magistrate Gao have no particular advantages for them, so no one agrees (with him).

23. The school held a meeting for graduates today. It was not expected that the number of people coming would be so great.

24. There's a middle-eastern king traveling in the Far East right now. He says he will return to his own country after three months at the earliest.

25. The Nationalist Government has an Interior Ministry. We can see from the People's Handbook that the People's Government doesn't have an Interior Ministry.

26. We're concerned about [the matter of] Mr. and Mrs. Mao's wanting to get a divorce. Although some people here mediated for them, I don't know whether they've become reconciled or not.

27. The people in the [organs of] government here are becoming more and more numerous.

28. In studying the National Language, we must know the four tones. Tell
    me, what tone does the character <u>tóu</u> in 'an ox' have? What tone
    does the character <u>suǒ</u> in 'a house' have?

29. My elder sister asked me to go the bookstore to buy some paper for her.
    When I got to the bookstore, they had already closed up.

30. What's the noise outside? Has something happened?

31. Atomic energy has many uses, but there are also many difficulties in-
    volved in the use of atomic energy.

32. My bicycle was bought for me by Mr. Ma. Now Mr. Ma is no longer here.
    When I see the bicycle, I think of Mr. Ma.

33. The meaning of "Han Period" is simply "Han Dynasty."

34. There's a meeting tomorrow, and you say you have other things to do and
    can't come. Do you really have something else to do, or are you in-
    tentionally not coming?

35. Tell me, which was first [lit. front] Eastern Han or Western Han? ···
    Western Han, of course, because Western Han is also called Former
    Han.

Lesson 47

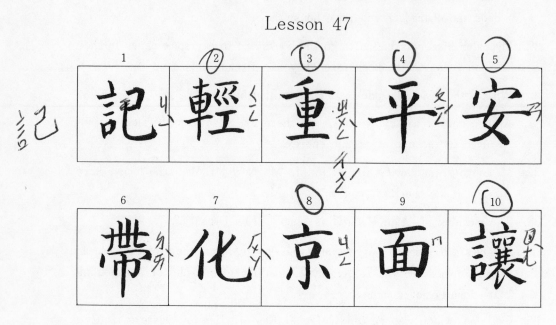

1. 記 jì   (1) to record; (2) keep in mind*

2. 輕 qīng   light (in weight)

3. 重 zhòng   (1) heavy; (2) weighty, serious*

4. 平 píng   (1) level, flat; (2) fair

5. 安 ān*   (1) peaceful; (2) (a surname) *tranquility*

6. 帶 dài   (1) to carry with one, take along; (2) zone, belt*

7. 化 huà   (1) transform; (2) chemistry*; (3) -fy, -ize, -ization

8. 京 jīng*   capital (of a country)

9. 面 miàn*   (1) surface; (2) face (literal and figurative)

10. 讓 ràng   (1) allow, let; (2) make, cause to (do something)

11. 都 dū*   capital (of a country)

12. 所 suǒ   (see note after Who's Who and What's What)

13. 要 yào*   important

14. 一 yī   the whole (before noun or measure)

Special Combinations

1.	表面	biǎomiàn	(1) surface; (2) on the surface, superficially
2.	表面上	biǎomiànshang	on the surface, superficially
3.	對面	duìmiàn	opposite
4.	方面	fāngmiàn	side, aspect
5.	公平	gōngpíng	fair, just
6.	國都	guódū	capital (of a country)
7.	化學	huàxué	chemistry
8.	記得	jìde	remember
9.	記號	jìhao	a sign, mark, identifying label
10.	記下來	jìxialai	jot down, note (RV)
11.	記住	jìzhu	fix in mind, remember (RV)
12.	見面	jiàn miàn	see face to face, pay a visit, meet a person
13.	開化	kāihuà	be civilized, become civilized
14.	面子	miànzi	"face," prestige, influence
15.	平安	píng'ān	peaceful, safe
16.	平常	píngcháng	ordinary, common
17.	平等	píngděng	be equal
18.	平民	píngmín	common people
19.	平原	píngyuán	a plain
20.	輕工業	qīng qōngyè	light industry
21.	輕看	qīngkàn	look down upon
22.	輕聲	qīngshēng	neutral tone
23.	日記	rìjì	diary
24.	水平準	shuǐpíng	standard, level (abstract noun)
25.	提高	tígāo	elevate, raise (standards, prices)
26.	忘記	wàngjì*	forget (written and non-Pekingese styles)
27.	文化	wénhuà	culture, civilization

28. 下去   -xiàqu   verb suffix meaning: (1) down; (2) continue
                         (after shuō 'say,' xiě 'write,' etc.)

29. 要人   yàoren   important personage

30. 一帶   yídài   (1) a region; (2) the region of (following a
                         reference to an area)

31. 一帶地方   yídài dìfang   (1) a region; (2) the region of (following a
                         reference to an area)

32. 一方面   yìfāngmiàn   one side (often in pairs: 'on the one hand···on
                         the other hand')

33. 一面   yímiàn   one side (often in pairs: 'on the one hand···on
                         the other hand')

34. 一路平安   yílù píng'ān   (1) be safe the whole way; (2) Bon Voyage!

35. 有面子   yǒu miànzi   have "face," have influence

36. 重工業   zhòng gōngyè   heavy industry

37. 重要   zhòngyào   (1) important; (2) importance

38. 主要   zhǔyào   essential, of essential importance, main, chief

39. 主要(的)是   zhǔyào(de) shi   (1) the main thing is (that); (2) chiefly

40. 注重   zhùzhòng   emphasize, attach importance to

沒面子

Who's Who and What's What

Match the following terms against the Chinese expressions in exercise 1. (The
conventional transcription is given for some names for which such a tran-
scription has been long established.)

a. National Phonetic Alphabet. Another name for 國音字母 Guóyīn Zìmǔ
   (The name literally means 'alphabet for noting sounds.')

b. Nanking, capital of the Ming Dynasty (1368-1644) and the Republic of China
   (1928-1948)

c. China Times. Chinese newspaper published in New York City

d. Peking, capital of the Ch'ing Dynasty (1644-1911), of the Republic of China
   (1912-1927), and of the People's Republic of China (since 1949)

e. Shanhaikuan. Name of an important boundary pass between Hopei Province
   and Manchuria at the eastern end of the Great Wall where the mountains
   meet the sea

f. Peihai Park. A well-known and extremely popular park in the northwest
   section of Peking which contains a charming lake, from which, with con-
   siderable exaggeration, the name is derived

g. Peihai. Abbreviated name for Peihai Park

h. Peking University. China's most famous university, established in 1912
   (with antecedents going back even earlier)

i. Peita. Abbreviated name for Peking University

j. Young China. Chinese newspaper published in San Francisco.

k. Historical Records. A the second century B.C. which records the history
   of China from the beginning up to that time.

l. Heavenly Mountains. Name of an important mountain range located in
   Sinkiang (Chinese Central Asia).

m. Eastern Capital. In various periods of Chinese history, and also in Japan
   and Vietnam (both of which have made use of Chinese characters), there
   have been cities which have been given the name of "Eastern Capital."
   Note that the characters are pronounced Dōngjīng in Chinese, Tōkyō in
   Japanese, and Tonkin in Vietnamese.

n. Vietnam

o. Ministry of Heavy Industry (in the People's Republic of China)

p. Ministry of Light Industry (in the People's Republic of China)

q. Peiping. Name used for Peking by the Republic of China

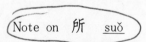

Note on 所 suǒ

A common feature in the written style is the use of suǒ before a verb in
a modifying clause. The basic pattern in which it occurs is N1 suǒ V de N2
'the N2 which is V'd by N1.' The modified noun (N2) is often omitted. Some-
times there is no N1, and the verb is instransitive rather than passive. Often
suǒ in the modifying clause is paired with a dōu 'all' before the main verb.
Study the following examples carefully:

1. 他所提出的意見我不同意.
   I do not agree with the opinions expressed by him.

2. 他所説的跟他所作的不一樣.

What he says and what he does are not the same.

3. 這些東西也是中國人所發明的.

These things were also invented by the Chinese.

4. 那個時候所發生的一個大問題是人口問題.

A big problem that arose at that time was the population problem.

5. 他所編寫的書都是關於東方文化的.

All the books compiled by him are concerned with Oriental culture.

6. 念他寫的書所能得到的只是文法一方面的.

What can be gotten from reading his book is merely (same knowledge of) grammar.

Exercise 1. Practice in Identifying Proper Nouns

Place in parentheses the letter of the term in Who's Who and What's What which corresponds to each of the Chinese items below.

1. (   ) 北海公園   10. (   ) 北京大學
2. (   ) 中國時報   11. (   ) 史記
3. (   ) 北京   12. (   ) 南京
4. (   ) 山海關   13. (   ) 注音字母
5. (   ) 東京   14. (   ) 重工業部
6. (   ) 少年中國   15. (   ) 越南
7. (   ) 北海   16. (   ) 北大
8. (   ) 輕工業部   17. (   ) 北平
9. (   ) 天山

Exercise 2. Illustrative Sentences (Chinese)

1. 我的中文課本不見了. 或者讓別人給拿錯了.

2. 你學中國話是從那兒學起的？

3. 我昨天一天沒作別的，就念化學了.

4. 北京那一帶地方都是平原.

5. 他們認為只有重工業重要.

6. 他們用人主要注重中文一方面的人才.

7. 他們認為主要的是提高生活水平.

8. 他用你不但是安先生的面子，也有一些是因為你自已有本事.

9. 中國時報是在美國東部出版的. 少年中國是在西部出版的.

10. 日本人所用的文字是中國人所發明的.

11. 這是我們作父母的不能不關心的事.

12. 你把化學試驗的結果記下來了沒有？

13. 我在他後邊叫了他半天，他也沒回過頭來看看.

14. 北部的平原比較高些.

15. 越南從前的文化也是從中國學去的.

16. 我今天寫日記才寫三行就有人來了,
    所以我没往下寫.

17. 北京大學跟北海公園那一帶有幾個
    小飯館兒, 都是北大的學生去吃.

18. 那個時候國民政府的國都在南京,
    所以國民政府把北京叫作北平.

19. 這本書你寫得真快. 要是這樣寫下
    去, 最晚三個月你就能寫完了.

20. 他表面上對我很客氣, 心裏頭對我
    怎麼樣我就不知道了.

21. 請你到書店給我買一本從山海關到
    天山, 行不行?

22. 這裏平民平常的生活怎麼樣?

23. 他是要人, 很有面子. 誰能輕看他
    呢!

24. 日本有一個東京, 越南也有一個東京. 日本的東京是國都, 越南的東京不是國都.

25. 「一生」的「一」和「一路平安」的「一」都是「從開始到最後」的意思.

26. 國家跟國家要平等, 這個學說是甚麼時候開始的?

27. 你跟他好久不見面了. 你不應該一見面就說他.

28. 學國語不要忘記了輕聲.

29. 輕工業部說輕工業重要. 重工業部說重工業重要. 我說都重要.

30. 注音字母是聲音的記號. 要是不時常練習不容易記住.

31. 我記得那個時候那個地方還沒開化, 也不平安.

32. 史記是有名的歷史書, 也是很好的
    文學書.

33. 一面叫工人做工, 一面不給工人工
    錢, 這事公平嗎?

34. 我們對門住的那位小姐表面看不過
    十七八歲,可是事實上三十左右了.

35. 我到處買紅紙買不着, 後來在北海
    號買着了.

Exercise 3. Excerpts from Actual Publications

The following excerpts are taken from Sun Yatsen's Three People's Prin-
ciples. (See lesson 42, exercise 4 for other excerpts.)

① 外國現在最重要的東西都是中國從
    前發明的.

2. 如果中國要學外國的長處,… 便應
    該…用「電力」.

③ 日本從前的文化是從中國學去的.

④ 有文字的歷史, 在中國…不過五六
    千年.

5. 甚麼是叫做平等呢？平等是從那裏來的呢？

6. 我們…要人民在政治上的地位平等.

7. 同時地中海的南方有一個大國也是一個共和國.

8. 外國在政治一方面…是怎麼樣呢？

9. 甚麼叫做政治呢？

10. 我們有我們的社會.

11. 有三種人，第一種人叫做先知先覺…第二種人叫做後知後覺…第三種人叫做不知不覺…第一種人是發明家.

12. 外國近百年來所發生的一個大問題…就是社會問題. … 這個問題…發生不過一百幾十年. 為甚麼近代發生這個問題呢？

13. 或者每年可以得一二十元…最多不過得五六十元.

14. 中國人民, 比美國多, 土地比美國大.

15. 可見吃飯問題是很重要的.

Exercise 4. Dialogues

1. 左: 畢同友, 我的化學跟史記簡編
　　還有前天的少年中國、中國時
　　報都不見了.

　畢: 怎麼會不見了呢?

5 左: 昨天下課以後回家的時候忘了
　　帶回去了. 今天早上到學校就
　　找不着了.

　畢: 是不是讓別人拿錯了? 你書上
　　有記號沒有?

10 左: 有. 那兩本書上都有我的名字.
　　報上沒有名字.

2. 紀: 安先生, 你到那兒去了?

　安: 我到第一中學見校長去了.

　紀: 是不是為了你兒子念中學的問
　　題?

安：是的. 我是個做短工的, 没能
力再讓他念書了. 可是我還想
叫他念下去. 一方面是因為我
自己的文化水平不高, 所以希
望孩子們多念一點兒書. 一方
面是為了孩子. 如果文化水平
不够, 將來在工作上也不會有
好的表現.

紀：你説得有道理. 你可真是一個
好父親.

③ 路：你怎麽來晚了?

錢：可不是嗎! 我正要出來的時候,
老安到我那兒去了.

路：老安對你真不錯. 他平常很自
大, 老是輕看別人, 認為他自已
不得了, 有時候跟他説話他不理.

錢：老安這個人你剛跟他見面覺得
他很自大, 可是事實上他對朋

友很關心. 我説的話要是你不
信慢慢兒地你跟他常來往你就
知道了.

④. 關：請問你，學國語是從那兒學起
　　的？

　史：我是從發音學起. 先學注音字
　　母，然後再學四聲. 四聲記住
　　了以後再學語法.

　關：是不是四聲以外還有輕聲？

　史：是的.

　關：輕聲是不是也很重要？

　史：國語裏輕聲很重要.

⑤. 連：田越人，你每天寫不寫日記？

　田：寫. 我父親從我念初小四年級
　　的時候就讓我開始寫日記.

　連：你都寫甚麼？

　田：就是把一天作的事都給記下來.
　　寫日記還有一個好處，能够練

習寫作.

6. 毛：化學工業是輕工業還是重工業?

連：那是輕工業.

毛：輕工業重要還是重工業重要?

連：不是重要不重要的問題. 有的
國家注重輕工業, 有的國家注
重重工業.

7. 方：現在還有沒開化的地方嗎?

白：有. 像這兒最北邊兒那一帶地
方的人, 一直到現在還沒開化
呢.

方：是不是還有很多沒開化的地方?

白：不少. 也有很多半開化的.

8. 萬：華平, 你給馬先生作事呢. 他
對你怎麼樣?

華：表面上對我很客氣. 如果我有
錯兒他也不說我. 事實上怎麼

樣我就不知道了.

萬: 表面上對你好就够了.

華: 我也是這麽想.

9. 馬: <u>張代化</u>從日本給我來信了. 他
已經到東京了. 他在信裏説,
他在一路上把我給他的<u>從山海
關到天山</u>都看完了.

5 錢: 他一路都平安, 是不是 ?

馬: 是的. 他信上寫着一路上很平
安.

錢: 好極了. 要是你給他回信代我
問他好.

10 馬: 好的. 我還忘了呢. 他信上讓
我問你好呢.

10. 王: 你看海邊兒一帶的那<u>些</u>房子多
麽好看.

關: 這裏有錢的人跟要人都在海邊
兒上有房子.

王：那所紅房子真不錯. 是誰的？

關：有人說那是王大夫的. 有人說
　　是越南一個要人的.

王：王大夫也不是要人.

5關：他雖然不是要人，可是有錢呢.

11. 毛：你們兩位來了. 坐甚麼車來的?

文：我們沒坐車. 走路來的.

毛：路這麼遠為甚麼不坐車呢？

文：我們兩個人一面走着，一面談
5　　着，一點兒也不覺着遠.

12. 畢：你見着張院長了嗎？

紀：見着了.

畢：怎麼樣？

紀：張院長説，他在這兒只住三天，
5　　他回到南京就給我往歷史語言
　　研究所介紹. 這都是你的面子.

畢：我沒有那麼大的面子. 主要的
　　是因為你是一個語言學家. 歷

史語言研究所用人注意的是歷
史語言學這方面的人才. 所以
你去正好.

13. 高：我覺得現在社會上太不公平,
太不平等.

文：你從那方面看不公平?

高：你看有錢的吃最好的東西, 没
5   錢的平民連飯都吃不上, 太不
公平, 太不平等. 我希望不久的
將來能把平民的生活水平提高.

14. 田：請問你, 中國有平原没有?

馬：有. 中國有好些平原呢.

田：中國的平原都在那兒?

馬：在華北有大平原. 在東北跟西
5   南也有平原. 可是我記得好像
只有華北的平原最大.

15. 王：你去過北京嗎?

文：我去過. 北京是歷代的國都，
　　是政治中心，也是文化中心.

王：聽說北海公園山水很好看. 你
　　去過了嗎？

5 文：我住的地方就在北海的對面.
　　北海真不錯.

Exercise 5. Narratives

1. 我記得小時候我家住在北平，就是
現在的北京. 有一天我跟着父親去
看飛機表演. 那個時候飛機發明了
還沒有多久，很多人聽說飛機表演
5 都去看. 我們到了飛機表演的地方，
看見一個人上了飛機. 一會兒飛機
就飛起來了. 越飛越高，越飛越遠.
飛了有一個多鐘頭天都黑了才平安
地飛下來. 現在提起來這件事，我
10 還覺着很有意思.

2. 我從念中學的時候起，就寫日記. 把

每天做過的事，和當天發生重要的
事，都記下來．不知不覺已經寫了
二十多年了．這二十年來我的日記
大部分在我的手邊，只有一小部分
5 是在老家．當初我寫日記的時候只
是隨便寫．想不到現在這些日記很
有用處，因為在這二十年裏，國家、
社會正在一個不平常的時期，所以
我的日記裏也記下來了很多不平常
10 的事．還有，有時候我忘記了甚麼
事，或者要寫一點兒關於過去的事，
就得看看我的日記，所以我就想到，
我的日記將來不但是我自己一生的
歷史，也有一些是這個時代的歷史
15 呢．

3. 學習國語除了要注意四聲以外，同
時還要注意輕聲．輕聲就是發音的
時候要輕一點兒，也就是說要把聲

音念的輕一點兒，不要念的太重。
比方説「本事」的「事」字本來是
念第四聲，可是在這裏就不同了，
要念輕聲了。

④. 這裏的中文報紙上説，中國現在很
注重工業。一面注重重工業，一面
注重輕工業。在政府機關裏有重工
業部、輕工業部。他們希望在最短
的期間提高工業水平，能够和西方
國家一樣。

5. <u>關漢生</u>是我從前在北京大學的同學。
從北大畢業以後我們好多年不來往
了。近來他没有工作。前幾天他給
我來信，説到處都找不到工作，聽
説研究院正要用人。他知道研究院
的院長和我不錯，所以讓我給院長
寫介紹信。我回信告訴他："信當然
能寫了可是院長現在是要人，過幾

天就當部長了，我寫信人家或者不
理，我那兒有那麼大的面子呢？"
關漢生為了讓我寫信不是給我打電
話就是給我打電報．没法子．我就
⁵給院長寫了信．没想到我真有面子．
過了没有幾天，研究院的院長給我
來信了，說請關漢生到研究院和他
見面談談．我想見面以後老關的工
作或者没甚麼問題．

6. 馬先生住的地方離西東大學遠東學
院不遠．有一天我去看他．他說："這
幾天我没事，只好關門看書．我正
在看史記．你來得正好，我們談談
⁵天."我問他近來有甚麼寫作．他說
近來中國時報和少年中國時常有他
的寫作．他正想寫一本中國文化簡
編．後來我剛一提到旅行，他就說
他最喜歡旅行，前幾年他去過兩個

東京. 我說："日本的國都是東京,
別的地方那裏還有一個東京呢?"他
說："越南也有東京. 你不知道嗎?"
他又說："旅行最有意思, 特別是在
5 中國北部. 我去過東北, 路過山海
關. 又去過西北, 看見了有名的天
山. 我是先去北京的. 北京城裏有
一個北海, 也就是北海公園, 山水
好看極了."他還說："我雖然沒去過
10 中部, 可是到過南京. 南京一帶有
很多…"他越說越多, 越來越高興,
好像是對我演說. 我對他說："對不
起, 我想起來了, 我還有別的事,
馬上必得走, 下次再談好不好?"他
15 說："我很歡迎你來. 下次你來我還
和你談旅行. 今天你走了, 我還是
關門看<u>史記</u>."

7. 今天是星期天, 没有事. 本來打算

去拜訪拜訪朋友. 想一想或者人家
不在家, 所以就到平安電影院看電
影. 今天演的是中國歷史故事, 是
全部的三國故事. 電影很長, 演了
5 三個鐘頭以上. 電影很好看, 演員
演得十分好. 我本來對電影没多大
興趣, 可是這個電影我還想看一次.
剛一出來, 在出口處看見王先生全
家了. 他們一家人也看電影來了. 王
10 先生説本來他們看過了, 可是孩子
們一定還要看一次, 所以又看一次.
我正和王先生説着話呢, 又看見張
小姐也來了. 我就請王先生一家人
和張小姐大家一起到電影院對面去
15 吃點心. 我讓他們大家多吃一點兒.
在吃點心的時候, 大家還説這個電
影真好看.

8 中國土地很大, 從南到北有五千多

公里, 從東到西有五千五百多公里.
中國跟英國和日本不同. 英國和日
本四面是海, 中國只有一面是海. 中
國有很多大山, 也有不少的平原.
5 最大的平原在華北. 中國的東北和
西南也有平原, 可是沒有華北平原
那麼大.

9. 現在化學的用處很多. 發明家發明
了很多日用的東西, 都是用化學做
的. 所以現在大家都很注意化學工
業.

10. 剛才校長和我們幾個人談關於大考
出題目的問題. 過去不論那門功課
考試的題目都是每位先生出, 不必
經過校長看. 校長的意思是以後全
5 學校不論那年級的題目雖然是先生
出題, 但是必得經過校長看過. 校
長把這個意見說出來以後又問大家

的意見，希望大家有甚麼意見也提出來．多數的先生都同意了．這個時候我心裏想，這麼樣在時間一方面要多用很多時候．可是我看大家都沒意見，我也沒把我的意見說出來．

10. 「平等」這兩個字說出來很容易，可是事實上人和人有很多不平等的地方．不平等就是不公平．有些地方表面上像是平等了，可是實在的是不是完全平等了? 用事實比較比較你就明白了．

12. <u>張正英</u>小姐長得很美，對同學也很和氣．昨天坐火車到西部去了．他是坐九點鐘的火車．我們四年級的同學全數都到火車站去了．火車一要走的時候大家都對他說："一路平安．"

13. 我們家要在海關不遠的地方找一所
房子. 在這裏找房子主要的原因是
為了父親回家吃飯方便，因為父親
在海關作長工. 海關這一帶找房子
5 不大容易. 找了好久才發現了一所
房子，還有一個小院子. 這所房子
表面很好看，就是房錢太貴了,論月
每月要一百五十塊錢. 我們是平民,
每月最多就能出八十塊左右. 在找
10 房子前母親計算了好久， 錢太多不
行. 沒法子. 還得慢慢地再找房子.

14. 我在星期六的晚上， 多半到飯館去
作工. 飯館的主人跟我同姓，他對
我很好. 我雖然是個短工， 可是飯
館裏所發生的事他全都對我說. 他
5 告訴我， 近來時常有吃飯的客人說
話很不客氣，又說飯做的不好，又
說價錢貴. 他說開飯館的難處太多

了, 人人輕看開飯館的人. 他不想
做了, 他想回家種地去.

15. 我看見一本小說是没開化的時代.
這本小說所寫的主要意思是說, 在
没開化時代也有種種好處, 那時候
的人也有種種的長處.

16. 王聲家裏的中文書很多. 他打算在
兩年以内把這些書都看一次. 我問
他已經看過多少了. 他說大部分已
經看過了. 他又說, 只要是他看過
5 的他都在書上作一個簡明的記號.

17. 我有一本注音字母課本. 關於這本
書說起來還有一個故事. 我要買這
本課本的時候那是我剛到中國的時
候. 那時候中國全國的小學生正在
5 學習注音字母, 所以要買這本課本
的人很多, 書店裏的注音字母課本

完全賣完了. 這一天我到書店去問
甚麼時候才能買到. 當時正好有一
個人正要走出書店, 他看見我是外
國人, 來問注音字母課本, 他就對
5 我說:"這本課本現在没有了, 我這
裏有一本. 你先拿去用. 你不必給
錢." 他一面說就把注音字母課本給
我了. 我現在還記住這件事呢.

18. 有一個地方, 所有那一帶地方種田
的在一塊兒開會, 研究關於種田的
事. 當地政府機關也很關心這件事,
所以當地政府機關也有人來開會.
5 在開大會的時候, 有一個種田的人
先起來說:"現在種田的法子有很多
短處. 我們不能這樣做下去. 我們
要想法子, 同時也希望政府給我們
想法子." 後來, 政府來的人說, 他
10 們也是同樣的想法, 要在最近想出

一個真正的好法子.

Exercise 6. Illustrative Sentences (English)

1. My Chinese textbook has disappeared.   Perhaps someone took it by mistake.

2. How [lit. from where] did you begin your study of Chinese?

3. Yesterday I did nothing but study chemistry all day long.

4. The whole Peking region is a plain.

5. They are of the opinion that only heavy industry is important.

6. In employing people, they place the chief emphasis on persons who are talented in Chinese.

7. They think that the most important thing is to raise the living standards.

8. He's employing you not only (because of) Mr. An's influence but also to some extent because you yourself have ability.

9. The China Times is published in the eastern part of the United States, and Young China in the western part.

10. The writing (system) used by the Japanese was invented by the Chinese.

11. This is a matter that we [who are] parents cannot but be concerned about.

12. Did you jot down the results of the chemical experiment?

13. I called after him for a long time, but he didn't turn his head to look.

14. The plain in the northern region is a little higher.

15. The previous civilization of Vietnam was also acquired from China.

16. Today when I was writing my diary, I had barely written three lines when someone came, so I couldn't continue writing.

17. In the area of National Peking University and Peihai Park there are several small restaurants where Peita students go to eat.

18. At that time the capital of the Nationalist government was at Nanking, so the Nationalist government designated Peking as Peiping.

19. You're writing this book very fast. If you continue writing like this, you'll finish [writing] in three months at the latest.

20. On the surface he's very courteous toward me. I don't know what he feels toward me in his heart.

21. Could you go to the bookstore and buy me a copy of <u>From Shanhaikuan to the Heavenly Mountains</u>?

22. What's the ordinary life of the common people here?

23. He's an important person and has a lot of dignity [lit. face]. Who can look down upon him?

24. Japan has an Eastern Capital, and so has Vietnam. Japan's Eastern Capital is the capital of the country, but Vietnam's isn't.

25. The "one" in "one life" and the "one" in "one road peace" both mean "from beginning to end."

26. When did the theory that there should be equality between states start?

27. You haven't seen him for a long time. You shouldn't reprimand him as soon as you see him.

28. In studying the National Language, don't forget the neutral tone.

29. The Ministry of Light Industry says that light industry is (the more) important. The Ministry of Heavy Industry says that heavy industry is (the more) important. I say they're both important.

30. The National Phonetic Alphabet comprises symbols for sounds. If they aren't practiced constantly, they're not easy to keep in mind.

31. I remember that at that time that place was still uncivilized and [was also] not peaceful.

32. <u>Historical Records</u> is a famous historical work and an excellent work of literature as well.

33. On the one hand, to ask workers to work and, on the other hand, not to give wages to the workers, is this fair?

34. That young lady living opposite us looks [on the surface] no more than eighteen, but in fact she's about thirty.

35. I couldn't buy any red paper anywhere. Finally I succeeded in buying some at the Peihai Store.

Lesson 48

Exercise 1. Review of Single Characters

1. 記	9. 全	17. 面	25. 數	33. 演	41. 習	49. 處
2. 特	10. 輕	18. 種	26. 重	34. 讓	42. 院	50. 歷
3. 短	11. 便	19. 算	27. 自	35. 件	43. 注	
4. 提	12. 發	20. 越	28. 平	36. 已	44. 覺	
5. 較	13. 部	21. 隨	29. 題	37. 關	45. 起	
6. 京	14. 正	22. 同	30. 化	38. 着	46. 聲	
7. 史	15. 剛	23. 練	31. 除	39. 帶	47. 計	
8. 於	16. 故	24. 打	32. 安	40. 驗	48. 漢	

Exercise 2. Distingushing Partially Similar Combinations

A. Same Character in Initial Position

1	2	3	4	5	6
同意 *agree*	全部 *whole*	公元 *era*	漢文 *chinese*	自大 *snob*	一面
同時 *Sametime*	全都	公園 *park*	漢書	自已	一帶
同樣	全國	公里 *kilo*	漢朝	自然	一起
同姓	全家	公路	漢字	自治 *autonomous*	一路
同事 *colleagues*	全數	公平			
同學					

7	8	9	10	11	12
發明 *invent*	漢人	歷代 *s*	親自 *by one's self*	簡編 *consise edition*	正好
發生 *occur*	漢口	歷來 *from beg til now*	親手 *personally*	簡明 *consise*	正要
發現 *discover*	漢語	歷史	親口	簡易 *simple*	正在
發音	漢代				

13	14	15	16	17	18
平安 *peace*	要飯	關門	有面子	故意	特別 *special*
平常 *ordinary*	要人 *import person*	關心	有興趣	故事	特點
平等 *equally*	要是	關於 *concerning* 40	有條件 *have condition*		

19	20	21	22	23	24
原故	表店	出題(目) *make ques.*	剛才	學院	演說 *make a speech lecture*
原因	表演	出門	剛~	學會	演員 *actor*

25	26	27	28	29	30
院長 *dean*	種地 *cultivate*	報紙	經過	要看	早晚
院子	種田	報告	經驗	要算	早就

31	32	33	34	35	36
四邊	真話	記得	輕看	水平 *standar*	下冊
四聲	真正 *true authentic*	記號	輕聲	水果	下去

37	38	39	40	41	42
注意	少數	提高 *raise*	北京	問題	只好 *only choice*
注重 *emphasis*	少年 *teenagers*	提到	北海	問好 *send regard*	只要 *as long as*

43	44	45
提起來	打電報	學者 *scholar.*
提出來	打電話	學着 *to be learning*

B. Same Character in Final Position

1 *aspects*	2	3	4	5	6	7
長處	錢數	近古	表面 *surface*	除了	史學	電影院
到處	人數	上古	一面	行了	科學	研究院 *grade school*
短處	少數	太古	對面	得了	數學	科學院
好處 *quality*	多數	中古	方面	算了	化學 *Chem*	考試院
難處 *difficulty*	歲數	遠古	見面	好了	上學	行政院 *admins of executive*
用處	全數					

8	9	10	11	12 *yard*
東漢	發明家	古時	北部	院子
西漢	史學家	當時 *present specific period*	全部	原子
前漢	數學家	隨時	中部	面子
後漢	歷史家			

13	14	15	16	17	18
不算	點心	明史	北京	自大	聲音
打算	關心	元史	東京	長大	錄音
計算	小心	歷史	南京	北大	發音

19	20	21	22	23	24
國民 *national*	日記 *diary*	重要	跟着	説起來	考古研究所
平民 *civilian*	忘記	主要	找着	提起來	語言研究所
人民 *masses people*	史記 *title of a little history book*	將要 *will be*	學着 *to be learning or learn*	想起來	原子研究所

25	26	27	28	29	30
省長	方便	數目	大會 *assembly*	剛才	剛
生長	隨便	題目	學會	人才 *skilled*	第一
院長					

31	32	33	34	35	36
像是	起來	覺得	時候	試驗 *experiment*	外表 *appearance*
但是 *but*	以來 *from then on*	記得	氣候 *climate*	經驗	代表

37	38	39	40	41	42
學習 *to learn*	長工	對於	便飯	星期	小部分
練習 *practice*	短工	關於 *concern*	吃飯	時期 *period*	大部分

43	44	45	46	47	48 *to civilize*
海關 *customs*	想到	主意	國都	記住	開化
機關 *organ. gov.*	論到	注意	全都	拿住	文化 *culture*

49	50	51	52	53
高原	公平	前漢書	工業部	輕工業
平原	水平	後漢書	內政部	重工業

54	55	56	57	58
這麼着	紀元前	輕工業部	工業部長	遠東學院
怎麼着	公元前	重工業部	內政部長	語文學院

C. Same Character in Different Positions

1	2	3	4	5	6
全部	數目	不同	完全	院長	公元
部長	目次	同意	全部	長工	元朝

7	8	9	10	11	12
生長	原故	歷代	隨便	特別	表演
長久	故事	代表	便飯	別的	演說

13	14	15	16	17	18
問題	學院	學報	天氣	親自	重要
題目	院長	報告	氣候	自治	要看

19	20	21	22	23	24
飛機	真正	開化	忘記	注重	越南
機關	正好	化學	記住	重要	南京

25	26
白天	北平
天山	平民

Exercise 3. Review of Special Combinations

The special combinations studied in this unit which have not appeared in the preceding exercise are reviewed below.

1. 全國人民代表大會	15. 一路平安	29. 從⋯起
2. 歷史語言研究所	16. 主要的是	30. 對不起
3. 遠東語文學院	17. 人民手冊	31. 全部的
4. 人民代表大會	18. 中山公園	32. 只要是
5. 中國科學院	19. 注音字母	33. 外表上
6. 中國旅行社	20. 中國時報	34. 自行車
7. 除了⋯以外	21. 北京大學	35. 出口處
8. 不知不覺的	22. 少年中國	36. 想不到
9. 北海公園	23. 計算機	37. 越⋯越
10. 有條件的	24. 山海關	38. 表面上
11. 課外練習	25. 越來越	39. 記下來
12. 天氣報告	26. 古時候	40. 一方面
13. 自然科學	27. 數目字	41. 比較
14. 一帶地方	28. 出題目	42. 條件

Exercise 4. Excerpts from Actual Publications

The passages cited below are taken from <u>My Mother's Betrothal</u>, the prologue to the autobiography of Hú Shì (Hu Shih), who besides being one of the founders of the modern literary renaissance also served as ambassador to the United States during World War II. The main thread of the very human story told by Dr. Hu can be followed in the excerpts given here.

1.「這是你的小孩子嗎?」⋯「是的. ⋯ 我家女人. ⋯ 今年十七歲了」.

2. 「三先生必是一個了不得的人. …
「三先生來了!」前面走來了兩個人
—一個高大的中年人…一個老年人.
…那個黑面的是三先生. … 三先生

5 …走過了萬里長城…在萬里長城外
住了幾年.

3. 「你開一個八字給我. … 你不要忘
了」. …他到了家門口, 還回過頭來
說:「不要忘記」.

4. 三先生…今年四十七. … 三先生家
的兒女都長大了. … 三個兒子, 三
個女兒一現在都長大了…所以他…
要我們給他定一頭親事.

5. 這個八字不用開了.

6. 你不要客氣. … 女兒…得定親了.

7. 這是他們做父母的說不出的心事.

8. 你回去…開個八字. … 八字對不對

…誰也不知道.

9. 不行. … 我不…把女兒…給快五十歲的老頭子. … 我不開八字.

10. 三先生是個好人. … 女兒沒有人家要了.

11. 三先生家可不行. … 人家一定説我們…把女兒賣了.

12. 你母親有句話要問你.

13. 他家今天叫人來開你的八字. … 他年紀太大, 四十七歲了, 比你大三十歲…所以要問問你自已. … 對我們有甚麽話不好説? 你説!

14. 四十七歲也不能算是年紀大.

15. 「這個八字開錯了」. … 「你怎麽知道八字開錯了?」…「我算過…八字,

所以記得. … 我算過的八字， 三
五年不會忘記的」. … 「八字是對的，
不用再去對了. … 八字也是小事」.

16. 三先生就是我的父親.

Exercise 5. Narratives

1. 在公元前二百多年的時代正是中國
的漢朝. 漢朝不但土地很大，而且
對外國開始來往. 公元前一百四十
have contact
年和一百二十二年， 漢朝叫一個姓
5 張的人前後兩次出國訪問西方的幾
個地方. 公元前一一〇年中國文化
到了東方的日本. 因為中國文化是
從漢朝開始到了外國， 所以後來外
國把中國字叫做漢字， 把中國文叫
10 做漢文，也把中國話叫做漢語.

2. 一個人有一個人的長處. 一個人也
有一個人的短處. 所以在用人的時

候，要先知道這個人有甚麼長處，
有甚麼短處，然後就用這個人的長
處．這就是用人的最好方法．

3. 田先生的家在我家的對面．昨天早
上我在田家門口看見了田先生．他
說他正要找我．他們要到東京去旅
行，問我去不去．我問他甚麼時候
5 去．他說下星期四晚上就走．他們
想在旅行社定船票．我問還有誰去．
他說高先生、白先生．我說我早就
打算去東京，可是這幾天不行，我
正在寫一個試驗的報告呢.

4. 中國有一句常說的話："知人知面不
知心"．這句話的意思是說，對於一
個人所能看到的只是外表，只能知
道他的表面，不能知道他的心裏是
5 好或者是不好．有時候有的人從表
面上看是一個很好的人，可是這個

人的心裏是不是也和他的外表上一樣，那就很難知道了．

5. 今天發生了一件很不平常的事，所以我在日記裏記下來．早上八點鐘左右在一個政府機關的門前就有了不少人．後來越來越多．那一帶地方差不多到處都是人了．這些人多半是平民．我問他們來作甚麼．他們說他們為的是平等和公平的問題，希望政府注意這個問題．最後到了晚上，也没有甚麼結果，這些人也就都走了．

6. 記得我們都是孩子的時候，
没有一天他不來找我．
後來我們都長大了，
他還有時來看我．
現在我們很久没見面了，
是不是他還記住我！

是不是他已經忘記了我！

7. 中國古時候不注意研究科學，可是
古時候有不少發明家．現代的中國
很認真的注重科學了，可是還沒有
甚麼重要的發明．希望在不久的將
5 來能有很多發明家．

8. 有人說他希望回到沒開化的時代去，
或者是能到一個沒開化的地方去．
有人問他這是甚麼原故呢．他說：
"沒開化的地方有沒開化地方的好
5 處．那個地方雖然沒有文化，沒有
科學，也沒有現代的輕工業、重工
業，但是他們生活得很自然．有一
個生活自然的地方我為甚麼不去？
難道我一定要天天過着這種不自然
10 的生活嗎?"

___人是個初中學生．他最喜歡做

化學試驗，可是他有幾次做試驗都
出了事．後來他想出一個法子．把
要試驗的東西分兩部分．一部分是
在試驗時候容易出事的，他就記上
5 一個紅的記號．一部分是在試驗時
候一定很平安的，他就記上一個黑
的記號．自從有了這兩種記號以後，
他每次試驗都沒出事．他對別人說：
"你們不要輕看我這些記號．有了
10 這些記號，我的化學試驗從開始一
直到結果，就可以一路平安了。"

10. 一個教國語的先生對學生說："學習
國語最重要的是多練習．練習的方
法第一要多看，第二要多聽，第三
要多說，第四要多寫．在這些方法
5 裏，經驗告訴我們，多看不如多聽，
多聽不如多說，多說不如多寫。"

11. 中國在公元一八九八年發現了古代

文字. 發現的地點是在河南省的地
下. 那一帶地方是一個平原. 在三
千多年前是國都. 自從發現這些古
代文字以後, 我們可以知道中國在
5 上古時期的文化是很高的.

12. 文先生今天對我說他在朋友家裏看
見一位要人馬先生. 那位馬先生和
文先生提到我. 他對文先生說他和
我同姓同學還是同時畢業的. 文先
5 生說, 馬先生雖然是一個要人可是
人很和氣, 過幾天還要親自來拜訪
文先生呢. 文先生說到這裏, 我說:
"這個人我知道他. 他對甚麼事都
不關心. 他關心的只是錢和面子.
10 他天天計算怎樣有更多的錢, 怎麼
有面子. 到處都想個人有面子. 他
有一個理論, 是自己的錢越多越好,
面子越大越好, 越有錢越有面子,

越有面子越有錢." 文先生説:"原來
他是這樣的人. 你不要往下説了.
昨天報紙上的社論也是論到這種人.
馬先生這個人初次和他見面, 外表
看不出來他是那種人. 要是別人説
我真不信."

13. 我在中國念書, 我姐姐在日本東京
學畫. 我們有一年多没見面了. 我
很想他, 昨天學校大考, 剛一考完,
我就坐飛機到日本去看我姐姐. 在
我没走以前我先給姐姐打了一個電
報, 説我坐的飛機是在六月三號晚
上八點半到東京. 後來我坐的飛機
果然是八點半到了東京, 可是一直
到十點多鐘才在客人出口處看見了
姐姐. 姐姐很奇怪問我:"怎麽這麽
慢才走出來呢?"我告訴他:"今天的
飛機客人特別多, 我下飛機最晚,

差不多是最後一個人了．又因為飛
機上的客人下了飛機以後都得先走
到海關，海關的人把客人帶的東西
每一件都看了，看看有沒有不能進
口的東西．看完以後客人才可以從
出口處出來，所以我出來的很慢."
姐姐説:"下次你下飛機應該早一點
兒下來．千萬不要等到最後你才下
來."

14. 一個美國人在遠東學院學國語．他
是二年級的學生．一個朋友對他説:
"你中國話説的真好."這個美國學
生説:"不算好．我才考第三."他朋
友説:"真不容易．你能考第三要算
是真正的好學生了."那個美國學生
説:"你知道我們二年級一共有多少
學生?"朋友説:"不知道."美國學生
説:"就有三個人."

15. 我家離北湖只有一公里. 北湖裏的
　　魚很多. 我早就想去看看. 這幾天
　　正好没事，我就走到北湖. 在湖邊
　　借了一條小木船，我一坐在船上，
　5 船慢慢地走到了湖裏. 這時候湖水
　　很平. 往遠處一看，分不出那裏是
　　水，那裏是天. 我心裏覺着很高興.
　　又往水裏看看，大魚、小魚在水裏
　　是很自然的，也像很和好的樣子.
　10 我就想魚在水裏的生活也是很有意
　　思.

16. 中國在元朝的時期雖然土地很大，
　　可是這個朝代不很長，只有八十幾
　　年 (從紀元一二八〇年到一三六八
　　年). 元朝這個朝代不能够長久的原
　5 因，中國歷史家説主要的是元朝對
　　於政治不很懂. 在行政一方面他們
　　不行. 元朝在八十幾年裏有幾件大

事. 第一, 元朝把東方文化介紹到
西方, 同時西方文化也到了東方.
第二, 元朝的時候有很多西方人到
中國來作生意, 而且元朝也用了很
5 多西方人在政府裏作事.

17. 中國在民國以前的時候, 男女最不
平等. 女人一生就能結一次婚, 男
人可以有很多太太. 女人結婚以後,
不論怎麼不如意也不能提出離婚這
5 個問題. 要是男的不喜歡太太了,
不論女的這方面同意不同意, 可以
隨便離婚. 離婚以後, 女的父母覺
得是很沒有面子的一件事.

18. 有一次有幾個工人代表到省政府去
見省長. 省長見了他們以後, 省長
問他們來的目的是甚麼. 一位代表
站起來對省長說, 他們來見省長的
5 目的是請省長提高工人們的工錢,

原因是現在東西越來越貴，每一個
工人每月的工錢不够生活．省長説
大家生活有問題，工錢當然要提高，
同時在工作一方面，大家也要想法
子把工作水平怎樣提高．

19. 現在説關於中國人姓名的寫法．中
國人寫姓名和西方人的寫法不同．
中國人寫名字的時候都是把姓寫在
前頭，名字寫在後頭．原因是一個人，
姓是原始的，必得把姓寫在名字的前
頭．西方人就不同了．他們把姓寫在
名字後頭．比如有一個中國人姓邊，
名字叫文海，就寫邊文海，不寫文海
邊．初次到外國去，姓名很是一個問
題．不論到那裏，要是寫名字的時候，
你把名字寫出來他們一定問你那個
是姓那個是名字．所以中國人在外國
多數把名字寫在前頭，姓寫在後頭了．

20. 我生長在華北一個小縣裏. 那裏的
氣候好極了. 離我家不遠那一帶有
很多大山. 房子後邊還有一條小河.
山水很好看, 像一個大公園. 因為
這裏山多, 都是山路, 所以在這裏
經過的牛和馬比較多, 車很少. 父
親對上山很有興趣. 一到了星期六,
父親没事就帶着弟弟妹妹和我上山.
有一次父親請了他的幾位朋友到我
們這裏來. 大家一起去上山, 也帶
了很多吃的東西, 打算上山以後在
山上吃飯. 我們一共去了十五個人.
我們小孩子們當然上得很快. 那些
老頭兒他們開始走的不慢. 後來他
們不行了, 就慢慢兒地往山上走了.
我們在前頭上到半山中間了, 還往
山上去, 父親告訴我們不要再往上
去了. 原來是老先生們走不了了, 要
坐下吃東西. 弟弟不聽話, 還想上.

父親不讓再上了．弟弟有點兒不高
興，可是没法子．他往山下走的時
候，一面走一面回頭往山上看．大
家在一塊兒吃完了東西，時間已經
5 不早了，我們就回家了．

21. 我父親是火車站上的賣票員．病了
很久，家裏没有錢，書不能念下去
了．父親的老朋友介紹我到國民書
店裏去作短工．剛一進去的時候，書
5 店裏説明了只用我兩個月．現在已
經有三個月了．昨天書店的<u>毛貴有</u>
先生説因為我工作很賣力，可能叫
我作長工了．聽了他的話心裏很高
興．要是在這裏作下去，看書的機
10 會多，不必買書就可以看很多書．
我打算每天工作完了有工夫我就自
己念書．希望念學校同樣的功課，
能夠得到學校同樣的知識．如果有

不懂的我就看字典. 萬一看字典還
是不懂, 再想法子問別人. 想在三
年裏能把高中的功課全部念完. 能
不能要看我自己用功不用功了.

22. 王文英小姐是美國人, 是有名的畫
家. 他最近要到遠東去旅行. 我問
他都到遠東甚麼地方. 他說先到中
國然後再到日本. 因為在日本他有
5 很多朋友, 他去拜訪朋友. 他說他
又想坐船又想坐飛機. 坐飛機雖然
快, 可是價錢貴. 坐船也有坐船的
好處. 雖然日子多一點, 可是很有
意思. 他說他現在還不知道應該坐
10 船還是坐飛機. 他還告訴我這次的
旅行是想不到的意外. 我問他怎麼
回事. 他說在報紙上他寫了一個論
文, 是關於畫一方面的. 這個論文
報館給他六百塊錢. 他這次旅行就

是用那六百塊錢.

23. 王聲先生對電影事業很有興趣. 他
編著了一本中國電影史. 他打算把
內容分兩部分, 出版上下兩冊, 一
冊寫電影, 一冊寫電影明星. 王先
5 生已經把目次給我看了. 我看看目
錄, 內容很不錯. 特別是寫演員一
方面寫得很多. 將來出版一定很多
人歡迎這本書. 他說這本書都是他
親手編的, 他自己一個人在房子裏
10 每天晚上寫. 我問他將來賣多少錢
一本. 王先生的意思是不想賣得很
貴. 他想每冊賣一元八角. 他說要
是有人單買一冊也可以.

24. 中國以前山東有大刀會. 這個會的
目的是不歡迎外國人在中國. 不久
又有一個小刀會出現. 目的和大刀
會一樣.

25. 有一個英國人到遠東去旅行. 他先
到越南又到日本,然後從日本的東京
到中國的東北，又從東北經過山海
關到北京. 他說他最喜歡的地方是
5 中國的國都北京，在城裏有一個北
海，也就是北海公園，山水最好看.
他又說北京的政府機關很多，他到
過重工業部，輕工業部、中國科學
院甚麼的. 他也去過漢口、南京、
10 上海. 他本來想再到中國的西北部
去看天山，可是因為他要回國，他
就沒去.

26. 北京大學在北京. 我們平常都是叫
北大. 那是最有名的大學. 我當初
就在那個大學念書. 在那個時候教
我們國文的是馬先生，他是中國最
5 有名的文學家. 教我們歷史的是張
先生，他也是中國最有名的歷史學

家. 還有很多有名的學者, 也在北
大教書. 因為有這麼多的有名的先
生,所以這個大學是一個有名的大學.

27. 中國時報和少年中國都是在美國
出版的, 時常請我寫東西. 我所寫
的東西題目都不同. 有時寫點歷史
故事, 有時寫一點科學常識, 也有
5 時寫文學的東西, 所以很多人說我
是「萬能作家」.

28. 現在你們已經把這本漢語教科書念
完了. 你們在這本書裏得到了不少的
中國知識. 這本書上一共有四百個漢
字. 我想你們都認識了,而且學過的
5 字多數你們也會寫了,關於中文文法
也知道了一點兒.課文雖然只有四十
八課, 可是內容有中國歷史、地理、
文化、政治、和民間故事等等. 除了

這個以外，每一課都有幾句簡單的
會話，目的是讓我們常常練習說話.
雖然你們學了這麼多，但是這不過
是學習中文的開始. 希望你們還要
學下去.

Supplementary Lessons on Simplified Characters

In 1956 the People's Republic of China began to move toward the simplification of the Chinese script by officially adopting abbreviated or modified versions of a considerable number of characters. The actual use of these simplified characters has been uneven, at least initially, as indicated by the fact that within a specific publication the same character may appear sometimes in regular form and sometimes in simplified form. In general, however, with the increasing availability of type fonts of simplified characters, their use has steadily grown in publications in the PRC.

Since all earlier Chinese writing and some current output has been published in the regular characters, these necessarily command priority in the study of written Chinese. However, the student of Chinese who wishes to read the current PRC publications must take on the additional task of learning the simplified characters. To this end we present the following supplementary lessons on simplified characters.

These lessons are closely correlated with the main lessons in the text. They start with supplementary lesson 3, since the first two main lessons contain only simple characters which have no more than four strokes and hence require no simplification. Each supplementary lesson can be taken up after the corresponding main lesson has been studied. The simplified form is presented at the beginning of the lesson immediately after the regular character. There are simplified forms for 130 of the 400 characters presented in Beginning Chinese Reader.

Each simplified character is used at least twice in the lesson in which it first occurs, once in the next lesson, and once in each succeeding unit. Review lessons are cumulative, that is, each such lesson reviews all the previously studied simplified characters.

Lesson 3. 見见, 言讠, 車车, 門门, 馬马, 長长

Note: The simplification of 言 to 讠 is generally restricted to its use as a left-side component of other characters.

Lesson 4. 們们，嗎吗

1. 毛：<u>马子长</u>，你好吗？

   马：我很好．你呢？

   毛：我也很好．

2. 田：你们都好吗？

   毛：我们都好．你们呢？

   田：我们也很好．

3. 马：<u>毛子言</u>、<u>马长月</u>、<u>田见文</u>他们都好
   吗？

   田：他们都好．

Lesson 5. 國国

1. 马：<u>白</u>先生是英国人吗？

   田：不是，他是美国人．

   马：<u>高</u>先生呢？

   田：他也是美国人．

2. 高：你是美国人不是？

   白：不是，我是英国人．

高：他们呢？

白：他们都是美国人．

Lesson 8. 書书，錢钱，這这，塊块

1. 这本书是<u>马长木</u>的．那本书是<u>田见文</u>的．

2. 那五块钱是他们的．这三块钱也是他们的吗？

3. 马：这是日本车吗？

   钱：不是，是中国车．

4. 白：那本书多少钱？

   毛：三块五毛钱一本．

Lesson 9. 會会，説说，話话，還还，
兩两，甚什，麽么

1. 他有两本中文书，还有两本日文书．他会说中国话，也会说日本话．

2. 这本书是什么书？多少钱？是不是一块钱？

3. 你就有这两本书吗？你还有什么书？还有英文书吗？

4. 田：这两本小说都是文言文的吗？

   毛：不都是. 一本是文言文的，一本是白话文的.

Lesson 10. 學学，買买，賣卖

1. 钱：你想买什么书？

   马：我想买中文书. 这本书卖多少钱？

   钱：两块五.

   马：好，我买一本. 那本书卖多少钱？

   5 钱：两块二.

   马：我也买一本. 不，我要两本.

2. 他会说中国话，还有两本中文书. 他这两本中文书是什么书呢？都是中文小说吗？

3. 毛：你学什么？

   白：我学中文.

   毛：你能看中文书吗？

白：能看．

Lesson 11. 寫写, 圖图, 幾几, 個个, 張张

1. 白见文是美国人．他说他会写中国字．
我说："你会写几个中国字?"他说他能写
十个．他还说他姐姐也能写中国字．我
说："你姐姐能写几个?"他说他姐姐会写
5 十五个中国字．

2. 我要买一张地图．张先生说："你要买那
国地图?"我说我买美国地图．他说：" 我
们不卖美国地图，就卖中国地图."

Lesson 12. Review

1. 张学文、马文英是学生．他们都是美国
人．他们两个人都能说中国话，能看中
文书，还会写中国字．

2. 钱见文有很多书，还有字典、地图什么
的．我说："你的书不少." 他说："你要看
吗?"我说："我要看小说,你有几本小说?"

他说："有二十多本. 文言的、白话的都
有."我说："你有<u>门</u>这本小说吗?"他说有.

3. 自：他们卖英文书吗？
   马：他们不卖英文书，就卖中文书.

4. 高：这是你们的车吗？
   马：不是，是那个外国人的.

5. <u>马长山</u>要买两本书. 一本两块钱，一本
   三块五.

Lesson 13. 為为，雖虽，兒儿，報报

1. <u>白文书</u>虽然是外国人，可是能看中文报，
   能写中国字. <u>白文书</u>的儿子<u>白见文</u>说他
   也会写中国字. 我说："你能写几个中国
   字？你会写什么?"他说："我会写「一、
   二、三」."

2. <u>钱学文</u>虽然是外国人，可是他的中文很
   好. 他有一个儿子，一个女儿. 他们也
   会说中文，也会看中文书. 我以为他们

是中国人.

3. 我很想看英文报, 可是这儿没有, 这儿
就卖中文报. 我不会看中文报, 所以我
没有买.

4. <u>钱国英</u>说他有一张中国地图, 也有一张
日本地图. 这两张地图都很好. 你要不
要看?

Lesson 14. 裏里, 頭头, 邊边

1. 他家在城里头, 我家在城外边. 他说城里
头好. 我说城外边有山, 有水, 比城里好.

2. 他买了一张中文报. 他说他虽然不会中
文, 因为他儿子要看中文报, 所以买一张.

3. 中国、日本、美国这三个国家里头, 中
国的人口比日本、美国的人口多.

Lesson 15. 東东, 離离, 遠远

1. 大东书店在城里头, 离我家不远, 就在

我家的东边.

2. 我姐姐在日本学日文, 我在中国学中文.
姐姐的日文书很多. 我的中文书也不少.

3. 张家口东南西北都是山. 离长城很近,
离海很远. 人口不少.

Lesson 16. 從从, 來来, 華华

1. 我从美国来中国学中文. 我来到了中国
就到华北, 在一个大学学中文. 华北有
很多大学.

2. 日本在中国的东边, 离中国不很远. 从
日本到中国, 要是坐船, 两三天就可以
到了.

3. 我从华北是坐船到上海来的, 你是坐船
还是坐火车来的?

Lesson 17. 號号, 條条

1. 今天是四月十八号. 我、我姐姐, 还有

<u>马大东</u>我们三个人到河边去了．这条河
离我家不远．从我家到那里有五里路．这
条河里有很多魚．我们三个人在河边一
边看魚，一边说话．

2. 我是一个美国学生．我在今年八月六号
来到中国．我到了中国就在华北一个大
学学中文．这个大学有不少外国学生．有
美国人、英国人，还有日本人．这里外
₅国女学生很少，就有两三个．

3. 工人书店在这条路九十一号，离这儿不
远，我们到那儿去可以走路．

Lesson 18. Review

1. 离我家不远有一条河．这条河很长．我
天天上学都从河边上走．有一天，我看
见河里有一条大船，船上的人很多．有
的在一块儿说话，有的看书、看报什么
₅的．

2. 我是去年从华北到东北来的，我这次是

头一次来. 东北土地很好, 人口很多.
我四月十号就要坐火车到山西去.

3. 马先生是美国人. 他是去年来到中国的.
虽然会说中文, 还是不能看中文书. 他
因为要到华北去, 他买了一张华北地图.

4. 钱子言说:"离城门很近的那两个书店,
有一个是卖英文书的. 我们为什么不到
那儿去买几本英文小说?"

Lesson 19. 給给, 對对, 過过, 後后, 時时

1. 前天是八月五号. 张先生到这里来看我.
他对我说后天他要到华北去. 他坐的那
条船, 我从前也坐过. 他走的时候给我
一本书, 他说这本书对我很有用, 所以
5 他给了我.

2. 今天我路过中山路的时候看见张书华了.
他说明后天到上海去, 然后坐船到日本
去.

3. 我今天到学校去的时候路过一个书店.

我在那儿买了一本中英字典想给马中华,
因为明天就是他的生日.

Lesson 20. 語语，萬万，開开，研研

1. 今天万先生对我说他要给我一本他写的
中国语言研究. 他说他写这本语言研究
他用了八万多字.

2. 我离开美国的时候，他说他也要离开美
国了. 我说:"你什么时候离开美国?"他
说他过年以后他就离开美国到中国去.

3. 从前万长木是这里的大地主. 一九四八
年他离开中国到美国去了. 有人说他在
美国又是大地主.

4. 这本中国语文对研究中文的语言学家很
有用. 你看了没有?

Lesson 21. 畫画,請请,問问,誰谁,現现

1. 前天我们学校开会，请来很多人，还请

了一个有名的画家给我们说画画儿的方
法. 这个画家说的话不是英文, 可是我
就懂英文, 所以他说的话我都不懂.

2. 万大东问我:"谁在我的书上画画儿了?"
我说:"我的书上也有人画画儿了. 你为
什么来问我? 你现在来问我, 我现在去
问谁?"

3. 现在工人的生活比以前的好多了. 这是
因为现在人民是国家的主人.

4. 人民画报中文的、外文的都有. 人民日
报就有中文的.

5. 那两个人都是英国画家. 他们是前天到
中国来的, 为的是研究中国山水画.

Lesson 22. 難难

1. 有一个外国人对我说:"请问现在中国有
名的画家是谁?"我说: "很难说.我的看
法, 有不少人是很好的画家." 这个外国

人又问我说:"他们的画儿容易买到吗?"
我说:"从前他们画的画儿很难买到. 现
在容易买到了"

2. <u>马国英</u>对我说, 说中文容易, 写中国字
很难. 我说, 说中文写中国字都不容易.

3. 大家都知道以前人民过日子很难, 现在
容易多了.

Lesson 23. 課课, 試试, 經经, 縣县

1. 我们学校因为考试的原因已经不上课了.
今天早上考中文, 很难. 虽然课本里的
字我都学了, 可是考试的时候有很多字
我不会写了. 可见中文太不容易.

2. <u>马子长</u>从前是我们这里的县长, 现在已
经走了. 我们这县没有人说<u>马</u>县长是好
人.

3. 他们考古的地方离县城不远. 我们下课
以后可以坐车到那儿去看看.

4. 钱：你有中文画报没有？

马：有，我常常看<u>人民画报</u>．你有没有

<u>人民画报</u>？

钱：我没有．

5 马：我给你一本<u>人民画报</u>，好不好？

钱：很好！

Lesson 24. Review

1. 因为学校要开学上课了，前天<u>万长文</u>对
我说他要去买书，问我去不去．我的书
已经都买了，就有一本<u>高中语文</u>没买，
所以我们一块儿去了．他买了一张中国
5 地图，还买两本<u>英语会话</u>、本子什么的．
<u>高中语文</u>他们这儿也没有．我还想买一
个刀子．他们说他们不卖，就卖书．买
了以后，我们又到学校去，从学校到家，
时候已经不早了．

2. 以前<u>华见文</u>家里很有钱，他家离我家不
远，就在这条路的东边儿，是一个大门，
所以人家说"<u>华</u>家大门"就知道是<u>华见</u>

文家. 他有很多水田, 有五百多条水牛,
车马都不少. 他有三个女儿、四个儿子.
有的上大学, 有的上中学.

3. 我们中大现在又来了两个外国学生, 他
们会说中国话, 也会写中国字. 虽然他们
是外国人, 可是天天看中文报. 有一天
我问他们什么时候来的, 是几号来的.
5 他们说他们是九月二号来的. 我问他们
是不是头一次到这里. 他们说是. 后来
我请他们两个人给我写他们的名字, 他
们写的字都很好. 人家说他们学过中国
画儿. 外国人研究中国画儿我想很难.

4. 我小的时候我的家在河南省一个县城里.
县城里很多学生都想到省城去上学. 省
城的学校很不容易考. 虽然不容易, 可
是还有很多学生到省城去考试. 有一天
5 我家工人张有为的儿子来了. 他说他也
想到省城去上学. 我说:"到省城去上学
不太远吗? 最好你不要去."他说他要去.
张有为的儿子现在是很有名的科学家.

Lesson 25. 點点, 鐘钟, 業业, 實实

1. 很多年以前，我在实业学校教书. 有一
天因为考试不上课. 校长对我说："今天
十点钟有个实业家到我们学校来，请你
也来. 我说："我前天已经跟县长说过了,
今天十点钟去见他, 所以今天我不能来."
说实在的我不想来.

2. 万文山向我明天几点钟上课，几点钟下
课. 我说八点钟上课，四点钟下课. 他
请我五点钟到他家去.

3. 有一个美国实业家，他的事业很多. 他
每天早上很早就离开家. 有一天早上八
点钟我到他家. 他家里人说他早就走了.

4. 中国跟很多外国工业国家有来往. 外国
实业家常常到中国来.

Lesson 26. 當当, 應应, 該该

1. 边大东前天早上八点钟来了. 他说他要
在这里两三天，可是事实上他是当天晚

<u>上</u>就走了. 他在这里还不过八个小时呢.

2. <u>张国书</u>以前是一个很有实力的实业家. 现在一点儿实力也没有了. 原因当然是现在中国人民当了国家的主人.

3. 我现在学中文. 我当初就能看英文<u>人民画报</u>. 现在也能看中文<u>人民画报</u>. 我也应当每天看中文报.

4. 我应当买一本中英字典, 也应当买一本英中字典. 我到工人书店去买, 他们没有英中字典, 就有中英字典. 他们说我应该到人民书店去买.

5. 张: 你们现在学什么?
   边: 我们现在学英文.
   张: 以后你们每个人都学英文吗?
   边: 不, 以后他们学法文, 我学英文.
   张: 你们每天都有课吗?
   边: 对了, 每天都有.

6. 张：你们看不看中文报？

万：看，我们每个人都看中文报.

张：你有没有法文报？

万：没有，我就有中文报. 他们有法文
5   报.

张：他们都看法文报吗？

万：对了，他们每个人都看法文报. 他
       们就看法文报，不看中文报.

张：他们也应该看中文报.

Lesson 27. 貴贵, 飯饭, 館馆, 談谈

1. 有一天我在图书馆看书的時候，万大东
   也在那儿. 他对我说，要请我吃饭，他
   有事跟我谈谈. 他说有一个小饭馆不贵，
   我们去吃那个小饭馆.

2. 张万贵说这本中英字典图书馆里没有，
   可是这本字典不太贵, 我们应该买一本.
   我当时就买了一本.

3. 英文画报是我们两个人的. 中文画报是

图书馆的. 英文、中文画报书店里都买得
到, 都不很贵.

4. 我跟<u>马子言</u>常常到饭馆去吃饭, 吃饭的
时候我们用中文谈话.

Lesson 28. 訴诉, 飛飞, 機机, 價价

1. 我从来没坐过飞机. 人家告诉我坐飞机
很有意思, 应当坐飞机到别的地方去看
看, 价钱也不贵.

2. 我常吃中国饭, 可是<u>钱</u>先生从来没吃过.
我告诉他中国饭很好吃, 价钱也不贵.
<u>钱</u>先生说他吃过日本饭, 不好吃, 他不
想吃中国饭了. 过一两天, 我一定请他
吃一次中国饭馆, 叫他试试看好吃不好
吃.

3. 今天<u>张贵华</u>告诉我, <u>边大文</u>想来看我,
跟我谈谈. 我想他一定有什么事. 不
然, 他不会要看我.

4. 有一个外国人第一次看见我的时候, 他

问我贵姓. 当时我告诉他我姓张. 过了
一会儿他又看见我. 本来不应该再问了,
可是他又问我贵姓. 我就说我还是姓张.
他知道不应该又问, 他有点儿不好意思.

Lesson 29. 氣气, 歡欢, 簡简, 單单, 間间, 員员

1. 我很喜欢坐飞机, 也喜欢在飞机上吃饭.
飞机上的饭虽然简单, 可是很好吃. 如
果天气好, 飞的时间又不太长, 在飞机
上一边吃饭, 一边看外边, 很有意思.

2. 他问我到日本的飞机票价多少钱, 如果
天气好到日本要多少时间? 我告诉他票
价是二百块钱, 飞的时间差不多是三个
小时.

3. 我的生活很简单. 每天吃了早饭就到学
校去. 晚上到家以后, 就看书写字. 要
是学校没有课, 天气好的时候就跟家里
人到外边儿去走走或者看看山水.

4. 天气好的时候我喜欢走路到学校去. 天

气不好的时候我就坐车去.

5. 他写民间文学写得很简单，很容易看.
我最喜欢看他写的简易客家小说.

6. 我问店员一张中国地图卖多少钱. 店员
说就卖一块钱，所以我买了两张.

7. 我在中文书店里作店员. 每天买书的学
生不少. 我们卖书也卖地图、本子什么
的. 在书店当一个店员很有意思，常常
可以跟学生们谈谈.

Lesson 30. Review

1. 钱有为最近从三河县来了. 我应当请他
吃饭谈谈. 今天看见张大文，我问他看
见钱有为了吗.他说他知道钱有为来了，
可是还没看见他. 我就跟张大文说："在
5 这一两天里我请钱有为吃晚饭,也请你."
张大文说："我应该请他."我对张大文说:
"这次我请.下次你请. 我们到什么地方
去吃饭呢?"想了半天我说还是到那个山

东饭馆华北饭店去吃．虽然价钱贵一点
儿，可是他们的东西好吃．后来我跟张
大文说要是他跟钱有为后天都有时间，
最好是后天晚上七八点钟．

2. 我是学语言的．现在研究中国语言．中
国语言很难，中国话说得好很不容易．
我虽然中国话说得不好，可是我很喜欢
研究中国语言．这里有个中国语言学会．
5 我也在那儿研究语言，那儿的研究者不
多，都是语言学家，常在一块儿开会，
有时候也到别的地方去研究方言．有人
说研究中国语言很容易．我说："谁说很
容易？"研究中国语言实在不简单．最近
10 我要到中国西北去研究方言．以前我没
去过西北．西北离这儿很远．虽然很远，
要是坐飞机用不了很多时间．研究会里
还有一个人也想跟我一块儿去．他能画
图，也能写中国字．他的意思是坐火车．
15 我们这次要到西北去坐火车还是坐飞机，
我们两个人有两个意见．坐飞机票价贵

一点儿，坐火车时间长一点儿．到现在
我们两个人都不知道坐火车还是坐飞机
呢．

3. <u>张华国</u>人很好，对人很客气．他常对我
说，要是有时间叫我到他家里去．我从
来一次也没去过．应该去看看他，可是
他家在中华路几号我不知道．他就告诉
5 我他家在中华路是一个大门儿．

4. <u>边文书</u>是一个外国人．因为从小没上过
学，现在他想上学，可是白天没有时间，
所以他晚上到学校去上课．他每次考试
都考得很好．

5. <u>万子文</u>在书店看见一本很好的语言学的
书，才卖一块五毛钱．他买了一本给我．

6. 毛：<u>边业文</u>，你是山东人吗？
   边：不是，我是河北人．
   毛：你是什么时候到英国来的？
   边：我来了已经三年了．

7. 我很想看中文报, 可是我的中文不很好,
我看不懂.

Lesson 31. 進进, 連连

1. 我前天因为有一点儿事去看马见文. 到
他家门口, 是马见文给我开门. 进去以
后, 马见文把他写的字连他写的书都拿
给我看. 他还问我喜欢不喜欢文学. 他
5 还告诉我作文的方法. 他说作文要写得
有意思, 还要写得简单明白, 叫人看得
懂. 他跟我谈了很多古今文学. 人人都
说马见文有学问. 今天跟他谈话以后知
道他实在有学问. 他对人也很客气. 我
10 在他那儿差不多有两个小时. 我说要走
了, 他还叫我再坐一会儿. 我说: "时间
已经不早了. 以后再来." 我就走了.

2. 那个英国学生跟我谈天, 说他明年应该
进大学, 可是他家生话很不容易, 连一
百块钱都没有, 他可能明年进不了大学.

3. 这个中文小说很简单，我们外国学生都
   能看，也很有意思．有人说是一个上海
   工人写的．不知道对不对．

Lesson 32. 錯错，錄录

1. 我看大华书店的图书目录上张连生写的
   那本进出口手册已经出版了．我得买一
   本．那本书对我们作进出口的人很有用．

2. 张华到大华书店去买一本简易中英字典．
   图书目录上是两块四毛，可是书店的店
   员说四块二．张华说："目录上写的是两
   块四，为什么要四块二呢？"店员说："目
   录上写错了．"

3. 我在美国初学中文的时候，常常写错字，
   或者写半个字．比如「课」这个字我就写
   一半儿「果」．「真好」的「真」我就写「直」．
   上课的时候教员当然说给我了，可是别
   人看见都不告诉我．人家不告诉的原因，
   一个是人都不喜欢人家说他的错儿，别

人说他的错儿一定生气. 一个是我是个
大学生，要是说我的错儿我一定不好意
思.

4. 是的，不错，以前我在中山大学工作，
教外国学生中文. 可是我是五年以前离
开那儿的，到这儿来工作.

Lesson 33. 紹绍

1. 万见文说一两天给我介绍几个中国朋友.
他说给我介绍的朋友里还有两个女学生.
如果他们到我这里来，我想大家一块儿
说话的时候用录音机录下来，一定很有
5 意思.

2. 前天马见文请客. 因为客人太多，主人
没时间给大家介绍.有一个客人对我说：
"边有为，你好吗？我们几个月不见了."
我说："我不姓边，我姓钱." 那个人很不
好意思. 他看错了人，把我当作他的朋
友边有为了.

3. 钱学文在外文出版社工作. 他昨天给我
   介绍一个英国朋友，也在外文出版社工
   作. 他们都说在那儿一块儿工作很有意
   思.

   Lesson 34. 極极，級级，聽听，編编

1. 我们学校开学了，请了一个英国人教初
   级英国文学. 他的话我一点儿也听不懂.
   校长给我们介绍说他编写过很多书，他
   的学问好极了，所以请他来教我们初级
  ⁵英国文学.

2. 我是一个英国人，会说一点儿中文. 我
   想再学一点儿. 今天早上我问马学文：
    "这里有没有好的中级中文课本?"马学
   文说："听说大华出版社最近出版了一本
  ⁵中文课本，是一个有名的语言学家编写
   的. 内容好极了. 你可以去看看."

3. 昨天我看见张大为. 他告诉我他近来每
   天都看人民画报. 他说人民画报编得好
   极了，有画儿也有说明. 我听他说了，

我就问他："我们三年级的外国学生能看得懂吗?"他说三年级可以看得懂. 听说编这本画报的从前是个工人.

Lesson 35. 親亲，歲岁

1. 我的母亲已经六十岁了. 他为了我们真不容易. 三十年以前因为我们家里没有钱，人口多，父亲是一个文人，编书得不到很多钱，所以生活很不容易. 母亲
5 天天做家里事，做饭什么的. 家里事不少. 每天晚饭以后还要问我们学校的功课. 我的母亲不但是我们的母亲，也是我们课外的教员. 父亲已经过去了. 现在我们都离开家出来工作. 家里只有老
10 母亲一个人了.

2. 我已经三十多年没回老家了. 今年五月我回我的老家一次，看见了很多我的亲人，而且他们生活比以前都好得多. 看见老家很多朋友，他们以前没有饭吃，
5 现在人人都有饭吃.

3. 今天天气很好．我跟老张我们两个人去
上山．我们在山上差不多有四个小时．
我们下山的时候已经六点了．

4. 老张虽然六十岁了，他还是工作．他说：
"我是为人民工作."

5. 田大文跟他姐姐美英两个人，都是第一
个到这儿来工作，而且最后离开．弟弟
一直跟他姐姐学．他们两个人在这儿工
作快三年了．做得又快又好．有时候饭
都忘了吃，而且从来不出错．真是人民
的好儿女．

6. 常：中级中文课本多少钱一本?
关：三块二毛钱．
常：高级的呢 ?
关：四块二毛钱．

Lesson 36. Review

1. 我小的时候我们小学有一次开会，请了
一个老年人对我们说："前几天马校长跟

我在一块儿吃饭. 他说如果我有时间, 叫我到你们学校来, 对你们说半个小时的话. 我很想有机会对小朋友谈谈. 我来以前, 还没想出来应该对你们说什么.

⁵我现在跟你们说「应该做一个好学生.」什么是好学生呢？很简单就是在家里听父母的话, 在学校听先生的话, 因为父母都希望儿女好, 先生都希望每一个学生都是好学生. 要是你们在家听父母的

¹⁰话, 在学校听先生的话, 你们大了以后在社会上也是好的工作者."

2. 后天是边见文二十岁生日. 我应当给他买一点东西或是请他吃饭, 可是我听见张文山说他可能后天离开这儿, 到别的地方朋友家里去. 我想虽然他不在这儿

⁵过生日, 还是得给他一点东西.

3. 我的一个很好的英国朋友前天对我说："从这两年以来, 家里生活就很不好, 因为父亲的生意不如意, 母亲又生病. 我是

上大学的．我学的是文科．功课又多而
且又难．回家以后还得做家里的事，也
要问弟弟、妹妹他们学校里的功课．我
希望父亲的生意好一点儿，母亲的病快
5 好了．"

4. 这个城里头的图书馆很小，可是看书的
学生很多．每天来看书或借书的学生有
几百人．大学生、中学生都有．到了考
试的时候，学生更多了．如果你想去看
5 书，最好早点儿去，不然你到了图书馆
就没地方坐了，你想借的书也借不倒了．
前天早上十点钟我到图书馆去借中级简
易英语会话，还有两本名人画册，已经
都借出去了．

5. 万国言先生是近代很有名的英国文学家．
他编著的书很多．他在七岁的时候就没
有父亲了．他母亲没法子，就到有钱的
人家里当用人．万国言是一个很好的学
5 生．从初小开始每次考试都考第一．才
上高小一年级，他母亲对他说："孩子，

你很有天才，应该上大学，可是我们生
活不容易，没法子再上学了．明天早上
我们去见钱绍文．钱绍文对谁都很客气．
他是个实业家．请他给你一点工作．不

5 要再上学了．"万国言虽然听了母亲说的
话，心里很难过，可是没法子．他们到
了钱绍文家进去以后，对钱绍文说明他
们来的意思跟他们的经过．钱绍文听完
了他母亲说的话，说："这个孩子以后是

10 个人才，应该上大学．钱我借给你们．"
他又对万国言说："我借给你钱一直借到
你在大学学完了．你以后要是有了钱也
不必给我了．但是如果有人没钱上学可
是有天才，那个时候你也借钱给他．"从

15 这个时候开始万国言比以前更用功了．
他的时间都是用在研究学问上．他常对
我们说他小时候很喜欢吃水果，他要买
水果的时候就想："钱是人家的，不是我
的．"他说他就不买了．

6. 今天是二月十八号．我早上吃了点心就

去看马见真，想借他的彔音机用用. 我
家在城里，离中华门很近. 他家在城外，
离我家很远，而且那条路又不好走，所
以我坐车去了. 到他家门口叫了半天门
5 没人开. 我以为错了，我想走了. 这时
候马见真的母亲出来了，说马见真出去
了，一会儿就回来，请我进去坐一坐.
我就进去了. 看见马见真给人写的字画.
他的母亲很客气，给我拿点心，拿水果.
10 他母亲又坐下跟我谈，向我是不是本县
人，在什么地方工作，是不是教员，坐
过飞机没有. 我们谈一会儿，马见真回
来了，把彔音机借给我，我就走了.

7. 开明书社的社员说他们卖的书价钱都不
太贵，他给我看几本书上的价钱，真是
不贵.

Lesson 37. 樣样，園园，紀纪

1. 今天早上我到公园去等朋友，看见纪华
文跟他父亲、母亲也在公园呢. 我们谈

了一会儿，后来他们先走了．纪华文的
父母我已经三年没看见了．还是从前的
样子，一点也没老．

2. 张大文的儿子今年才七岁．他对画画很
有天才．有人说他大了一定是个画家．

3. 边民：

明天是一个纪念日．学校不上课．我
跟张大海早上十点到公园去，如果你想
跟我们一块儿去，请你明天十点钟以前
5 到我们这里来．向
好！

华为公 九月十二日

4. 你忘了？以前这个地方连中学也没有，
更不要说大学了．当时，我在河那边一
个初级小学上学，校长马子文走路慢极
了，说话一点乞力也没有，听说还不到
5 四十呢，可是看样子简直是个老头子．
而且说了话就忘，做了事就忘．你看，
现在这中学，我以为只有三百人，没想

到有五百多人！

Lesson 38. 紅红，紙纸

1. 中国人从前用红的代表喜事．什么是喜事呢？定亲事生孩子都是喜事．比方定亲事开八字都是用红纸写．现在中国人也跟外国人一样了，喜事也不一定用红
   5 的了．

2. 有一个朋友说，他前天去看"东方红，"很有意思，人人都应当看．我今天去买票，可是要买票的人多极了．我买不到．听说得等好几天才能买．

3. 我弟弟今年十六岁了，纪子园今年虽然才十一岁，可是长得跟我弟弟一样高．

4. 华：我要定中文报纸．
   张：你要定什么报纸？
   华：我要定人民日报．听说人民画报内容也很好，我还想定一本人民画报．

Lesson 39. 電电，認认，識识

1. <u>华国因</u>跟<u>边文华</u>两个人从小就认识，现
   在是很好的朋友．他们两个人如果是纪
   念日或者学校不上课的时候都是在一块
   儿．要是两三天不见就得在电话里谈谈
   5 心．有一次我在<u>华国因</u>家里，<u>边文华</u>来
   电话了．他们两个人在电话里说了差不
   多有两个小时的话才不说了．

2. 昨天在报纸上看见有一个电影很好看，
   所以我就去看电影去了．从家里出去走
   在路上有个人在我后边儿叫我的名字．
   我回头看看不认识他．他说去年我们在
   5 红十字会开会的时候见过．他还认识我，
   可是我把他已经忘了．

3. 中国从前的工人跟人民多半不认识字．
   现在中国人民都有机会学，听说人民不
   但都认识字也能看报纸．

4. 那个地方所有的社员都说，他们从前过
   的是牛马一样的生活，现在比从前好得

多. 他们都有饭吃, 孩子们也都上学,
就有几个年纪大的人不认识字.

Lesson 40. 訪访, 興兴, 將将

1. 昨天我去拜访父亲的一位老朋友. 见了
以后, 他高兴的不得了. 因为他跟父亲
好几年不见了, 他对我说他看见我好像
看见了父亲一样. 我也告诉他, 父亲不
5 久将要到这里来了. 他说父亲來了的时
候请父亲马上给他电话.

2. 前些日子有一个外国人到这个县的一个
城里去访问. 当地人民人人对他好极了.
男女老少都出来欢迎他. 有的人将家里
的水果、点心什么的都拿出来给他吃.
5 这次的访问他很高兴, 他认为很有意思.
也得到了不少的知识, 还认识了不少的
朋友.

3. 昨天我们三个人去拜访王大文先生. 他
很高兴, 他说我们三个人都是好学生.

他介绍给我们几本书. 我们差不多谈了
两个小时才离开他家.

Lesson 41. 畢毕，結结，論论

1. 有一个美国学生给他中国朋友写信，信
上写：我大学将要毕业了，所以现在开
始就去找工作了. 可是这里人多事少.
我是一个才毕业的一个学生，对什么事
5 都不懂得，怎么能够找到工作呢？所以
这几天为了这个心里很不高兴. 本来不
想去找人家介绍工作，可是因为找事太
难了，结果还得去拜访父亲的朋友介绍
工作. 我想将来找到了工作可能也会不
10 如意. 因为事实和理论在社会上有时候
是两回事. 很多大学毕业生在毕业以前
他们的想法是将来毕业以后对国家人民
他们要作很多事. 可是毕业以后到了社
会上去工作，就不是那么回事了. 结果
15 他们很难过，认为社会上一些事都不如
意，要是在社会上工作久了，就知道理

论是理论，事实是事实.

2. 我们不论作什么事，要跟我们意见不一样的人在一块儿工作,不论是在社会上，或是学校里，这样才能有好的结果，好的表现.

3. 我们在社会上,不论对什么人都要客气.别人要是知识比我们高的，我们要问他们，要是我的知识比别人高，我要告诉别人别人不懂的.

Lesson 42. Review

1. 马有文将要从华东到这里来了，我现在给你们介绍介绍马有文是怎么样一个人.马有文是英国人，是一位著名的语言学家. 他对中国文学很有研究. 有的东西
5 连中国人都不懂，可是他知道. 他写了好几本书. 在外国有几个大学里研究中国语文的，差不多都用他写的书. 在十几年以前他来过中国.我跟他是老朋友.

现在他又要来了．我心里多么高兴．我
们又可以在一块儿研究研究了．今天我
告诉我家里人马有文要来了，他们也都
高兴得不得了．

2. 我明年大学华业了．前两天父亲说我华
业父亲给我买一个象音机，因为我是学
语言的，象音机对我很有用．可是要买
一个象音机价钱很贵了．我和父亲说不
必买那么贵的东西．父亲说一定给我买．
他说认识一个卖象音机的，可以用中等
价钱买一个最好的．父亲这么说而且我
也很喜欢象音机,只好请他老人家买了．

3. 我虽然是美国人,可是很喜欢吃中国饭．
在美国我常到中国饭馆儿去吃．中国朋
友连见真知道我喜欢吃中国饭，所以常
请我到他家去吃．他母亲饭做得好吃极
了．虽然是很简单的家常饭，比别人做
得好吃．有一次我们谈到饭．我对连见
真的母亲说："你饭做得这么好，你应该
开饭馆儿." 他母亲说:"我的本事就是做

家常饭，饭馆儿的饭我不会做，一点儿
也做不了."我想这是客气话.

4. 昨天下课回家,走到我家那条路口儿上,
很远就看见我们门口有一个人站在那里
跟父亲说话. 因为太远了，我不知道是
谁. 后来他叫我, 原来是张老先生到我
5 们家来了. 现在要走了. 张老先生年纪有
七十左右的样子. 他很喜欢我. 他是一
位画家. 他家里有很多古画. 他告诉父
亲他的那些古画很难得, 现在买不到.
张老先生家离我家很远, 有五十多里路.
10 我问他坐什么车来的. 他说坐火车来的.
他跟我谈了一会儿. 时候已经很晚了,
差不多有七点钟了, 结果在我们家里头
吃了晚饭才走的.

5. 我弟弟今年七岁，上第一小学二年级.
他虽然年纪小, 可是很有画图画的天才.
他常在纸上画人、马、鱼、山什么的.
要是没有纸他就在书上画. 昨天我看见

他在一张纸上画了一个山，他画的山是
红的．我问他："山有红的吗?"弟弟说：
"我画的是火山．"

6. 边子万在三十年以前当过县长．现在在
报馆工作．今天有人告诉我们边子万已
经在十五号坐飞机离开华北到这里来了．
因为他是父亲的老朋友我应当去拜访他.
5 我想先用电话和他定一个时候，不然他
有事或是出去了可能见不到他．

7. 快要考试了．因为这次的考试是华业考
试，要写论文．我住的地方孩子很多，
没法子研究．每天得到图书馆去．可是
我住的地方是公园路，图书馆在中山路
5 中间儿，路太远了，每天都要坐电车去．

8. 昨天我看东华出版社的图书目录上有最
近出版的文学手册．这本书我们作教员
的应当有一本，所以就到书店去买．进
到书店以后请店员拿给我看.内容不错，
5 可是这本书纸不好，字也太小．不容易

看. 本来不想买了. 因为书的内容编写的
实在好, 结果还是买了.

Lesson 43. 隨随, 歷历, 數数

1. 在所有的功课里我对历史最有兴趣, 所
以每次历史考得最好. 除了历史以外,
语文我也喜欢. 就是不喜欢数学. 结果
考试都是考得不好.

2. 将要毕业了, 得作毕业论文. 我是学历
史的, 所以常到一位史学家的家里找书,
因为他的书, 有的连图书馆都没有. 他
人很和气, 叫我随时都可以到他那里去.
5 但是我不好意思, 因为他多数时间不是
研究便是写作, 去了以后他要用很多时
间给我找书和谈话.

3. 我有一本<u>中国近百年史</u>要卖. <u>老纪</u>要买,
问我要多少钱. 我对他说:"书我已经用
了一年了, 知识我都得着了. 你要买随
便给我几个钱, 都可以."

Lesson 44. 題題, 剛剛, 種种

1. 我在美国上中学的时候教我们历史的是
   一个很奇怪的人. 他出的题目都很特别.
   这位先生大家都不喜欢他. 我们给他一
   个外号叫"历史王." 他差不多每次上课
   都要考试. 比如头一天教给我们的功课,
   5 第二天刚一上课就先出题目考试. 每次
   都是这样. 随便别的功课怎么多, 大部
   分的时间都要用在历史上. 因为我们学
   校是女校, 我们都是女孩子, 他常说男
   10 孩子比女孩子学得好. 你们看这位先生
   说话多叫人生气.

2. 前几天我们全家到很远的一个地方去旅
   行. 我们是坐火车去的. 出城以后火车
   走了没有好久, 路上都是水田. 看见好
   几个种地的在地里种地呢. 到了的时候
   5 刚一下火车, 有很多人都站在那里看我
   们. 男女都有. 多数是小孩子. 父亲这
   个时候跟一个老头儿说起话来了. 那些
   人一看父亲跟老头儿说话, 大家都跟我

们说话了，问我们很多城里的生活上的事．有的问题问得我们简直没法子告诉他们．

3. 有一个日本学生对他的中国朋友说："我们家是种地的．昨天晚上吃完了晚饭以后，父亲跟我们说希望我们用功研究学问，将来从我们这一代起，不种地了．
5 父亲的看法跟我不一样．我认为种地比别的事都有意思．"那个中国学生说："从前我父亲也有这样的看法．他认为我们种地的过不了好日子．可是我们现在一家人跟全国人民一样过着很好的生活．"

4. 毕先生是法国人．今年九月一号从中国南部到这儿来．以前，他在中山大学工作，教中国学生法文．从九月十五号开始他教我们．

Lesson 45. 計计，較较，覺觉，驗验，
漢汉，練练，習习

1. 这次的考试所有的题目都很难，一定考

得不很好. 这几天在家里没事. 除了练
习写汉字就是用录音机录一点儿中国话,
自己听一听, 跟人家说的比较比较, 可
以知道自己说得行不行. 如果要把中文
⁵说得像中国人一样好, 我觉得很不容易.

2. 我是一个外国学生. 我学了一年多的中
国语言. 现在我又学中文呢, 是学汉字
的. 刚一学的时候很不容易, 可是我很
有兴趣. 每天下课以后用很多时间写汉
⁵字念中文. 现在比较简单的句子我都看
得懂了.

3. 我小的时候在一个书店工作. 书店买了
一个计算机. 开始我不会, 后来王经理
教给我, 很容易学. 后来练习得有了一
点儿经验. 用计算机计算钱数一点儿也
⁵不会错, 而且快得很.

4. 王起元是一位有名的历史家. 他对教学
很有经验. 他的历史书很多, 种种的历
史书他都有. 前几天王起元告诉我, 有

人请他编著一本<u>中国</u>近<u>古史</u>. 他说计算计算要二年的时间. 他觉得写这本书用的时间太长. 还是要研究研究这本书写不写.

5. 现在在中国常常听见人说："我们都应该学习别人工作的好经验，请你把你的工作经验介绍介绍."

6. <u>华</u>先生是英国人. 他除了会说本国话以外，法文、中文、日文都说得很好. 我们都应该跟他学习他学外文的好经验.

7. 那<u>些</u>社员的种地经验都比我们多. 我们应该请们把他们的工作经验介绍介绍.

Lesson 46. 處处, 發发, 關关, 聲声

1. 我妹妹是刚离开大学的一个学生，初到社会上来工作，是在一个政府机关里工作, 妹妹对这个工作发生很大的兴趣. 同事都是男的，就有妹妹一个入是女的.

有的同事认为我妹妹是一个刚离开大学
的女学生一定作不了．妹妹常常对同事
的说："现在的中国，男人能作的事，女
人也能作到！"

2. 我开始学中文的时候我学习的方法是，
上课先生教的时候用心听，等到课外练
习我就将已经学过的，自己大声多念．
还得注意四声，想每句话的意思．这样
5 学习，经过几个月以后，便能够和中国
朋友用简单的中文谈谈了．

3. 作生意必得有一个计算机，因为买东西、
卖东西都得计算钱数．计算机的好处是
计算数目的时候又快又不会错．

4. 今天是一个纪念日．所有的学校都不上
课．电影院里、公园里到处都是学生．
我今天什么地方也不去了，就在家里练
习写汉字看看书什么的．我觉得比较更
5 有意思．

5. 关喜华是一位美国心理学家．他发明了

一种特别方法研究人的心理. 很多外国人认为是现在最好的心理学家了.

6. 现在有一种飞机，快得不得了. 这种飞机飞得有多么快呢？你听我告诉你. 你一听见飞机的声音马上就往天上看，飞机已经飞过去了.

7. 我们每天都学习一课课文. 有的课文长，有的课文短. 短课文容易，长课文也不难.

Lesson 47. 記记, 輕轻, 讓让, 帶带

1. 我们从前上小学的时候，所有的小学生都要学国音字母. 我上小学三年级的时候学过了一年，可是学了以后从来也不用，所以不久全让我给忘了，一点儿也
5 没记住.

2. 我是一个外国学生. 初次到这里来，什么地方都不认识，比如买书吃饭馆等等

都找不着. 学校里有一位中国同学<u>关化</u>
<u>民</u>他对我很好. 一有时间就带我到处去
看看. 什么地方卖书, 什么地方有饭馆,
他都告诉了我. 这位同学对我的好处我
5 老忘不了.

3. 我从美国带来了一個很好的彔音机. 彔
下来的东西声音很好. 外表也很好看,
而且也不大. 要是旅行带着很容易拿.
因为小所以很轻. 昨天我弟弟来了, 说
5 他学中文得用彔音机, 让他给拿走了.

4. 我今天早上发现我的化学书不见了. 我
想可能是让我弟弟给拿错了. 因为那本
化学书上没写名字也没有记号, 很容易
拿错.

5. 近来有很多国家都很注意轻工业. 轻工
业和重工业都是同样地重要.

6. 我们的学校是北京大学, 在北京城外.
从城里到北京大学的路上, 两边儿有很

多学校，北京大学也在这一带．是最有
名的一个大学．我们外国学生有不少机
会和中国同学在一起，和他们说中文．
而且我们学习说中文也很用功，所以中
5 文水平提高得很快．我一天比一天喜欢
我们的学校．

7. 我从一九六五年到一九六八年在北京语
言学院学习中文．我记得那个时候我们
用的是<u>汉语教科书</u>有上下两册，是时代
出版社出版的．这本书现在买不到，因
5 为不出版了．听说近来外国学生来北京
学汉语的很多．北京语言学院有三，四
百个外国学生是从四十多个国家来到北
京学习汉语的．北大也有一百多外国学
生来学习．

8. 我们在北京语言学院学习中文．我们天
天练习听，也练习说．我们得好好儿地
学习，不然不能把中文学好．

9. 有一个社员告诉我，他们注重轻工业，

他们生活有了提高，而且生活水平提高得很快．他又说注重重工业是完全不对的．在美国可以，可是在中国不行．

10. 我在北京学汉语，我常到东方红书店去看他们有什么书．我家离北海公园很近．从我家到书店很远，得坐车去．有两路可以坐．有的时候我坐三路车，有的
5 时候坐八路车．今天我到书店去，看见一本关於学习语言的书，书名子是怎样学习语言．这本书对我们学习语言的外国人很有用．

Lesson 48. Review

1. 我才从中国到美国来住在旅馆里．每天房钱很贵．昨天张先生介绍我一所房子，离这里不远，就在这条路的东口．这条路是大路，生意不少．如果住在那里，
5 离学校不远，而且买东西也方便．昨天我和张先生我们去看过了．房子不错，房钱也不贵，我当时就把房钱给了房东．

2. 我在西东大学远东学院学中国语言差不多已经有二年了．我现在会说简单的中文，同时也认识了不少的汉字．中文很难说，汉字更不容易写．但是我对写汉字很有兴趣．我每次所写的汉字先生说都写得好极了．我希望将来还学中国文学．学中国文学，白话文比较容易些，因为白话文和说话差不多．可是文言文就比较难了．前几天我到书店随便拿起一本文言文的中学课本看看．书里面的单字我认识得不少，可是句子的意思我连一句也不懂．

3. 明朝初年的时候，中国很注意海外的事业，所以从一四〇五年到一四三二年在这二十七年里让一个人到外国去了七次，经过了很多国家．这个人第一次出国带了不少人，有二万八千多人．他们是坐船去的．一共坐了六十几条船．

4. 从前中国人记年月日不用公元，都是用

中国的年月日．从民国以来才开始用公
元．可是有的人过生日还是用中国原来
的年月日．

5. 纪：我要买一本英文小说．文华书店有
　　　没有？
　　华：文华没有．他们就卖中文书，不卖
　　　外文书．

6. 很多人到了中国都想看万里长城，因为
长城在中国历史上已经有几千年的历史
了．

7. 我毕业论文已经写完了，而且下星期一
是一个纪念日，我打算回家去看看父亲
和母亲．因为我家离这里有九十几里路，
得坐火车．同学里面我们那一县的人不
少．大家一定都要回家，所以我得先到
火车站买车票去．在火车站上看见马学
文，他买今天的车票呢．他今天回家．
因为钟点不到，时间还早，和他在车站
上谈了一会儿．他说他这次回家，最快

也要过年以后才回来. 马学文学问也好,
口才也不错, 就是有点儿自大. 他喜欢
的人, 才和人家说话. 如果他不高兴的
时候, 他就不理人. 你和他说话他好像
5 没听见. 今天我很有面子. 他和我说了
半天的话.

8. 现在所有的国家都注重工业. 工业有轻
工业和重工业两种. 有人问:"在一个国
家轻工业和重工业都同样地重要, 为什
么有的国家只有轻工业呢?"这是因为有
5 的国家对重工业上有难处, 所以只能有
轻工业.

9. 今天是一个纪念日. 学校里不上课, 所
以一天的时间都是在家里. 上半天在家
里听了一会儿彔音, 又用一个小时的时
间练习写汉字, 后来又把高级中文念了
5 几次. 下半天写信, 是写给一个住在外
国的朋友. 虽然就写了两张信纸, 可是
用了我不少的时间.

10. 中国是一个最老的国家，已经有三千多
年的历史了．以前的历史因为没有文字
都没有写下来．那么我们只是研究写下
来的历史．中国文化是从北部华北开始．
5 以后慢慢地到了中部和南部．从前中国
人认为只有中国文化是最高的，可是近
年以来中国人的看法和以前不同了，知
道也应该学人家的长处，所以近来也很
注意研究西方文化．

11. 王越是现在有名的大画家了．他的名字
差不多谁都知道．听说最近法国请他去
一次，希望他把他所画的画儿都带到法
国去．我上小学的时候他是我的图画教
5 员．不上几年的时间，王越是一位大画
家了．昨天在路上看见他．他一定要请
我吃饭去，说和我谈谈，看样子好像对
我很关心．没法子．只好和他一同到饭
馆．进去以后，我们就找个坐位坐下了．
10 一边吃一边谈．学校正在考试，我明天
还要考数学，可是我也不好意思说出来．

结果谈了有四个小时以上，才离开那里．

12. 王让：

我在上月五号就到这里了．我是坐飞机来的．虽然飞机票价比船贵得多，可是因为要开学了我得坐飞机．到这里有八个星期了．刚一来的时候很想家．现5在好多了．前几天我们学校考试了．这是我到这里第一次的考试．在没考以前我很用功．我觉得我不论怎么用功也不可能跟得上外国同学．到考试的时候，我一看题目不很难，所以考得还不错．10你知道了一定很为我高兴．我们学校的地方很好．在一个小山上，离我住的地方也不太远．下了山经过一个大公园就是我住的地方．我住的房子门口是一条大路，有很多生意．要是买书和买吃的15东西都很方便．也有电车站．上次你来信问我要什么．我就想看中文报纸，可是这里没有卖中文报的．下次再谈．问好．

初平 十一月四日

13. 昨天是张化民的母亲七十岁的生日．请

我们全家到他们家里去吃饭. 我和父母、
弟弟、妹妹等大家一块儿去了. 到了张家
门口他们一家人都从他们那个大红门里
头出来欢迎我们. 见面以后大家都很高
5 兴. 他们家的客人有的早就来了. 有很
多小孩子都是跟着他们父母来的. 小孩
子见着小孩子特别高兴, 不到十分钟大
家都是好朋友了.

14. 前天我去拜访马工华. 马工华是一位语
言学家. 他正在编写一本关於语言的书.
我去了他很高兴, 把他所写的书全都拿
出来给我看. 马工华对人很客气. 他告
5 诉我很多关於语言的问题, 比如四声和
轻声等等. 马工华实在是有学问有经验
的学者. 我问他所写的那本书在什么时
候出版. 他说他自己计算着明年八月出
版. 他说不知道出版社到时候是不是一
10 定能够出版.

NOTE ON CHINESE WRITING

There is usually a conventional order in which the strokes of Chinese characters are written, though a limited amount of variation exists among individual Chinese. Still greater differences are to be found between handwritten characters and printed characters. There are also several styles of the latter, including some which are analogous to our italic, boldface, and even the distorted forms used in advertisements. Sometimes the disparity is so great among the various styles that it is difficult to recognize two characters as being the same.

In order to provide practice in identifying characters in the various guises in which they might be encountered, the 400 characters in this book are presented in three styles. The Sung Dynasty style is used in the main lessons, and the Ming Dynasty style in the supplementary lessons. In the Stroke-Order Chart the characters appear in a handwritten form. (The calligraphy, by Mr. Yung Chih-sheng, is considered by connoisseurs to be particularly fine.)

In Chinese dictionaries the characters are most often classified by the conventional 214 radicals. In addition each character is considered as having a particular number of strokes; this sometimes differs from the number of strokes in the handwritten form. In the stroke-order chart below, the number of strokes in the handwritten form is indicated by a number at the right. The number in the printed form, if different, is given after it.

An examination of the chart will show that the stroke order of most characters can be summarized under the following general principles:

1. Left before right, as in 八
2. Top before bottom, as in 二
3. A horizontal line before a line crossing it, as in 十
4. A left-slanting line before an intersecting right-slanting line, as in 父
5. A central part before symmetrical sides, as in 小
6. Outside before inside, as in 同, except that if the enclosure is complete on four sides the last stroke is the bottom one, as in 四

In addition, there is also a conventional direction for writing each stroke. A few of the main principles are:

1. Horizontal lines are written from left to right.
2. Vertical lines are written from top to bottom.
3. Slant lines of the form \ are written from upper left to lower right.
4. Slant lines of the form / are usually written from top right to lower left.

On the following page are presented some characters that illustrate various kinds of strokes together with the stroke order and direction.

STROKE-ORDER CHART

Lessons 1 - 2

人	ノ	人											2
刀	フ	刀											2
力	フ	力											2
口	｜	冂	口										3
土	一	十	土										3
大	一	大	大										3
女	く	女	女										3
子	｀	了	子										3
小	｜	小	小										3
山	｜	山	山										3
工	一	丁	工										②3
心	｀	心	心	心									4
手	｀	二	三	手									4
日	｜	冂	月	日									4

月	丿	刀	月	月							4
木	一	十	才	木							4
毛	丿	二	三	毛							4
水	丿	刁	水	水							4
火	丶	丷	少	火							4
牛	丿	𠂉	二	牛							4 ③
田	丨	冂	曰	田	田						5
目	丨	冂	月	目	目						5
見	丨	冂	月	月	目	貝	見				7
角	丿	夕	尹	角	角	角	角				7
言	丶	二	三	言	言	言	言				7
車	一	厂	厅	盲	車	盲	車				7
長	一	厂	卡	手	토	長	長	長			8
門	丨	冂	尸	月	尸	門	門	門			8
馬	一	二	三	干	馬	馬	馬	馬	馬		9 10
魚	丿	夕	仒	匂	刍	角	鱼	魚	魚	魚	11 ④
我	丿	二	手	手	我	我	我				7

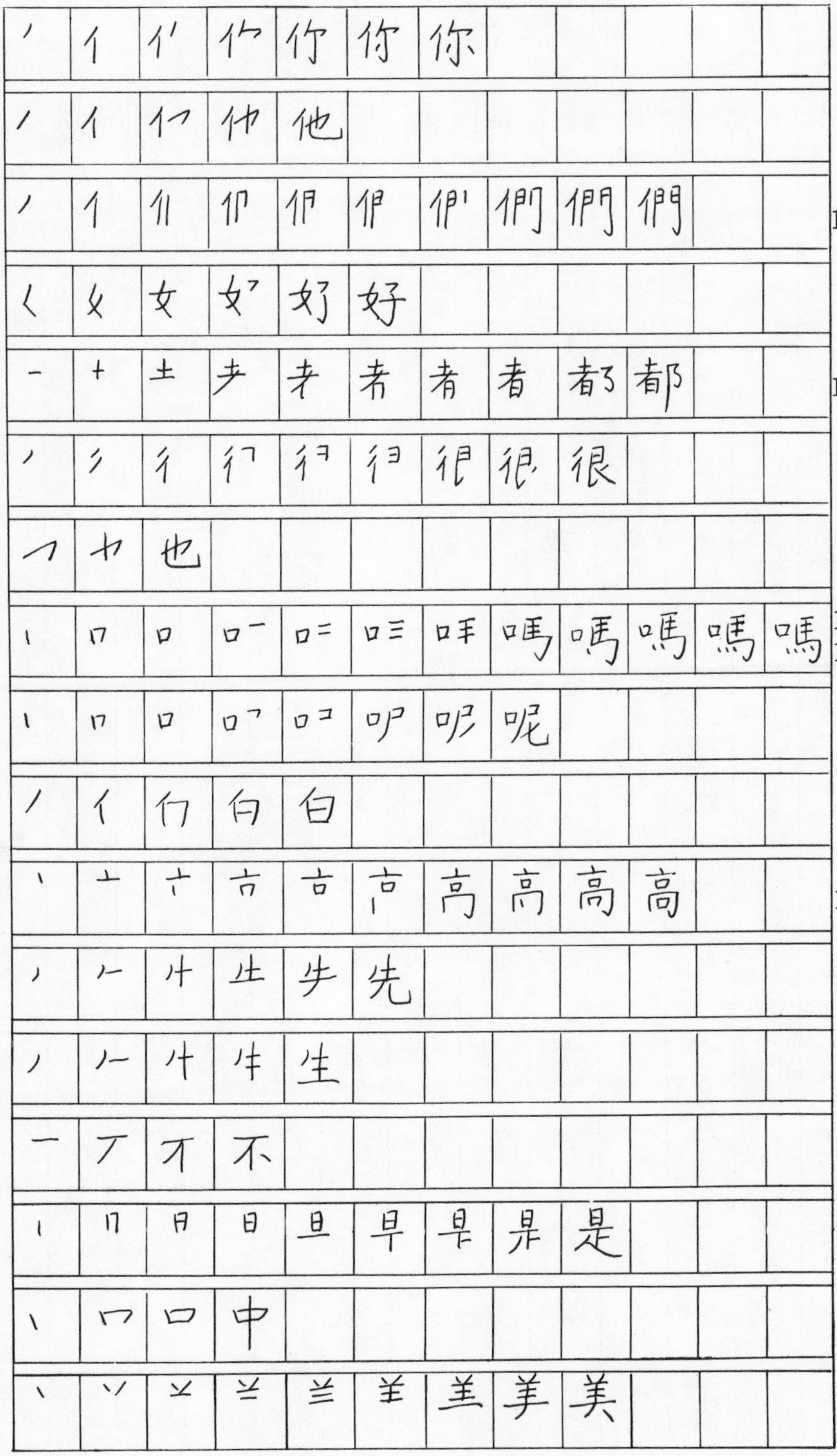

你	7
他	5
們	10
好	6
都	10
很	9
也	3
嗎	12 13
呢	8
⑤	
白	5
高	10
先	6
生	5
不	4
是	9
中	4
美	9

英	丶	十	丱	艹	苂	苩	苙	英	英			9
國	丨	冂	冂	同	同	同	同	國	國	國	國	11
												⑦
一	一											1
二	一	二										2
三	一	二	三									3
四	丨	冂	四	四	四							5
五	一	丁	丟	五								4
六	丶	亠	六	六								4
七	一	七										2
八	丿	八										2
九	丿	九										2
十	一	十										2
												⑧
書	乛	丁	刁	刲	亖	書	書	書	書			11
錢	丿	八	今	全	余	金	金	釒	錢	錢	錢	16
文	丶	亠	亣	文								4
多	丶	夕	夕	夕	多	多	多					6
少	丨	小	小	少								4

字												畫
這	丶	亠	士	言	言	言	言	言	這	這		10 / 11
那	刁	刁	刃	尹	那	那						6 / 7
本	一	十	才	木	本							5
塊	一	十	土	圵	圵	圴	坤	坤	塊	塊	塊	13
的	丿	亻	俏	白	白	的	的	的				8
會	丿	人	亼	仒	合	侖	侖	侖	畬	會	會	⑨ 13
說	言	訂	訂	訂	詳	説	説	説				14
話	言	言	計	許	話	話	話					13
沒	丶	冫	氵	沪	沉	沒	沒					7
有	一	ナ	冇	冇	有	有						6
還	丶	口	四	罒	罒	罘	買	罘	景	環	還	16 / 17
就	丶	亠	宀	古	吉	京	京	京	就	就	就	12
兩	一	冂	冂	雨	雨	雨	兩	兩				8
甚	一	十	廿	甘	甘	其	其	其	甚			9
麼	丶	亠	广	庁	床	麻	麻	麻	麻	麼	麼	⑩ 14
能	厶	厶	亡	肖	肖	肖	削	能	能	能		10
想	一	十	才	木	机	相	相	相	想	想	想	13

要	一	厂	戸	襾	両	西	要	要	要			9
看	丿	二	三	手	禾	秂	看	看	看			9
念	丿	人	今	今	今	念	念					8
學	丿	メ	爻	𡥀	𦥔	𦥑	𦥯	𦥳	學	學	學	學	16
買	丶	冂	罒	罒	罒	罒	罘	胃	胃	買	買	12
賣	士	吉	吉	吉	壺	青	賣	賣	賣	賣	賣	15
太	一	大	大	太								4
姐	〈	乆	女	如	如	妍	姐	姐				8
比	L	ヒ	比	比							⑪	4
寫	丶	丷	宀	宀	宀	宕	宕	宧	官	穷	寫	寫	15
字	丶	丷	宀	宀	字	字						6
典	丨	冂	曰	曲	曲	典	典	典				8
地	一	十	土	圵	地	地						6
圖	冂	冂	冋	冋	圕	圕	圖	圖	圖	圖	圖	圖	14
幾	く	幺	幺	糸	丝	丝	絲	銭	幾	幾	幾	幾	12
個	丿	亻	们	們	佴	佣	個	個	個	個		10
張	乛	弓	弓	弓	弜	弨	張	張	張	張		11

外	ノ	ク	タ	列	外							5
因	丨	冂	冂	円	因	因						6
為	、	ソ	为	为	為	為	為	為	為			9
所	′	ſ	戶	戶	戶	所	所	所				8
以	丨	㇄	以	以	以							5
雖	口	吕	吕	吕	虽	虽	虽	虽	虽	虽	雖	17
然	ノ	ク	タ	タ	夕	外	外	然	然	然	然	12
可	一	丁	可	可	可							5
了	㇇	了										2
兒	ノ	ſ	竹	竹	臼	臼	臼	兒				8
報	一	十	土	圥	击	查	幸	幸	報	報	報	12
家	′	宀	宀	宀	宁	字	穷	家	家			10
校	一	十	才	木	村	杧	枋	栌	栌	校		10
城	一	十	土	圤	圹	坊	城	城	城			9
邊	′	自	自	臱	臱	臱	臱	臱	臱	臱	邊	18
在	一	ナ	才	右	存	在						6
上	丨	上	上									3

951

下 | 一 | 丁 | 下 | | | | | | | | 3
裏 | 丶 | 亠 | 亠 | 古 | 亩 | 亩 | 审 | 車 | 重 | 裏 | 裏 | 13
頭 | 口 | 豆 | 豆 | 豆 | 豆 | 豇 | 頭 | 頭 | 頭 | 頭 | 頭 | 16
海 | 丶 | 丶 | 氵 | 氵 | 汁 | 汇 | 海 | 海 | 海 | 海 | | 10
店 | 丶 | 亠 | 广 | 广 | 庐 | 庐 | 店 | 店 | | | | 8
遠 | 士 | 吉 | 吉 | 吉 | 声 | 专 | 责 | 袁 | 袁 | 遠 | 遠 | 13 14
近 | 丿 | 厂 | 斤 | 斤 | 沂 | 近 | 近 | | | | | 7 8
東 | 一 | 厂 | 冂 | 百 | 車 | 東 | 東 | 東 | | | | 8
西 | 一 | 厂 | 冂 | 两 | 西 | 西 | | | | | | 8
南 | 一 | 十 | 忄 | 内 | 内 | 南 | 南 | 南 | 南 | | | 9
北 | 丨 | 十 | 圠 | 北 | 北 | | | | | | | 5
離 | 亠 | 文 | 这 | 凶 | 卨 | 禽 | 离 | 离 | 劀 | 離 | 離 | 19
湖 | 丶 | 丶 | 氵 | 氵 | 汁 | 汁 | 沽 | 沽 | 湖 | 湖 | 湖 | 12
河 | 丶 | 丶 | 氵 | 氵 | 沂 | 河 | 河 | 河 | | | | 8
從 | 丿 | 彳 | 彳 | 彳 | 𧘐 | 𧘇 | 從 | 狲 | 狲 | 從 | 從 | 11
到 | 一 | 乙 | 云 | 至 | 至 | 至 | 到 | 到 | | | | 8
來 | 一 | 丁 | 十 | 寸 | 来 | 來 | 來 | 來 | | | | 8

去	一	十	土	去	去								5
走	一	十	土	丰	丰	走	走						7
坐	丿	人	从	从	丛	坐	坐						7
船	丿	丨	刀	舟	舟	舟	舟	舡	舩	船	船		11
路	口	口	尸	尸	尸	足	趵	趵	跂	路	路		13
里	丶	冂	曰	曰	旦	甲	里						7
華	丶	十	卅	艹	芊	芎	芊	芢	菥	萆	莗	華	12
第	丿	亠	𠂉	𥫗	竹	竺	竺	笃	笃	第	第		11
次	丶	冫	冫	汐	沪	次							6
號	口	므	号	号	号	号	号	彭	號	號			13
條	丿	亻	亻	伙	伀	修	條	條					10
今	丿	人	스	今									4
明	丨	冂	日	日	町	明	明	明					8
天	一	二	于	天									4
年	丿	仁	仁	午	在	年							6
又	乁	又											2
民	乛	口	尸	民	民								5

用	丿	冂	冃	月	用							5
給	⟨	幺	幺	糸	糸	糸	糸	給	給	給	給	12
對	川	川	业	业	业	业	業	業	對	對	對	14
過	丶	冂	冎	冎	冏	咼	咼	咼	過	過	過	12 13
最	丶	冂	冃	日	旦	早	昮	昮	冐	冐	最	12
前	丶	丷	丷	丷	前	芇	首	前	前			9
後	丿	彳	彳	彳	徉	徉	徉	後	後			9
時	丨	冂	日	日	日	旪	旪	時	時	時		10
候	丿	亻	亻	佗	佇	佇	佀	佀	候	候		10
初	丶	丆	礻	礻	礻	初	初					7
方	丶	亠	亍	方								⑳ 4
法	丶	冫	氵	氵	汁	泔	法	法				8
研	一	丆	石	石	石	矸	矸	研	研	研	研	11
究	丶	宀	宀	宀	宀	究	究					7
語	言	訂	訂	訸	語	語	語	語				14
百	一	丆	丆	百	百	百						6
千	丿	二	千									3

字													畫數
萬	艹	丷	芍	苩	苗	萬	萬	萬	萬				13
開	丨	冂	冃	冃	門	門	門	門	門	門	開	開	12
主	丶	亠	二	丰	主								5 ㉑
懂	丶	忄	忄	忄	忄	忭	忭	憧	憧	憧	懂		16
畫	𠃌	⺋	⺕	킈	聿	聿	書	書	書	書	畫		12
活	丶	冫	氵	汁	汗	汗	汗	活	活				9
叫	丨	冂	口	叭	叫								5
請	亠	言	訁	訁	詰	請	請	請	請				15
問	丨	冂	冃	冃	門	門	門	問	問	問	問		11
誰	亠	圭	言	言	訁	訃	誰	詐	誰	誰	誰		15
現	一	二	干	王	玑	玥	玥	珇	珇	現			11
名	丿	夕	夕	夕	名	名							6
古	一	十	十	古	古								5 ㉒
旱	丶	冂	日	日	旦	旱							6
晚	丨	冂	冂	日	日	盼	盻	晗	晚	晚	晚		12
難	一	十	艹	廿	苗	苩	苩	莫	莫	莫	莫	難	19
容	丶	宀	宀	宀	灾	灾	灾	容	容				10

955

易	丨	冂	日	日	月	咢	易	易				8
再	一	丆	厈	冉	两	再						6
知	丿	匕	仁	欠	矢	知	知					8
道	丶	丷	丷	艹	首	首	首	首	首	道	道	12 / 13
原	一	厂	厂	厂	厈	厡	盾	原	原	原		10
省	丨	小	小	少	屮	肖	省	省	省			9
科	丿	二	千	壬	禾	禾	秎	秎	科			9
課	言	訁	訂	訊	評	評	諜	課				15
考	一	十	土	耂	耂	考						6
試	言	訁	計	訌	試	試						13
已	𠃌	彐	已									3
經	𡿨	乡	幺	幺	糸	糸	紅	紅	絚	經	經	13
表	一	二	丰	圭	丯	表	表	表				8
常	丨	丷	丷	小	尚	尚	常	常	常	常		11
夫	一	二	夫	夫								4
縣	月	且	帛	帛	県	県	影	影	縣	縣	縣	16
半	丶	丷	丷	半	半							5

23

25

956

點	日	日	旦	甲	里	黒	黑	點	點	點	點	點	17
鐘	金	金	釒	鈩	鉐	鋅	鍟	鍐	鐏	鐏	鐘		20
必	丶	心	心	必	必								5
得	ノ	ニ	彳	彳	彳	袒	得	得	得	得			11
跟	口	呈	𠯛	尸	足	𧾷	跀	跙	跟	跟	跟		13
事	一	二	吅	吂	彐	亐	冒	事					8
業	㇑	㇒	业	业	业	业	业	业	芏	莘	業		13
往	ノ	ニ	彳	彳	彳	行	往	往					8
實	宀	宀	宀	安	宵	宵	宵	實	實	實	實	實	14
別	丶	口	口	号	另	别	別						7 ㉖
才	一	十	才										3
當	㇑	㇚	丷	灬	严	尚	尚	当	當	當	當	當	13
應	丶	亠	广	广	府	府	府	雁	雁	雁	應		17
該	言	訁	訁	訪	該	該	該						13
每	ノ	𠂉	乞	每	每	每	每						7
差	丶	丷	丷	丷	羊	羊	差	芐	差				10
更	一	一	吅	百	百	更	更						7

957

教	一	十	土	耂	耂	孝	孝	教'	教	教	教		11
朝	一	十	古	古	古	吉	直	卓	軩	朝	朝	朝	12
病	丶	亠	广	广	疒	疒	疒	病	病	病			10
貴	丶	口	口	中	虫	忠	眚	眚	青	書	貴	貴	12
姓	く	乂	女	女'	女'	女=	姓	姓					8
吃	丶	口	口	叮	叮	吃							6
飯	丿	人	仒	今	今	今	食	食	飠	飣	飯	飯	12
館	丿	人	今	今	仐	食	食	飠	飣	飣	飣	館	16
或	一	一	戸	可	豆	或	或	或					8
者	一	十	土	耂	耂	者	者	者					8 / 9
談	言	訁	訁	訁	談	談	談	談	談				15
代	丿	亻	仁	代	代								5
定	丶	丷	宀	宀	宀	宇	定	定					8
告	丿	一	廿	生	牛	告	告						7
訴	丶	一	亠	吉	言	言	言	訂	訂	訢	訢	訴	12
如	く	乂	女	如	如	如							6
果	丨	口	日	日	旦	早	果	果					8

飛	て	て	モ	飞	飞	飞	飞	飛	飛			9
機	木	杧	杧	杧	榉	榉	榉	榉	機	機	機	16
意	'	亠	产	立	产	音	音	音	意	意	意	13
思	'	口	日	田	田	田	思	思	思			9
價	亻	仁	伫	價	價	價	價	價	價	價	價	15
客	'	宀	宀	宀	灾	安	客	客				9
氣	'	⺧	⺧	气	气	气	気	氣	氣	氣		10
喜	一	十	士	吉	吉	吉	嘉	喜	喜	喜	喜	12
歡	艹	苩	萨	萨	萨	雚	雚	雚	雚	歡	歡	歡	22
間	丨	冂	冂	門	門	門	門	門	問	間	間	12
簡	ノ	ᴸ	⺮	竹	笁	節	節	箮	箮	箮	簡	18
單	'	口	口	吅	吅	吅	吅	単	單	單	單	12
票	一	厂	两	两	两	西	覀	覀	票	票	票	11
員	'	口	口	尸	吊	吊	員	員	員	員		10
元	一	二	亍	元								4
把	一	十	才	扌	扣	扣	把					7
出	⺄	凵	屮	出	出							5

959

Character	Strokes
進	11 12
回	6
内	4
拿	10
但	7
連	10 11
只	5
册	5
	(32)
作	7
做	11
直	8
真	10
跑	12
快	7
慢	14
錯	16
錄	16

Character	Strokes	Lesson
版	8	
		33
借	10	
介	4	
紹	11	
始	8	
完	7	
朋	8	
友	4	
共	6	
音	9	
社	7	
		34
老	6	
忘	7	
希	7	
望	11	
極	12	
級	10	

字	筆順	畫數
而	一 丁 丆 丙 丙 而	6
且	丨 冂 月 月 且	5
聽	一 丁 丌 𦣝 耳 耳 耵 聑 �𦔻 聽 聽	22
編	幺 糸 糸 紉 糹 紣 紣 編 編 編	15 ㉟
父	ノ 八 分 父	4
母	乚 丹 母 母 母	5
親	亠 立 立 辛 亲 亲 亲 新 親 親 親	16
男	丶 冂 日 田 田 罗 男	7
孩	乛 了 孑 孑 孑 孩 孩 孩	9
妹	乚 乆 乄 女 奵 奵 妺 妹	8
弟	丶 丷 丷 쓰 弚 弟 弟	7
歲	丨 𠂆 此 此 芦 芹 芹 芹 歲 歲 歲	13
功	一 丁 工 巧 功	5
著	丶 十 十 艹 艹 艹 芏 芋 荖 著 著	12 ㊲
等	ノ 𠂉 𠂉 竹 竹 竺 竺 笁 笁 等 等	12
像	ノ 亻 亻 伫 伫 伫 仮 伊 傻 像 像	14
此	丨 𠄣 止 止 此 此 此 些	8

怎	ノ	⺊	ケ	乍	乍	乍	怎	怎	怎			9
樣	木	朳	栏	栏	栏	样	槎	槎	樣	樣		15
句	ノ	勹	勺	句	句							5
房	丶	冖	⼾	户	户	戽	房	房				8
公	ノ	八	公	公								4
園	门	冂	丹	丼	冑	周	周	責	園	園	園	園	13
紀	く	乡	幺	糸	糸	糸	紀	紀	紀			9
分	ノ	八	分	分								4
黑	丶	冂	団	団	日	甲	里	里	黑	黑	黑	12
紅	く	乡	幺	糸	糸	糸	紅	紅	紅			9
紙	く	乡	幺	糸	糸	糸	糸	紙	紙			10
位	ノ	亻	位	仁	佗	位	位					7
左	一	ナ	左	左	左							5
右	一	ナ	大	右	右							5
迎	丶	⺀	幻	印	印	迎	迎					7 8
府	丶	亠	广	广	府	府	府	府				8
政	一	丁	下	正	正	正	政	政	政			9

㊳

電	一	厂	戸	雨	雨	雨	雫	雫	雫	雪	雪	電	13
影	日	日	旦	早	昌	昌	景	景	景	影	影	影	15
奇	一	大	大	左	夲	吞	吞	奇					8
怪	丶	忄	忄	忄	忀	怪	怿	怪					8
昨	丨	冂	冃	日	旷	昨	旷	昨	昨				9
認	言	訂	訂	訒	訒	認	認	認					14
識	言	訂	訂	訒	諄	誹	諄	譜	識	識	識		19
站	丶	亠	亠	立	立	立	站	站	站	站			10
久	丿	夕	久										3
治	丶	冫	氵	汁	汁	治	治	治					8
拜	丶	二	三	手	手	手	拜	拜	拜				9
訪	丶	亠	亠	言	言	言	言	訂	訪	訪			11
星	丨	冂	冃	日	旦	旦	昇	昇	星				9
期	一	十	卄	甘	甘	其	其	其	期	期	期	期	12
興	同	同	佀	侗	侗	侗	侗	侗	興	興	興		16
趣	土	丰	丰	走	走	走	起	趄	趄	趣	趣		15
信	丿	亻	亻	仁	仁	信	信	信	信				9

⑩

將	⺦	丬	爿	爿	刋	狀	狀	斨	腅	將	將		11
够	ノ	勹	匇	句	句	旬	句夕	够	够	够	够		11
理	一	二	干	王	玑	玑	珇	珇	理	理	理		11
王	一	二	干	王									4
找	一	寸	扌	护	找	找	找						7
畢	丶	口	日	日	旦	早	早	昇	昆	昆	畢		11
住	ノ	亻	亻	广	仁	住	住	住					7
旅	丶	亠	方	方	扩	扩	扩	旅	旅	旅			10
行	ノ	ノ	彳	彳	行	行							6
和	丶	二	千	禾	禾	和	和	和					8
結	く	幺	幺	糸	糸	糸	糽	紅	結	結	結	結	12
婚	く	幺	女	女	如	妭	婚	婚	婚	婚	婚		11
論	亠	言	言	言	訃	訬	論	論	論	論	論		15
隨	阝	阝	阽	阽	陌	陌	隋	隋	隋	隋	隨		14 / 16
便	ノ	亻	亻	乍	乍	仴	伷	便	便				9
件	ノ	亻	仃	伫	仁	件							6
歷	一	厂	厂	厍	厍	厍	床	麻	麻	歷	歷	歷	16

史	丶	口	口	史	史						5
除	了	ß	ß'	ß^	阾	阾	除	除			9 10
特	丶	丷	牛	牛	牜	牜	特	特	特		10
着	丶	丷	丷	兰	羊	羊	羊	着	着	着	12
故	一	十	古	古	古	古	故	故			9
數	日	吕	吕	吕	串	婁	婁	婁	數	數 數	15
提	一	扌	扌	扫	扣	押	担	捍	捍	提	12
題	日	旦	早	早	昰	是	是	是	是	題 題 題	18
演	丶	氵	氵	沪	沪	沪	演	演	演	演	14
部	丶	丄	亡	立	立	音	音	音	部3 部		10 11
打	一	扌	扌	扛	打						5
院	了	ß	ß'	ß'	阼	阼	阼	院			9 10
剛	丨	冂	冂	冈	冈	冈	岡	岡	岡	剛	10
起	一	十	土	丰	丰	走	走	起	起	起	10
全	丿	入	亼	仐	全	全					6
種	二	千	禾	禾	禾	稻	稻	稻	稻	種 種	14
計	丶	二	言	言	言	言	言	計	計		9

覺	ㄨ	ㄨ	𣥂	俢	俢	俢	翵	鷽	壆	嚳	嚳	覺	20
較	亘	車	軋	軒	軒	軒	軡	較					13
算	ノ	ト	ト	ゲ	竹	竹	符	符	筲	筸	算	算	14
驗	一	二	三	手	馬	馬	馬	駒	駘	驗	驗	驗	22 / 23
漢	、	冫	氵	汁	汁	汁	洪	洁	漣	漢	漢	漢	14
自	ノ	亻	介	自	自	自							6
己	フ	コ	己										3
練	く	幺	幺	糸	糽	紅	絅	絅	絅	絅	練	練	15
習	フ	ヲ	ヨ	羽	羽	羽	羽	習	習	習			11
處	丶	十	上	卢	卢	虎	虍	虏	處	處	處		11
短	ノ	仁	仁	午	矢	矢	知	知	矩	矩	短	短	12
發	フ	タ	タ	兆	兆	癶	発	癶	發	發	發	發	12
關	l	ア	月	門	門	門	閇	關	關	關	關	關	19
聲	吉	吉	吉	声	声	声	声	殸	声	聲	聲	聲	17
同	l	门	冋	同	同	同							6
於	丶	一	方	方	扩	於	於	於					8
越	一	十	土	丰	丰	丰	走	走	赻	越	越	越	12

(46)

注	丶	丶丶	シ	ジ	氵	汁	汴	注				8
正	一	丁	下	疋	正							5
記	丶	一	士	言	言	言	言	記	記	記		10
輕	日	車	車	軒	軒	軒	輕	輕	輕	輕		14
重	丶	二	千	吞	吞	音	直	重	重			9
平	一	丆	兀	平	平							5
安	丶	宀	宀	灾	安	安						6
帶	一	十	卅	卅	卅	世	世	世	帶	帶	帶	11
化	丿	亻	亻	仆	化							4
京	丶	一	六	六	古	亨	京	京				8
面	一	丆	丆	丙	而	而	面	面	面			9
讓	言	謪	謂	謂	謂	謹	讓	讓	讓	讓	讓	24

(47)

见	丨	冂	贝	见							4
车	一	七	乞	车							4
长	丿	二	长	长							4
门	丶	冫	门								3
马	乛	马	马								3 ④
们	丿	亻	亻	们	们						5
吗	丶	口	口	吗	吗	吗					6 ⑤
国	丨	冂	冂	冋	囲	国	国	国			8 ⑧
书	乛	彐	书	书							4
钱	乚	钅	钅	钅	钅	钅	钐	钱	钱		9
这	丶	亠	文	文	文	这	这				7
块	一	十	土	圤	坭	块	块				7 ⑨
会	丿	人	仒	会	会	会					6
说	讠	讠	讠	讠	讠	说	说	说	说		9
话	丶	讠	讠	讠	许	话	话	话			8
还	一	丆	不	不	不	还	还				7

两	一	厂	厂	丙	丙	两	两					7
什	丿	亻	仁	什								4
么	丿	厶	么									3
学	丶	丷	丷	丷	学	学	学	学				8
买	乛	乛	彐	三	买	买						6
卖	一	十	吉	吉	吉	夫	夫	卖				8
写	丶	冖	冖	写	写							5
图	丨	冂	冈	冈	囝	图	图	图				8
几	丿	几										2
个	丿	人	个									3
张	乛	丁	弓	引	引	张	张					8
为	丷	丷	为	为								4
虽	丶	冖	口	吕	吕	吕	虽	虽	虽			9
儿	丿	儿										2
报	一	十	才	扩	扩	报	报					7
里	丶	口	日	日	甲	甲	里					7
头	丶	丷	三	头	头							5

⑩ ⑪ ⑬ ⑭

边	コ	力	边	边	边					5
东	一	七	车	车	东					5 ⑮
离	丶	亠	亣	文	这	卤	卤	离	离 离 离	11
远	一	二	亍	元	元	远	远			7 ⑯
从	丿	人	从	从						4
来	一	二	罒	丷	半	半	来			7
华	丿	亻	仁	化	华	华				6 ⑰
号	丨	口	口	旦	号					5
条	丿	夂	夂	冬	条	条	条			7 ⑲
给	く	纟	纟	纟	纩	纶	纶	给 给		9
对	フ	又	又一	对	对					5
过	一	寸	寸	寸	过	过				6
后	丶	厂	斤	斤	后	后				6
时	丨	冂	月	日	日一	时	时			7 ⑳
研	一	厂	石	石	石	矼	矿	研 研		9
语	丶	讠	讠	订	订	语	语 语 语			9
万	一	丁	万							3

开	一	二	于	开							4
画	一	厂	厅	亏	西	亩	画	画			㉑ 8
请	丶	讠	讠	计	诗	诘	请	请	请	请	10
问	丶	亻	门	门	问	问					6
谁	丶	讠	讠	计	计	访	诈	谁	谁		10
现	一	二	干	王	珇	玗	现	现			㉒ 8
难	乛	又	双	对	难	难	难	难	难	难	10
课	丶	讠	讠	识	识	记	课	课	课		㉓ 10
试	丶	讠	讠	计	计	试	试	试			8
经	乀	乡	纟	纟	纟	经	绐	经			8
县	丨	冂	月	月	且	县	县				7
点	丨	卜	卜	占	占	点	点	点	点		㉕ 9
钟	乚	乚	钅	钅	钇	钜	钟	钟			8
业	丨	丬	业	业	业						5
实	丶	宀	宀	宇	宝	实	实				8
当	丨	丬	少	当	当	当					㉖ 6

972

应	`	亠	广	广	应	应	应					7
该	`	讠	讠	讦	诶	该	该	该				8
贵	`	口	口	虫	虫	串	贵	贵				9
饭	丿	饣	饣	饣	饭	饭	饭					7
馆	丿	饣	饣	饣	馆	馆	馆	馆	馆	馆		11
谈	`	讠	讠	讠	诚	谈	谈	谈	谈	谈		10
诉	`	讠	讠	讦	诉	诉	诉					7
飞	乁	飞	飞									3
机	一	十	才	木	机	机						6
价	丿	亻	伫	伫	价	价						6
气	丿	与	듯	气								4
欢	丁	又	対	欢	欢	欢						6
间	`	门	门	间	间	间						7
简	丿	广	乍	竹	竹	竹	竹	简	简	简	简	13
单	`	丷	丷	当	肖	肖	单	单				8
员	`	口	口	吊	员	员	员					7
进	一	二	井	井	讲	进						7

(27) (28) (29) (31)

973

连	一	七	车	车	车	连	连					7
错	㇈	㇈	𠂤	钅	钅	钅	铒	错	错	错	错	㉜ 12
录	㇁	㇈	彑	子	寻	寻	录					8
绍	㇈	纟	纟	纠	纫	织	绍	绍				㉝ 8
极	一	十	才	木	朾	极	极					㉞ 7
级	㇈	纟	纟	纠	纫	级						6
听	㇀	㇅	口	口'	听	听	听					7
编	㇈	纟	纟	纟	纤	纩	纩	纩	缩	编	编	㉟ 12
亲	㇀	亠	立	立	立	立	辛	辛	亲			9
岁	�	山	山	屵	岁	岁						㊲ 6
样	一	十	才	木	杧	栐	栏	栏	栏	样		10
园	㇆	门	冃	冃	园	园	园					7
纪	㇈	纟	纟	纪	纪	纪						㊳ 6
红	㇈	纟	纟	纤	红	红						6
纸	㇈	纟	纟	纠	纸	纸	纸					7
电	㇀	口	日	日	电							㊴ 5
认	㇀	讠	认	认								4

识	丶	讠	认	识	识	识	识				7 ㊵
访	丶	讠	讠	访	访	访					6
兴	丶	丷	丷	兴	兴						6
将	丶	冫	丬	扩	犰	护	护	烨	将	将	10 ㊶
毕	一	匕	匕	比	毕	毕					6
结	纟	纟	纟	纟	纠	结	结	结	结		9
论	丶	讠	讠	认	论	论	论	论	论		10 ㊸
随	飞	阝	阝	阝	阽	随	随	随	随	随	11
历	一	厂	万	历							4
数	丶	丷	半	半	米	米	娄	娄	娄	数 数	13 ㊹
题	丨	冂	日	日	旦	早	是	是	题	题 题 题	15
刚	丨	冂	冈	冈	冈	刚					6
种	一	二	千	千	禾	利	和	和	种		9 ㊺
计	丶	讠	讠	计							4
较	一	七	七	车	车	轩	轩	轩	较	较	10
觉	丶	丷	丷	丷	学	学	学	觉	觉		9
验	乛	马	马	马	驴	验	验	验	验		10

975

汉	丶	冫	氵	氵又	汉						5
练	乁	纟	纟	纟	纟	练	练	练			8
习	フ	习	习								3
处	丿	勹	夂	处	处						5
发	乚	廾	为	发	发						5
关	丶	丷	丷	兰	羊	关					6
声	一	十	士	吉	吉	吉	声				7
记	丶	讠	记	记	记						5
轻	一	七	乇	车	轻	轻	轻	轻	轻		9
带	一	十	廾	卅	世	带	带	带	带		9
让	丶	讠	让	让	让	让					6

Summary Chart I. Characters Arranged by Lesson

(Numbers below characters refer to radicals.)

①	人 9	刀 18	力 19	口 30	土 32	大 37	女 38	子 39	小 42	山 46	②	工 48	心 61	手 64	日 72	月 74	木 75	毛 82	水 85
火 86	牛 93	③	田 102	目 109	見 147	角 148	言 149	車 159	長 168	門 169	馬 187	魚 195	④	我 62	你 9	他 9	們 9	好 38	都 163
很 60	也 5	嗎 30	呢 30	⑤	白 106	高 189	先 10	生 100	不 1	是 72	中 2	美 123	英 140	國 31	⑦	一 1	二 7	三 1	四 31
五 7	六 12	七 1	八 12	九 5	十 24	⑧	書 73	錢 167	文 67	多 36	少 42	這 162	那 163	本 75	塊 32	的 106	⑨	會 73	說 149
話 149	沒 85	有 74	還 162	就 43	兩 11	甚 99	麼 200	⑩	能 130	想 61	要 146	看 109	念 61	學 39	買 154	賣 154	太 37	姐 38	⑪
比 81	寫 40	字 39	典 12	地 32	圖 31	幾 57	個 36	張	外 36	⑬	因 31	為 87	所 63	以 9	雖 172	然 86	可 30	了 6	兒 10
報 32	⑭	家 40	校 75	城 32	邊 162	在 32	上 1	下 1	裏 145	頭 181	海 85	⑮	店 53	遠 162	近 162	東 75	西 146	南 24	北 21
離 172	湖 85	河 85	⑯	從 60	到 18	來 9	去 28	走 156	坐 32	船 137	路 157	里 166	華 140	⑰	第 118	次 76	號 141	條 75	今 9
明 72	天 37	年 51	又 29	民 83	⑲	用 101	給 120	對 41	過 162	最 73	前 18	後 60	時 72	候 9	初 18	⑳	方 70	法 85	研 112
究 116	語 149	百 106	千 24	萬 140	開 169	主 3	㉑	懂 61	畫 102	活 85	叫 30	請 149	問 30	誰 149	現 96	名 30	古 30	㉒	早 72
晚 72	難 172	容 40	易 72	再 13	知 111	道 162	原 27	省 109	㉓	科 115	課 149	考 125	試 149	已 49	經 120	表 145	常 50	夫 37	縣 120
㉕	半 24	點 203	鐘 167	必 61	得 60	跟 157	事 6	業 75	往 60	實 40	㉖	別 18	才 64	當 102	應 61	該 149	每 80	差 48	更 73
教 66	朝 74	㉗	病 104	貴 154	姓 38	吃 30	飯 184	館 184	或 125	者 149	談 149	代 9	㉘	定 40	告 30	訴 149	如 38	果 75	飛 183
機 75	意 61	思 61	價 9	㉙	客 40	氣 84	喜 30	歡 76	間 169	簡 118	單 30	票 113	員 30	元 10	㉛	把 64	出 17	進 162	回 31
內 11	拿 64	但 9	連 162	只 30	冊 13	㉜	作 9	做 9	直 109	真 109	跑 157	快 61	慢 61	錯 167	錄 167	版 91	㉝	借 9	介 9
紹 120	始 38	完 40	朋 74	友 29	共 12	音 180	社 113	㉞	老 125	忘 61	希 50	望 72	極 75	級 120	而 126	且 1	聽 128	編 120	㉟
父 88	母 80	親 147	男 102	孩 39	弟 57	妹 38	歲 77	功 19	著 140	㊲	等 118	像 9	些 7	怎 61	樣 75	句 30	房 63	公 12	園 31
紀 120	㊳	分 18	黑 203	紅 120	紙 120	位 9	左 48	右 30	迎 162	府 53	政 66	㊴	電 173	影 59	奇 37	怪 61	昨 72	認 149	識 149
站 117	久 4	治 85	㊵	拜 64	訪 149	星 72	期 74	興 134	趣 156	信 9	將 41	够 36	理 96	㊶	王 96	找 64	畢 102	住 9	旅 70
行 144	和 30	結 120	婚 38	論 149	㊸	隨 170	便 9	件 9	歷 77	史 30	除 170	特 93	着 109	故 66	數 66	㊹	提 64	題 181	演 85
部 163	打 64	院 170	剛 18	起 156	全 11	種 115	㊺	計 149	覺 147	較 159	算 118	驗 187	漢 85	自 132	己 49	練 120	習 124	㊻	處 141
短 111	發 105	關 169	聲 128	同 30	於 70	越 156	注 85	正 77	㊼	記 149	輕 159	重 166	平 51	安 40	帶 50	化 21	京 8	面 176	讓 149

Summary Chart Ⅱ. Characters arranged by Number of Strokes

(Numbers below characters refer to lessons.)

① (1 stroke): 一(7)

② (2 strokes): 人(1) 刀(1) 力(1) 九(7) 二(1) 八(1) 十(7) 七(7) 了(13) 又(17)

③ (3 strokes): 口(1) 土(1) 大(1) 女(1) 子(1) 小(2) 山(1) 工(2) 也(7) 三(7) 上(14) 下(14) 千(20) 已(23) 才(26) 久(39) 己(45)

④ (4 strokes): 心(2) 日(2) 月(2) 毛(2) 水(2) 火(2) 牛(2) 不(5) 中(5) 五(7) 六(7) 少(8) 文(8) 太(10) 比(11) 今(17) 天(17) 方(20) 夫(23) 元(29) 內(31) 介(33) 友(35) 公(37) 分(38) 王(41) 化(47)

⑤ (5 strokes): 田(3) 目(3) 他(4) 生(5) 白(7) 母(7) 句(37) 右(38) 左(38) 史(43) 打(44) 正(46) 平(47) 半(25) 必(25) 代(27) 出(31) 冊(31) 只(31) 且(34) 功(35) 名(38)

⑥ (6 strokes): 好(4) 先(5) 多(8) 再(22) 早(22) 考(23) 吃(27) 如(28) 回(31) 共(33) 老(34) 而(34) 那(8) 有(9) 地(11) 字(11) 因(13) 在(14) 西(17) 年(17) 次(17) 百(21) 古(21) 行(41) 件(43) 全(44) 自(45) 同(46) 安(47)

⑦ (7 strokes): 車(3) 言(3) 角(3) 見(4) 我(4) 你(4) 沒(9) 弟(35) 希(34) 男(35) 迎(38) 位(38) 找(41) 住(41) 別(26) 更(26) 把(31) 但(31) 作(32) 快(32) 社(33) 完(33) 兒(13) 所(13) 店(15) 初(19) 究(20) 里(16) 走(16) 坐(16) 告(28) 定(28) 果(28) 念(10) 典(11) 的(10) 者(27)

⑧ (8 strokes): 長(3) 事(25) 表(23) 知(22) 於(46) 注(46) 飛(28) 易(22) 和(41) 治(39) 怪(39) 法(12) 明(17) 到(16) 來(16) 些(37) 河(15) 東(15) 房(37) 府(38) 奇(39) 始(33) 直(32) 版(32) 朋(35) 姐(10) 或(27) 思(28)

⑨ (9 strokes): 馬(3) 很(4) 是(5) 美(5) 英(5) 紅(5) 看(10) 要(10) 為(13) 城(14) 南(15) 前(19) 後(19) 活(21) 省(22) 科(23) 便(43) 故(43) 原(22) 容(22) 除(43) 院(43) 差(26) 病(27) 員(29) 面(47) 重(47) 計(45) 音(33) 孩(35) 怎(37) 紀(37) 政(38) 昨(39) 信(40) 拜(40) 星(40) 候(43) 時(43)

⑩ (10 strokes): 們(4) 拿(31) 研(20) 連(31) 氣(29) 第(17) 高(5) 書(8) 級(34) 得(25) 能(10) 個(11) 家(11) 校(14) 海(14) 條(17) 部(44) 記(47) 起(44) 剛(44) 旅(41) 特(43) 站(39) 紙(38) 張(11) 從(16) 船(16)

⑪ (11 strokes): 魚(3) 國(5) 習(45) 畢(41) 理(40) 訪(40) 婚(41) 將(40) 夠(40) 望(34) 紹(33) 做(31) 進(31) 最(19) 給(19) 過(20) 開(21) 畫(22) 著(43) 提(44) 發(46) 短(46) 越(46)

⑫ (12 strokes): 嗎(4) 處(46) 帶(46) 喜(29) 想(10) 裏(14) 貴(27) 飯(27) 訴(28) 黑(38) 期(40) 結(41) 湖(15) 華(16) 等(37) 然(13) 報(13) 幾(11) 極(34) 萬(20) 像(37) 經(23)

⑬ (13 strokes): 塊(8) 較(45) 電(39) 園(37) 歲(35) 當(26) 該(28) 意(28) 算(45) 業(25) 跟(25) 試(23) 演(44) 種(44) 漢(45) 輕(47)

⑭ (14 strokes): 麼(9) 說(9) 誰(9) 請(23) 錄(32) 課(25) 圖(11) 對(19) 價(28) 談(40) 樣(37)

⑮ (15 strokes): 賣(11) 寫(11) 館(27) 機(28) 談(40) 頭(14)

⑯ (16 strokes): 錢(9) 還(9) 學(10) 題(14)

⑰ (17 strokes): 歷(43) 聲(46) 應(26)

⑱ (18 strokes): 邊(14) 簡(29) 題(44)

⑲ (19 strokes): 離(15) 難(22) 識(39) 關(46)

⑳ (20 strokes): 鐘(28) 覺(45)

㉒ (22 strokes): 歡(29) 聽(34) 驗(45)

㉔ (24 strokes): 讓(47)

Summary Chart III. Characters arranged by Radical

(Numbers below characters refer to lessons.)

(1) 一: 不[5] 三[7] 七[7] 上[14] 下[34]
(2) 丨: 中[5]
(3) 丶: 主[20]
(4) 丿: 久[39]
(5) 乙: 也[4] 九[7]
(6) 亅: 了[13] 事[25]
(7) 二: 二[7] 五[7] 些[37]
(8) 亠: 京[47]
(9) 人: 人[1] 你[4] 他[4] 們[4] 個[11] 以[13] 來[16] 今[17] 候[19] 代[27] 價[28] 但[31] 作[32] 做[32] 借[33] 介[33] 像[37] 位[38] 信[40] 住[41] 便[43] 件[43]
(10) 儿: 先[5] 兒[13] 元[29]
(11) 入: 內[31] 全[44] 兩[9]
(12) 八: 八[7] 六[7] 公[37] 共[33] 典[11]
(13) 冂: 再[22] 冊[31]
(17) 凵: 出[31]
(18) 刀: 刀 到[16] 前[19] 初[19] 別[26] 分[38] 剛[44]
(19) 力: 力[35] 功[35]
(21) 匕: 北[15] 化[47]
(24) 十: 十[7] 南[15] 千[15] 半[25] 單[29]
(27) 厂: 原[22]
(28) 厶: 去[16]
(29) 又: 又[17] 友[33]
(30) 口: 口[1] 叫[21] 吃[27] 呢[13] 可[13] 嗎[4] 和[11] 員[29] 史[43] 右[38] 句[37] 只[31] 同[46] 名[21] 問[21] 喜[29]
(31) 囗: 四[7] 回[31] 圖[13] 因[13] 國[5] 園[37]
(32) 土: 土[8] 塊[8] 地[11] 城[14] 在[14] 坐[16] 報[29]
(36) 夕: 多[8] 外[11]
(37) 大: 大[1] 太[10] 天[17] 夫[23] 奇[39]
(38) 女: 女[1] 好[4] 姐[10] 姓[27] 如[28] 妹[35] 婚[41] 始[33]
(39) 子: 子[1] 孩[35] 字[11] 學[10]
(40) 宀: 完[33] 安[47] 寫[11] 家[14] 容[22] 實[25] 定[28] 客[29]
(41) 寸: 對[19] 將[40]
(42) 小: 小[1] 少[8]
(43) 尢: 就[9]
(46) 山: 山[1]
(48) 工: 工[2] 左[38]
(49) 己: 已[23] 己[45]
(50) 巾: 常[23] 希[34] 帶[47]
(51) 干: 年[17] 平[47]
(52) 幺: 幾[11]
(53) 广: 店[15] 府[38]
(57) 弓: 張[11] 弟[35]
(59) 彡: 影[39]
(60) 彳: 得[25] 往[25] 很[4] 從[16] 後[19]
(61) 心: 心[2] 忘[34] 怎[37] 快[32] 慢[32] 想[10] 念[10] 懂[21] 必[25] 意[28] 思[32] 怪[39] 應[26]
(62) 戈: 我[4] 或[27]
(63) 戶: 所[13] 房[37]
(64) 手: 手[2] 才[26] 把[31] 拿[31] 找[41] 提[44] 拜[41] 打[44]
(66) 攴: 教[26] 政[38] 故[43] 數[43]
(67) 文: 文[8]
(70) 方: 方[20] 旅[41] 於[46]
(72) 日: 日[2] 是[5] 時[19] 早[22] 晚[22] 昨[39] 星[40] 明[17] 易[22]
(73) 曰: 書[8] 會[9] 最[19] 更[26]
(74) 月: 月[2] 有[9] 朋[33] 望[34] 期[40]
(75) 木: 木[2] 本[8] 校[14] 東[15] 果[28] 業[25] 極[34] 樣[37] 機[28]
(76) 欠: 次[17] 歡[29]
(77) 止: 正[46] 歷[43] 歲[35]
(80) 毋: 每[26] 母[35]
(81) 比: 比[11]
(82) 毛: 毛[2]
(83) 氏: 民[17]
(84) 气: 氣[29]
(85) 水: 水[2] 漢[45] 注[47] 活[21] 治[39] 演[44] 河[15] 海[14] 湖[29] 沒[9] 法[20]
(86) 火: 火[2] 然[13]
(87) 爪: 為[13]
(88) 父: 父[35]
(91) 片: 版[91]
(93) 牛: 牛[2] 特[43]
(96) 玉: 王[41] 現[21]
(99) 甘: 甚[9]
(100) 生: 生[5]
(101) 用: 用[19]
(102) 田: 田[3] 畫[21] 當[26] 男[35]
(104) 疒: 病[27]
(105) 癶: 發[46]
(106) 白: 白[5] 百[20] 的[8]
(109) 目: 目[3] 看[10] 直[32] 真[32] 着[43]
(111) 矢: 知[22] 短[46]
(112) 石: 研[20]
(113) 示: 票[29] 社[33]
(115) 禾: 科[23] 種[44]
(116) 穴: 究[20]
(117) 立: 站[39]
(118) 竹: 第[17] 等[37] 算[45] 簡[29]
(120) 糸: 給[19] 經[23] 紹[33] 級[34] 編[34] 紀[37] 紅[38] 紙[38] 結[41] 練[45] 縣[23]
(123) 羊: 美[5]
(124) 羽: 習[45]
(125) 老: 考[23] 者[27] 老[34]
(126) 而: 而[34]
(128) 耳: 聽[34] 聲[46]
(130) 肉: 能[10]
(132) 自: 自[45]
(134) 臼: 興[40]
(137) 舟: 船[16]
(140) 艸: 英[5] 華[16] 萬[20] 著[35]
(141) 虍: 號[17] 處[46]
(144) 行: 行[41]
(145) 衣: 裏[14] 表[23]
(146) 襾: 要[10] 西[15]
(147) 見: 見[3] 親[35] 覺[45]
(148) 角: 角[3]
(149) 言: 言[3] 說[9] 話[9] 語[20] 請[21] 誰[21] 課[23] 試[23] 該[26] 談[28] 訴[28] 認[39] 識[39] 訪[40] 論[41] 計[45] 記[47] 較[47] 讓[47]
(150) 谷: 省[22]
(154) 貝: 買[10] 賣[10] 貴[27]
(156) 走: 走[16] 起[44] 越[46] 趣[40]
(157) 足: 跟[25] 跑[32] 路[16]
(159) 車: 車[7] 輕[47] 較[47]
(162) 辵: 這[8] 還[9] 邊[14] 近[15] 遠[15] 過[19] 進[19] 連[31] 道[22] 迎[38] 隨[43]
(163) 邑: 都[44] 那[8] 部[44]
(166) 里: 里[16] 重[47]
(167) 金: 錄[32] 鐘[25] 錯[32] 錢[8]
(168) 長: 長[3]
(169) 門: 門[3] 開[20] 間[29] 關[46]
(170) 阜: 除[43] 隨[43] 院[44]
(172) 隹: 雖[13] 難[22] 離[15]
(173) 雨: 電[39]
(176) 面: 面[47]
(180) 音: 音[33]
(181) 頁: 頭[14] 題[44]
(183) 飛: 飛[28]
(184) 食: 飯[27] 館[27]
(187) 馬: 馬[3]
(189) 高: 高[5]
(195) 魚: 魚[3]
(200) 麻: 麼[9]
(203) 黑: 點[25] 黑[38]

Summary Chart IV.
Comparison of Regular and Simplified Characters
(Numbers refer to lessons.)

(3)	還还	頭头	語语	實实	貝贝	(38)	剛刚
見见	兩两	邊边	萬万	(26)	(31)	紅红	種种
言讠	甚什	(15)	開开	當当	進进	紙纸	(45)
車车	麽么	東东	(21)	應应	連连	(39)	計计
長长	(10)	離离	畫画	該该	(32)	電电	較较
門门	學学	遠远	請请	(27)	錯错	認认	覺觉
馬马	買买	(16)	問问	貴贵	錄录	識识	驗验
(4)	賣卖	從从	誰谁	飯饭	(33)	(40)	漢汉
們们	(11)	來来	現现	館馆	紹绍	訪访	練练
嗎吗	寫写	華华	(22)	談谈	(34)	興兴	習习
(5)	圖图	(17)	難难	(28)	極极	將将	(46)
國国	幾几	號号	易㑆	訴诉	級级	(41)	處处
(8)	個个	條条	(23)	飛飞	聽听	畢毕	發发
書书	張张	(19)	課课	機机	編编	結结	關关
錢钱	(13)	給给	試试	價价	(35)	論论	聲声
這这	為为	對对	經经	(29)	親亲	(43)	(47)
塊块	雖虽	過过	縣县	氣气	歲岁	隨随	記记
(9)	兒儿	後后	(25)	歡欢	(37)	歷历	輕轻
會会	報报	時时	點点	間间	樣样	數数	帶带
說说	(14)	(20)	鐘钟	簡简	園园	(44)	讓让
話话	裏里	研研	業业	單单	紀纪		題题

Summary Chart V. Variant Forms of Characters

(The following chart contains some of the most common variant forms which might be encountered in ordinary handwritten or printed matter. In each group the first character is given as written in the Stroke-Order Chart. The forms in square parentheses are not used independently but occur as components of characters. Those in round parentheses are simplified characters. Numbers refer to lessons.)

①	車(车)	會(会)	(个)	近 近	研 研
人 [亻]	長(长)	説 說	張(张)	東(东)	語(语)
刀 [刂]	門(门)	(说)	⑬	離(离)	萬(万)
土 [圡]	馬(马)	話(话)	為 寫	⑯	開(开)
女 [女]	④	沒 沒	(为)	從(从)	㉑
子 [孑]	們(们)	還 還	以 以	來(来)	畫(画)
②	都 都	還(还)	雖 雖	華(华)	叫 叫
工 [工]	嗎(吗)	兩(两)	(虽)	⑰	請(请)
心 [忄]	⑤	甚(什)	兒 兒	號(号)	問(问)
丬 [忄]	國(国)	麼(么)	(儿)	條(条)	誰(谁)
手 [扌]	国)	⑩	報(报)	今 今	現(现)
木 [朩]	⑧	能 能	⑭	⑲	㉒
水 [氵]	書(书)	學(学)	裏 裡	給 給	難(难)
火 [灬]	錢(钱)	買(买)	(里)	(给)	
牛 [牜]	文 文	賣(卖)	頭(头)	對(对)	道 道
③	[文]	⑪	邊 邊	過 過	㉓
見(见)	這 這	寫(写)	(边 边)	過(过)	課(课)
角 角	(这)	圖(图)	⑮	後(后)	考 攷
言 言	塊(块)	幾(几)	遠 遠	時(时)	試(试)
(讠)	⑨	個 箇	遠(远)	⑳	經(经)

981

縣縣	㉘	直直	樣(样)	將將	驗驗
(县)	訴(诉)	真眞	公公	(将)	(验)
㉕	飛(飞)	快快	園園	夠夠	漢(汉)
半半	機(机)	慢慢	(园)	㊶	練練
點(点)	價(价)	錯(错)	紀紀	畢(毕)	(练)
鐘(钟)	㉙	錄(录)	(纪)	結結	習習
業(业)	氣(气)	㉝	㊳	(结)	(习)
實(实)	歡(欢)	紹紹	分分	論(论)	㊻
㉖	間(间)	(绍)	紅紅	论	處處
當(当)	簡(简)	社社	(红)	㊸	(处)
應(应)	單(单)	㉞	紙紙	隨隨	發(发)
該(该)	員(员)	極(极)	(纸)	(随)	關關
別別	負	級級	迎迎	歷(历)	関(关)
才纔	㉛	(级)	㊴	數(数)	聲(声)
㉗	進進	聽聽	電(电)	㊹	同(仝)
貴(贵)	(进)	(听)	怪怪	題題	㊼
吃喫	回囬	編編	認(认)	剛(刚)	記(记)
飯飯	回	(编)	认	全全	輕(轻)
(饭)	拿拏	㉟	識(识)	種(种)	帶(带)
館館	連連	親(亲)	㊵	㊺	讓(让)
舘(馆)	(连)	歲歲	訪(访)	計(计)	让
談(谈)	册冊	(岁)	興興	覺(觉)	
者者	㉜	㊲	兴	較(较)	

INDEX

Entries are arranged by syllables. Thus jìyuán (jì + yuán) precedes jiā. Numbers after entries refer to lessons. The following abbreviations designate Chinese parts of speech :

AD	Adverb	NU	Number
AV	Auxiliary verb	PR	Pronoun
CV	Coverb	PW	Place word
EV	Equational verb	RV	Resultative verb
IV	Intransitive verb	SP	Specifier
M	Measure	SV	Stative verb
MA	Movable adverb	TV	Transitive verb
N	Noun	V	Verb
		VO	Verb-Object

Běijīng Dàxué 北京大學 Peking University 47

Běi Měi 北美 North America 15

Běipíng 北平 Peiping 47

běn 本 root, origin, foundation; volume (of books); this, one's own 8, 16, p.437

běndì 本地 this region; local, native 16

běnguó 本國 this country, one's own country 16

běnlái 本來 originally 16

běnrén 本人 I myself, he himself, etc. 16

běnshi 本事 (special) ability, something one is good at 27

běnzi 本子 notebook 10

bǐ 比 compare; compared with; than 11

bì 必 must, have to 25

bì 畢 bring to completion; (a surname) 41

bìděi 必得 must, have to 25

bǐfang 比方 example; if (for instance) 20

bǐfang shuō 比方説 for example; if (for instance) 20

bǐjiǎo 比較 compare; comparison 45

bǐrú 比如 for instance; let us suppose, if 28

bìyào 必要 necessary; necessarily; necessity, requirement 25

bìyè 畢業 to graduate 41

bìyèshēng 畢業生 a graduate 41

biān 編 edit, compile 34

biān 邊 side, border; (place-word suffix); (a surname) 14

biàn 便 convenient; then 43

biànfàn 便飯 home cooking 43

biān shū 編書 compile a book 34

biānxiě 編寫 compile and write 34

biānzhě 編者 editor 34

biānzhěde huà 編者的話 editor's remarks 34

biānzhù 編著 compile 35

biǎo 表 a watch (time-piece); table; list;

-meter (in names of scientific instruments); exterior 23, 45

biǎodiàn 表店 watch-store 23

biǎomiàn 表面 surface; on the surface, superficially 47

biǎomiànshang 表面上 on the surface, superficially 47

biǎomíng 表明 manifest, make clear, show 37

biǎoxiàn 表現 express (one's feelings), manifest; expression, manifestation 40

biǎoyǎn 表演 perform, put on a performance 44

bié 別 other, different; don't! 26

biéde 別的 other, another 26

bié kèqi 別客氣 That's all right! Don't mention it! Please don't bother! 29

biéren 別人 other people, others 26

bìng 病 be sick; sickness, illness 27

bìngrén 病人 sick person, patient 27

bù 不 not, no 5

bù 部 portion, part; government department, ministry; (measure for sets of books) 44

búcuò 不錯 not bad, quite good; not mistaken, right 32

búdàn 不但 not only 34

búdào 不到 not reach, less than 16

-bude 不得 may not, must not, cannot (in RV compounds) 39

bùdébù 不得不 cannot but, bound to, must 39

bùdéliǎo 不得了 awful, terrific, extraordinary; extremely, very, terrifically 39

bùfen 部分 part, section, group 44

bù fēn 不分 not divide, not share; not distinguish; regardless of 38

búguài 不怪 no wonder…! 39

bú guò 不過 not pass; not exceed; however 19

chū chéng 出城 go out of a city 31

chūcì 初次 first time 19

chū cuò(r) 出錯(兒) make a mistake 32

chū guó 出國 go abroad 31

chūjí 初級 beginning (level in study) 34

chūkǒu 出口 exit (N); export (N/V) 31

chūkǒuchù 出口處 exit (N) 46

chúle 除了 except for, besides 43

chúle…yǐwài 除了…以外 except for, besides 43

chū lì 出力 put forth effort 31

chūlù 出路 a way out (of a problem), way of escape, outlet; career opportunity 31

chū máobing 出毛病 develop trouble, develop a defect 31

chū mén 出門 go out (of the house); go away from home, travel 31

chūmíng 出名 famous 33

chūnián 初年 first year(s) 38

chū qián 出錢 pay out money 31

chūshēng 出生 be born 37

chū shì 出事 have an accident 31

chū tí(mu) 出題(目) make up exam questions, assign a topic 44

chū wài 出外 go (a long distance) from home 31

chūxiàn 出現 appear, become manifest, materialize 31

chūxiǎo 初小 lower elementary school, primary school 19

chūxué 初學 study for the first time 26

chūzhōng 初中 lower middle school, junior high school 19

chū zhúyi 出主意 make a suggestion 31

chúan 船 boat, ship 16

chuán piào 船票 boat ticket 29

cì 次 (measure indicating a time or occasion) 17

cóng 從 from (time or place), since (time) 16

cónglái 從來 hitherto, always (in the past) 19

cóng…qǐ 從…起 beginning from…, from …on 44

cóngqián 從前 previously, formerly 19

cuò 錯 mistake; wrong, mistaken 32

cuòzì 錯字 incorrect character 32

dǎ 打 strike, beat; do; from 44

dà 大 big, large; greatly, very 1, 46 (see also dài)

dàbàn(r) 大半(兒) greater half; for the most part; most likely 25

dà bùfen 大部分 the greater part 44

dàdāo 大刀 big knife, sword 1

Dà Dāo Huì 大刀會 Big Knife Society 23

dǎ diànbào 打電報 to telegraph, send a wire 44

dǎ diànhuà 打電話 to telephone, make a phone call 44

Dàhuá 大華 Great China 16

dà huì 大會 a large meeting; plenary assembly, general assembly 44

dàjiā 大家 everybody 14

dàjiě 大姐 eldest daughter in a family 34

dàkǎo 大考 final examination; have a final examination 23

dàmén 大門 big gate, main gate 3

dàshì 大事 major event, major happening 29

dàshuǐ 大水 a flood 21

dǎsuan 打算 reckon, plan to 45

dàxué 大學 college, university 10

dàxuésheng 大學生 college student 10

dàyì 大意 general idea 28

Dàzhōng 大中 Great China 16

dàzuò 大作 (your) great work 32

dài 大 (in dàifu 'doctor, physician') 23 (see also dà)

dài 代 generation; to substitute 27, 37

dài 帶 to carry with one, take along; zone, belt 47

diànlì 電力 electricity, electric power 39

diǎn míng 點名 call a roll, call out a name on a roll 31

diǎnmíngcè 點名冊 a roll, roster 31

diǎnxin 點心 refreshment; snack; dessert 25

diànyǐng(r) 電影(兒) movie, moving picture 39

diànyǐngyuàn 電影院 movie theater 44

diànyuán 店員 clerk in a store 29

dìng 定 definite; make definite, decide on; order (goods)

dìng bàozhǐ 定報紙 subscribe to a newspaper 38

dìng ge rìzi 定個日子 fix a day (to do something) 38

dìng ge shíhou 定個時候 fix a time (to do something) 38

dìngjià 定價 fix a price (VO); fixed price, list price 28

dìngqian 定錢 a deposit (on a purchase) 28

dìng qīn 定親 betroth 37

dìng qīnshi 定親事 betroth 37

dìng yíge rìzi 定一個日子 fix a day (to do something) 38

dìng yíge shíhou 定一個時候 fix a time (to do something) 38

dōng 東 east 15

dǒng 懂 understand 21

dōngběi 東北 northeast 15

Dōngběi 東北 The Northeast, Manchuria 15

dǒngde 懂得 comprehend 39

dōngfāng 東方 the East, the Orient 20

Dōng Hǎi 東海 East China Sea 15

Dōnghǎi Dàxué 東海大學 Tunghai University (in Taiwan) 15

Dōng Hàn 東漢 Eastern Han 45

Dōnghuá 東華 East China 16

Dōngjīng 東京 Eastern Capital, Tokyo, Tonkin 47

Dōngsānshěng 東三省 Manchuria 23

dōng xī 東西 east and west 15

dōngxi 東西 thing, object 15

dōu 都 all, both 4 (see also dū)

dū 都 capital (of a country) 47 (see also dōu)

duǎn 短 short 46

duǎnchu 短處 disadvantage, defect, shortcoming 46

duǎngōng 短工 short-term work, temporary job, odd job; temporary worker 46

duì 對 be correct; to, toward; opposite, facing 19

duìbuqǐ 對不起 Excuse me! I'm sorry! 44

duìhuà 對話 dialogue, conversation 21

duìmén(r) 對門(兒) the house across the street, the opposite building; be opposite 19

duìmiàn 對面 opposite 47

duìyu 對於 regarding, concerning, with respect to, as to 46

duō 多 much, many 8

duōbàn(r) 多半(兒) greater half; for the most part; most likely 25

duō dà, duó dà? 多大? how big? 38

duōjiǔ? 多久? how long (in time)? 39

duōshao? 多少? how many? how much? 8

duōshù 多數 large number, large amount; larger number, larger amount, majority 43

duōyíbàn(r) 多一半(兒) greater half; for the most part; most likely 25

èr 二 two 7

ér 兒 child; son 13 (see also r)

ér 而 and; and yet, on the other hand 34

érnǚ 兒女 sons and daughters 13

érqiě 而且 moreover 34

érzi 兒子 son 13

fā 發 send out; develop, become 46

huá 華 China; (a surname) 16

huà 畫 draw, paint; drawing, painting 21

huà 話 speech, talk, language 9

huà 化 transform; chemistry; -fy, -ize,
-ization 47

huàbào 畫報 illustrated periodical, pictorial
(magazine) 21

Huáběi 華北 North China 16

huàcè 畫冊 book of illustrations (e.g. draw-
ings, paintings, photographs) 35

Huádōng 華東 East China 16

huà huà(r) 畫畫(兒) paint paintings, draw
drawings, make illustrations 21

huàjiā 畫家 painter 21

Huálǐ 華里 Chinese mile 16

Huá-Měi 華美 China and the United States,
Chinese and American, Sino-American 16

Huánán 華南 South China 16

huà tú 畫圖 make a chart (map, plan, etc.)
21

Huáxī 華西 West China 16

Huáxī Dàxué 華西大學 West China Union
University 16

huàxué 化學 chemistry 47

Huázhōng 華中 Central China 16

huān 歡 joyous 29

huānxi 歡喜 like, be fond of, pleased 29

huānyíng 歡迎 give a happy welcome to 38

huānyíng huì 歡迎會 a welcoming recep-
tion 38

huàr 畫兒 painting, drawing 21

huí 回 to return; a time, a turn (same as
次 cì) 31

huǐ 會 a moment 19 (see also huì)

huì 會 can, know, know how to; likely to;
meeting, organization 9, 20 (see also huì)

huí guó 回國 return to one's native coun-
try 31

huìhuà 會話 conversation, dialogue 21

huíjiā 回家 return home 31

huì kè 會客 receive guests, see visitors

29

huí shì 回事 a matter, a happening 37

huìsuǒ 會所 office (of an organization)
21

huí tóu 回頭 turn the head; at the turn
of a head, (in) a moment 31

huíxìn 回信 return letter; send a return
letter 40

huìyuán 會員 member of a huì 'society'
38

huìzhǎng 會長 head (of an organization
with huì as part of its name) 20

hūn 婚 marry 41

huó 活 live; be alive 21

huǒ 火 fire 2

huò 或 either, or; perhaps 27

huǒchē 火車 train 3

huǒchēzhàn 火車站 railway station 39

huǒshān 火山 volcano 2

huòshi 或是 perhaps, or, or else, other-
wise; either…or (used twice) 27

huòzhě 或者 perhaps, or, or else, other-
wise; either…or (used twice) 27

huòzhě shi 或者是 perhaps, or else; it
may be that, perhaps is 27

jī 機 mechanism, machine; opportunity 28

jí 級 step, grade, class 34

jí 極 extremely; extremity 34

jǐ 己 self, oneself 45

jǐ? 幾? How many? 11

jì 計 reckon 45

jì 紀 notation, record; èra 37

jì 記 to record; keep in mind 47

jìde 記得 remember 47

jīguān 機關 organ, device, government organ-
ization 46

jìhao 記號 a sign, mark, identifying label
47

jīhui 機會 opportunity, chance 28

jíle 極了 extremely 34

nèidì 內地 interior territory; China Proper (within the Great Wall) 33

nèiren 內人 (my) wife 31

nèiróng 內容 contents 32

nèizhèng 內政 internal administration, internal politics 41

Nèizhèng Bù 內政部 Ministry of the Interior 44

Nèizhèng Bùzhǎng 內政部長 Minister of the Interior 44

nènmo 那麼 so, thus, then, in that case 37

néng 能 able (to), can 10

nénggòu 能够 can, be able to, be possible to 40

nénglì 能力 ability, power, energy 16

nèr 那兒 there 13

nǐ 你 you 4

nǐmen 你們 you (plural) 4

nián 年 year 17

niàn 念 read aloud, chant; read, study (a book or subject); study at (a school) 10

niánbiǎo 年表 historical table of dates and events 29

niándài 年代 period, age, epoch; generation 33

niánhuì 年會 annual meeting 22

niánji 年紀 age (of a person) 38

niánjí 年級 grade, class, year (M) 34

niánnián 年年 every year 17

niàn shū 念書 study 10

niányuèrì 年月日 date 17

niú 牛 ox, cow 2

nǚ 女 woman, female 1

nǚer 女兒 daughter 13

nǚren 女人 woman 1

nǚshēng 女生 girl student 35

nǚxiào 女校 girls' school 35

pǎo 跑 run; hurry, hasten 32

péng 朋 friend 33

péngyou 朋友 friend 33

piào 票 ticket 29

píng 平 level, flat; fair 47

píng'ān 平安 peaceful, safe 47

píngcháng 平常 ordinary, common 47

píngděng 平等 be equal 47

píngmín 平民 common people 47

píngyuán 平原 a plain 47

qī 七 seven 7

qī 期 period of time; issue of a periodical 40

qí 奇 strange 39

qǐ 起 rise, get up; raise; begin (to); together; (verb complement) 44

qì 氣 air; anger; angry (with) 29

qíguài 奇怪 amazing; amazed 39

qìhou 氣候 climate

qījiān 期間 (within) a specified period of time 40

qǐlai 起來 get up 44

qilai 起來 (postverb) 44

qìli 氣力 strength 29

Qī Qī 七七 Marco Polo Bridge Incident of July 7, 1937 29

qiān 千 thousand 20

qián 前 front, before; (short for 以前 yǐqián 'before') 19, 45

qián 錢 money; (a surname) 8, p. 396

Qián Hàn 前漢 Former Han 45

Qián Hàn Shū 前漢書 History of the Former Han Dynasty 45

qián-hòu 前後 before and after, before or after, first and last, altogether, about 22

qiánhòu zuǒyòu 前後左右 all around 38

qiánjìn 前進 make progress, advance 32

qiánnián 前年 year before last 19

qiánshù 錢數 amount of money 43

qiántiān 前天 day before yesterday 19

qiānwàn 千萬 10,000,000; by all means, by no means (preceding imperatives) 41

Rìwén 日文 Japanese 8

Rìyǔ 日語 Japanese language 22

rìzi 日子 day 19

rìzi nánguò 日子難過 (making a) living is hard 22

róng 容 contain, accomodate; easy 22

róngbuxià 容不下 can't hold, can't accomodate 22

róngyi 容易 easy 22

rú 如 as; if 28

rúguǒ 如果 if 28

rúyì 如意 accord with one's wishes, be satisfying; satisfied 28

sān 三 three 7

Sān Guó 三國 Three Kingdoms 26

sānjiǎo 三角 triangle; trigonometry 10

sānjiǎoxué 三角學 trigonometry 10

Sānmín 三民 Three People's (Principles) 17

shān 山 mountain, hill 1

Shāndong 山東 Shantung (Province) 15

Shāndong Dàxué 山東大學 Shantung University 16

Shānhǎiguān 山海關 Shanhaikuan 47

shānkǒu 山口 mountain pass 1

shānshuǐ 山水 landscape 2

shānshuǐ huà(r) 山水畫(兒) landscape (painting) 21

Shānxi 山西 Shansi (Province) 15

shàng 上 go to (a place); ascend, go up; up, upper, above; last (e.g. before yuè 'month'); Vol. I 14, 20, p. 437

shàng bàn 上半 first half, upper half 25

shàng bàntiān 上半天 forenoon, morning 25

shàngcì 上次 last time; previously 17

shàngge yuè 上個月 last month 20

shànggǔ 上古 early antiquity (before 221 B.C.) 43

Shànghǎi 上海 Shanghai 14

shàng kè 上課 go to class 23

shàngxià 上下 above and below, top and bottom, superior and inferior; ascend and descend 14

shàngxiàwén 上下文 context, text above and below 14

shàng yíbàn 上一半 first half, upper half 25

shàng yuè 上月 last month 20

shǎo 少 few, little 8

shào 少 young 35

shào 紹 introduce 33

shàonián 少年 youth; young 35

Shàonián Zhōngguo 少年中國 Young China 47

shǎoshù 少數 small number, small amount; smaller number, smaller amount, minority 43

shè 社 society; organization 33

shèhuì 社會 society 33

shèhuì gōngzuò 社會工作 social work 33

shèhuì kēxué 社會科學 social science 33

shèhuì xiǎoshuō 社會小説 social novel 33

shèhuìxué 社會學 sociology 33

shèlùn 社論 editorial 41

shèyuán 社員 member of a shè: association, commune, etc. 33

shèzhǎng 社長 haed of a shè: association, commune, etc. 33

shéi? 誰? who? 21

shén? 甚? what? 9

shénmo? 甚麽? what? 9

shénmode 甚麽的 and so forth, etc. 10

shēng 生 give birth to; be born; (suffix in terms referring to scholars); unfamiliar, strange, new; raw, uncooked 5, 19

shēng 聲 sound, noise; tone 46

shěng 省 province 22

shēng bìng 生病 become sick 27

shěngchéng 省城 provincial capital 22

shēnghuó 生活 life; livelihood; live 21

Shēnghuó Huàbào 生活畫報 Life 21

shuí? 誰? who? 21

shǔi 水 water 2

shuǐguǒ 水果 fruit 28

shuǐkǒu 水口 mouth of a stream 2

shuǐlì 水力 waterpower 2

shuǐniú 水牛 water-buffalo 2

shuǐpíng 水平 standard, level 47

shuǐshǒu 水手 sailor 2

shuǐtián 水田 irrigated fields, paddy 3

shuō 說 say, speak, speak of; admonish, reprove, scold 9, 44

shuōbudìng 說不定 can't say for sure; perhaps 28

shuōbushàng 說不上 can't be said (to be); can't say for sure, perhaps 26

shuōchu(lái) 說出(來) speak out, reveal, divulge (RV) 31

shuō dà huà 說大話 boast, exaggerate 16

shuōdìng 說定 say for sure, be definite 28

shuōfǎ 說法 way of speaking, orally expressed view 26

shuōgěi 說給 tell to 26

shuōhe 說和 make up a quarrel, mediate, act as mediator 41

shuō huà 說話 speak, talk 9

shuōmíng 說明 explain, make clear; explanation 17

shuōqi(lai) 說起(來) speak of; speaking of, as far as···is concerned; as a matter of fact 44

shuō shízàide 說實在的 (to) tell the truth 25

sī 思 think 28

sì 四 four 7

sìbiān(r) 四邊(兒) (on) four sides, all around 15

sìshēng 四聲 the four tones 46

Sì Shū 四書 The Four Books 21

sīxiǎng 思想 thoughts, thinking 29

sīxiǎngjiā 思想家 thinker, philosopher 34

sòng 訴 make known 28

sù 訴 make known 28

suàn 算 reckon, figure; regard as 45

suànle 算了 That'll do, Enough! 45

suí 雖 although 13

suí 隨 follow 43

suì 歲 years old 35

suíbiàn 隨便 be casual, unconcerned; as you wish, at your convenience, however you like 43

suírán 雖然 although 13

suíshí 隨時 at any time, at all seasons 43

suìshu 歲數 age (of a person) 43

suǒ 所 (measure for buildings); (adverb); that which; office, bureau, institute 13, 20, 37, 47

suóyi 所以 therefore, hence 13

suóyǒu(de) 所有(的) all 13

suǒzhǎng 所長 head (of an organization with suǒ as part of its name) 20

tā 他 he, him, she, her, it 4

tāmen 他們 they, them 4

tài 太 great; too, excessively; very, extremely 10

tàigǔ 太古 extreme antiquity 43

Tài Hú 太湖 Tai Lake 15

tàitai 太太 married woman, wife; Mrs. 10

tán 談 chat, discuss 27

tán huà 談話 chat, converse 27

tán tiān(r) 談天(兒) chat, gossip 27

tán xīn 談心 converse about personal matters 27

tè 特 special(ly) 43

tèbié 特別 special, particular, distinctive 43

tèdiǎn 特點 special characteristic, peculiarity, unique trait 43

tí 提 lift (from above); mention, bring up 44

wánquán 完全 complete, perfect, whole 44

wǎnshang 晚上 evening 22

wànsuì 萬歲 Long live…! 35

wànyī 萬一 barely likely; if by any chance 41

wáng 王 king; (a surname) 41

wàng, wǎng 往 toward 25

wàng 忘 forget 34

wàng 望 to hope 34

wǎnghòu 往後 toward the rear; hereafter 25

wàngji 忘記 forget 47

Wáng Lì 王力 name of one of China's leading linguistic scientists 41

Wáng Liǎoyī 王了一 name of one of China's leading linguistic scientists 41

wàngxià 往下 toward the bottom; continue doing something 28

wéi 為 act as, be, as 13

wèi 為 for, because of 13

wèi 位 position, seat; (honorific measure for persons) 38

wèideshì 為的是 because, for the reason that, so as to 14

wèile 為了 for, because (of), in order to 22

wèi-shénmo? 為甚麼? why? 13

wén 文 writing; literary; (a surname) 8

wèn 問 ask, inquire 21

wénfǎ 文法 grammar 20

wèn…hǎo 問…好 best regards to…, say hello to…, ask after… 21

wénhuà 文化 culture, civilization 47

wénkē 文科 liberal arts, humanities 23

wèn lù 問路 inquire about the way 21

wénmíng 文明 civilization, culture; civilized, cultured 17

wénrén 文人 literary man, man of letters, literatus 16

wèntí 問題 question, problem 44

wénxué 文學 literature 10

wénxuéjiā 文學家 literary man 14

wényán 文言 literary language, literary style, classical style 9

wényánwén 文言文 literature in the classical style 9

wénzì 文字 characters, writing 33

wénzixué 文字學 study of characters, etymology, philology 33

wǒ 我 I, me 4

wǒmen 我們 we, us 4

wǔ 五 five 7

Wǔ Sì 五四 May Fourth 29

wǔshi niándài 五十年代 the fifties 33

xī 西 west 15

xī 希 to hope 34

xí 習 practice, study 45

xǐ 喜 glad 29

Xīběi Dàxué 西北大學 Northwest University 16

Xīdōng Dàxué 西東大學 Seton Hall University 15

Xīdōng Dàxué Yuǎndōng Xuéyuàn 西東大學遠東學院 Institute of Far Eastern Studies at Seton Hall University 44

Xīfāng 西方 the West, the Occident 20

Xī Hàn 西漢 Western Han 45

xī hú 西湖 a western lake 15

Xī Hú 西湖 West Lake 15

xǐhuan 喜歡 like, be fond of, be pleased 29

xī shān 西山 western hills or mountains 15

Xī Shān 西山 Western Hills 15

xǐshì 喜事 an occasion for joy (e.g. wedding, birth) 29

xīwang 希望 hope (N/V) 34

xià 下 descend, go down from; down, lower, below; next (e.g. before yuè 'month'); Vol. II or III 14, 20, p. 437

xiàbàn 下半 second half, lower half 25

xià bàntiān 下半天 afternoon 25

xiàcì 下次 next time, later on 17

yǒu 友 friend 33

yǒu 有 have; there is, there are 9

yòu 又 again (before verbs); another (before numbers) 17

yòu 右 right, right-hand side 38

yǒu biǎoxiàn 有表現 stand out, make a splash, be outstanding 40

yǒu bìng 有病 be sick, have an illness 27

yǒu dàoli 有道理 justified, reasonable 40

yǒude 有的 some 11

yǒulǐ 有理 be in the right about something (VO) 40

yǒu miànzi 有面子 have 'face,' have influence 47

yǒumíng 有名 famous 21

yǒu qián 有錢 have money; be wealthy 11

yǒu shì 有事 be engaged, be occupied 25

yǒushí(hou) 有時(候) sometimes 34

yǒu tiáojian(de) 有條件(的) conditional 43

yǒu xiē 有些 (there are) some 37

yǒu xīnshi 有心事 be concerned about something 25

yǒu xìngqu 有興趣 be interested (in) 40

yǒu yícì 有一次 on one occasion, once 17

yǒu yìsi 有意思 be interesting; have an idea 28

yǒu yìtiān 有一天 one day, once, once upon a time 17

yǒu yìxiē 有一些 (there are) some 37

yòu yīnwei 又因為 for the further reason that 17

yǒu yòng 有用 useful 19

yǒu yòngyì 有用意 have a (special) reason (for doing something) 28

yòu…yòu… 又…又… both…and… 17

yǔ 語 speech, language 20

yú 於 at, in; with regard to 46

yú 魚 fish 3

yǔ 語 speech, language 20

yǔfǎ 語法 grammar 20

yǔwén 語文 language (and literature) 20

yǔyán 語言 language; philology 20

yǔyánxué 語言學 linguistics 20

yǔyánxuéjiā 語言學家 linguistic scientist, linguist 20

yuán 元 primary; Yuán dynasty (1280-1368); dollar (written style) 29, p. 396

yuán 原 source, origin; a plain; originally, actually 22

yuán 員 member; (noun suffix similar to er in English) 29

yuán 園 garden 37

yuǎn 遠 far 15

yuàn 院 institution; court; division, branch (of the Nationalist Government) 44

yuánbǎn 原版 original edition 32

Yuán Cháo 元朝 Yuan or Mongol Dynasty (1280-1368) 29

Yuǎn Dōng 遠東 Far East 15

Yuǎndōng Dàxué 遠東大學 Far Eastern University 15

Yuǎndōng Xuéhuì 遠東學會 Far Eastern Association 20

Yuǎndōng Yǔwén Xuéyuàn 遠東語文學院 Institute of Far Eastern Languages 44

yuángu 原故 reason, cause 43

yuǎngǔ 遠古 remote antiquity 43

yuánjià 原價 original price 28

yuánlái 原來 originally; actually, indeed, as a matter of fact 22

Yuán Shǐ 元史 History of the Yuan (Dynasty) 45

yuánshǐ 原始 in the beginning; primeval, primitive 33

yuányīn 原因 reason 22

yuànzhǎng 院長 director, head of a yuàn 'institute, branch of government' 44

yuánzi 園子 garden 37

yuànzi 院子 courtyard 44

yuánzǐ 原子 atom 22

yuánzǐnéng 原子能 atomic energy 22

zhèng hǎo　正好　be just right　46

zhèng yào　正要　be just about to, be just
　hoping to　46

zhèng zài　正在　just as, during, on the
　point of　46

zhèngzhì　政治　politics　39

zhèngzhijiā　政治家　politician, statesman
　39

zhèngzhixué　政治學　political science　39

zhèngzhixuéjiā　政治學家　political scientist
　39

zhèr　這兒　here　13

zhī　知　know　22

zhí　直　straight　32

zhǐ　只　only, merely　31

zhǐ　紙　paper　38

zhì　治　heal, treat; manage　39

zhì bìng　治病　treat a sickness, care for
　a sickness　39

zhīdao　知道　know　22

zhì guó　治國　manage the country　39

zhǐ hǎo　只好　can only, cannot but, the
　best thing is to　31

zhìhǎo　治好　cure, heal (RV)　39

zhìlǐ　治理　rule, administer　40

zhīshi　知識　knowledge　39

zhǐshi　只是　is only, is merely; only,
　merely　39

zhì shuǐ　治水　control water (in rivers,
　etc.)　40

zhǐ yào(shi)　只要(是)　if only, only if;
　as long as it is　44

zhōng　中　middle; Vol. II　5, p. 437

zhōng　鐘　bell; clock; o'clock　25

zhǒng　種　kind, species, sort　44

zhòng　重　to plant; heavy; weighty, serious
　44, 47

zhōng biǎo　鐘表　clocks and watches　25

zhōngbù　中部　central section, central part　44

Zhōng-Dà　中大　Zhōngshān Dàxuè　10

zhòngdì　種地　cultivate the soil, engage

in agriculture, engage in farming　44

zhōngdiǎn　鐘點　(exact) hour, time; tim-
　ing　37

Zhōng Dōng　中東　Middle East　15

zhōngfàn　中飯　lunch　27

zhòng gōngyè　重工業　heavy industry　47

Zhòng Gōngyè Bù　重工業部　Ministry of
　Heavy Industry　47

zhōnggǔ　中古　middle antiquity, middle ages
　(221 B.C.—A.D. 960)　43

Zhōngguo　中國　China　5

Zhōngguo Kēxuéyuàn　中國科學院　Chinese
　Academy of Sciences, Academia Sinica　44

Zhōngguo Kēxuéyuàn Kǎogǔ Yánjiusuǒ　中國
　科學院考古研究所　Archaeological Re-
　search Institute of the Chinese Academy
　of Sciences　44

Zhōngguo Kēxuéyuàn Yǔyán Yánjiusuǒ　中國
　科學院語言研究所　Linguistic Research
　Institute of the Chinese Academy of Sci-
　ences　44

Zhōngguo Lǚxíng Shè　中國旅行社　China
　Travel Bureau　44

Zhōngguo Shíbào　中國時報　China Times
　47

Zhōngguo Yǔwén　中國語文　Chinese Lan-
　guage　20

Zhōnghuá　中華　China (formal)　16

Zhōnghuá Mínguó　中華民國　Republic of
　China　17

Zhōnghuá Rénmín Gònghéguó　中華人民共
　和國　People's Republic of China　41

zhōngjí　中級　intermediate (level in study)
　34

zhōngjiàn　中間　middle　29

Zhōng-Měi　中美　China and America, Chi-
　nese and American, Sino-American　11

zhōngnián　中年　middle age; middle-aged
　35

Zhōng-Rì　中日　China and Japan, Chinese
　and Japanese, Sino-Japanese　11

zuìhǎo 最好 be best; it would be best 19

zuìhòu 最後 last, final, ultimate 19

zuìjìn 最近 be closest; most recent; very recently, very soon 19

zuìshǎo 最少 be fewest, at least 26

zuì wǎn 最晚 (at) the latest; very late 41

zuì zǎo 最早 (at) the earliest; very early 41

zuó 昨 yesterday 39

zuǒ 左 left, left-hand side; (a surname) 38

zuò 作 do, make; be (in the role of) 32

zuò 做 do, make; be in the role of 32

zuò 坐 sit; by (such-and such conveyance), take…(as transportation); to seat (so-and-so many people) 16

zuò chuán 坐船 go by boat 16

zuòfǎ 作法 method of doing something, plan of working 32

zuò fàn 做飯 cook food, prepare a meal 32

zuò gōng 作工 do work 32

zuòjiā 作家 writer 32

zuò mǎimai 作買賣 be in business 32

zuò shénmo? 作甚麼? do what?; for what purpose, why? 32

zuò shēngri 作生日 celebrate a birthday 32

zuò shēngyi 作生意 do business, trade 32

zuò shì 作事 do work, do something 32

zuótian 昨天 yesterday 39

zuòwèi 坐位 seat (N) 38

zuò wén(r) 作文(兒) write an essay 32

zuò yòngren 作用人 be a servant 32

zuǒyòu 左右 left and right; near to, about 38

zuòzhě 作者 author 32

zuòzhǔ 作主 assume a responsibility (VO) 32